INGLÉS HECHO FÁCIL

Patricia J. Duncan

MADE SIMPLE BOOKS

DOUBLEDAY

NEW YORK LONDON TORONTO SYDNEY AUCKLAND

A MADE SIMPLE BOOK
PUBLISHED BY DOUBLEDAY
a division of Bantam Doubleday Dell Publishing Group, Inc.
1540 Broadway, New York, New York 10036

MADE SIMPLE and DOUBLEDAY are trademarks of Doubleday, a division of Bantam
Doubleday Dell Publishing Group, Inc.

Library of Congress Cataloging-in-Publication Data

Duncan, Patricia J.
    Ingles hecho facil / Patricia J. Duncan.
        p.   cm.—(Made simple books)
    1. English language—Textbooks for foreign speakers—Spanish.
    I. Title.
    PE1129.S8D77   1997
    428.2'461—dc20   96-19614
                                                      CIP

ISBN 0-385-48186-1

10 9 8 7 6 5 4 3 2 1

ÍNDICE

Conocer el inglés

1. *El inglés no es totalmente desconocido.*

Durante su introducción al idioma inglés se dará cuenta de que ya sabe o ya puede adivinar el significado de muchas palabras en inglés.

En primer lugar, hay palabras que tienen la misma ortografía y el mismo significado tanto en inglés como en español. Por ejemplo:

actor	**color**	**doctor**	**gratis**	**canal**	**conductor**	**hospital**
hotel	**error**	**piano**	**animal**	**auto**	**principal**	**director**

Luego hay palabras en inglés que sólo difieren un poco en la ortografía de las mismas palabras en español, y en seguida podemos reconocer su significado. Por ejemplo:

air	**art**	**center**	**barber**	**mule**	**professor**	**conversation**
aire	arte	centro	barbero	mula	profesor	conversación

Muchos verbos en inglés difieren de los correspondientes verbos en español sólo en la terminación. Por ejemplo:

declare	**adore**	**admire**	**use**	**inform**	**defend**	**divide**
declarar	adorar	admirar	usar	informar	defender	dividir

El inglés ha adoptado palabras directamente del español. Algunas se deletrean igual y otras no pero de modo parecido. Por ejemplo:

adobe	**rodeo**	**fiesta**	**patio**	**tomato**	**siesta**	**ranch**
adobe	rodeo	fiesta	patio	tomate	siesta	rancho

El español también ha adoptado palabras del inglés, sobre todo respecto al deporte. Reconocerá estas palabras a pesar de su diferencia en ortografía.

roast beef	**meeting**	**pudding**	**tennis**	**baseball**	**football**	**volleyball**
rosbif	mitin	pudín	tenis	béisbol	fútbol	voleibol

Las semejanzas entre el vocabulario inglés y el español serán una gran ayuda en su estudio del inglés. No obstante, tenga en cuenta que palabras con la misma o parecida ortografía en los dos idiomas no se pronuncian igual. También, hay que tener cuidado con las palabras en inglés que se parecen en ortografía a palabras en español, pero que tienen distintos significados.

2. *Las pronunciaciones del inglés y del español difieren mucho.*

Las semejanzas entre el vocabulario inglés y el vocabulario español serán una gran ayuda en su estudio del inglés. No obstante, a pesar de la ortografía idéntica de muchas palabras en inglés y en español, sus pronunciaciones son muy diferentes. A diferencia del español, el inglés no es un idioma fonético, así que la ortografía de numerosas palabras no ayuda en pronunciarlas. Así como el alfabeto español tiene 28 letras para expresar los 25 sonidos que constituyen la fonética del idioma, el alfabeto inglés tiene 26 letras para expresar aproximadamente 43 sonidos distintos. ¡Se asignan 19 sonidos diferentes a sólo las cinco vocales! Desgraciadamente para el estudiante del inglés, no existen reglas de pronunciación—sólo existen generalidades.

En el capítulo 2, explicaremos con más detalle la pronunciación y la ortografía de los sonidos en inglés. La mayoría de los sonidos en inglés tienen sonidos parecidos en español. La descripción de estos sonidos y la clave de pronunciación deben ayudarle mucho a pronunciar las palabras sin dificultad. Si es posible, pida ayuda con su pronunciación a alguien que hable el inglés como lengua materna, porque es importante oír los sonidos correctamente hablados y tener su propia pronunciación corregida.

Aproveche las numerosas oportunidades de oír el inglés correctamente hablado. Escuche los programas de televisión y radio, repitiendo en voz alta las palabras y frases comunes. Los anuncios son particularmente útiles a medida que contienen tanta repetición. Intente comprender los diálogos en la televisión sin mirar. Esto resultará difícil al principio, pero con el tiempo se dará cuenta de cuanto más comprende. Comience despacio, escuchando sólo unos minutos cada día. A medida que vaya progresando en su estudio del inglés, aumente el tiempo de escuchar.

3. *La importancia del inglés en el mundo de hoy.*

El idioma inglés es hablado por varios centenares de millones de seres humanos, y muchos otros lo utilizan en el mundo comercial, financiero, diplomático y el mundo de turismo. La importancia científica, técnica, política y mercantil de las naciones anglosajonas, sobre todo los Estados Unidos, hace que el inglés sea el idioma más importante en el mundo de hoy.

Al aprender el inglés multiplicarán sus oportunidades—sea que desea usar el inglés para negocios, para turismo, socialmente o para facilitar su vida diaria en los Estados Unidos u otros lugares de habla inglesa. Su conocimiento del inglés aumentará también el número de personas con quienes puede comunicarse, con lo cual abrirá la puerta a una mejor comprensión de los Estados Unidos, su gente, su cultura, y su manera de vivir.

Pronunciación del inglés

En la primera parte de este capítulo Ud. aprenderá los elementos de la pronunciación inglesa. La primera sección trata de los sonidos ingleses desconocidos a los hispanohablantes. Para cada uno de estos sonidos nuevos aprenderá un signo fonético que le ayudará a identificar este sonido y pronunciarlo correctamente.

La segunda sección servirá como su clave para la pronunciación de las vocales y las consonantes inglesas. Después de cada palabra Ud. encontrará una representación fonética que indica la pronunciación española más cercana a ésta. Léala como si fuera en español, cuidando de acentuar con la voz la sílaba acentuada. Consulte esta clave a lo largo del texto para facilitar la pronunciación de palabras y frases nuevas.

En la segunda y la tercera parte de este capítulo Ud. practicará la pronunciación correcta inglesa en palabras y expresiones útiles para el viajero y en diálogos.

La pronunciación del idioma inglés es complicada precisamente porque no existen reglas generales que determinen la correcta pronunciación de las palabras. Pero siguiendo la clave fonética que ofrecemos en este capítulo, Ud. debe de tener éxito en lograr una buena pronunciación del idioma.

PRIMERA PARTE

Los sonidos que más se diferencian del español

Estudie los siguientes sonidos. Fíjese también en el signo fonético asignado a cada sonido. Será importante reconocer estos signos e identificar los sonidos que los acompañan para poder practicar la pronunciación de las palabras en este capítulo. Puesto que algunos de estos sonidos no existen en el idioma español, hemos intentado describir el sonido usando otras comparaciones. Pero acuérdese que la mejor manera de aprender un idioma, y sobre todo un sonido desconocido, es oírlo de viva voz.

Si Ud. intenta memorizar el sonido que corresponde a cada uno de estos signos, no debe de tener dificultad en pronunciar las palabras inglesas, *leyendo como si fuera en español la representación fonética que acompaña a cada palabra.*

LETRA	SIGNO FONÉTICO	EL SONIDO	EJEMPLO
a breve	æ	Tiene un sonido entre la *a* y la *e*. No existe en español y parece a la *i* francesa en *fin*.	**man** (mæn)
c = s = z	ŝ	A veces estas tres consonantes tienen un sonido suave como la *s* italiana en *casa*.	**nose** (nóuŝ)
c = s = sh = t = x	ŝh	A veces estas consonantes tienen un sonido como la *sc* italiana en *pesce*.	**fish** (fiŝh)
e = i = o = u = y	œ	Estas vocales tienen en muchas palabras un sonido entre *e* y *u*, como el diptongo francés *eu* en *peur* o la *ö* alemana en *schön*.	**sir** (sœr)
o = u	ŭ	A veces estas dos vocales tienen un sonido corto y abrupto entre la *e* y la *u*.	**love** (lŭv)
g = j	Y	Estas consonantes pueden tener un sonido parecido al ``sh'' descrito arriba.	**giant** (Yáiant)
g = j = s = z	ȳ	Estas letras tienen el sonido de *j* francesa en algunas palabras.	**pleasure** (pléȳœr)
th	D	Tiene un sonido suave como el de la *d* española.	**then** (Den)
th	z	Tiene un sonido fuerte igual al de la *z* castellana pronunciada como en España.	**truth** (truz)

Las vocales inglesas

El hecho de que la pronunciación del idioma inglés sea bastante confusa se debe en parte a la variedad de sonidos que representa cada vocal. De las cinco vocales que hay, hay que asignar alrededor de 20 sonidos diferentes. Por eso, la mejor manera de aprender estos sonidos es oírlos de viva voz. Será imposible representar aquí de una manera clara y sencilla todos los diversos sonidos de las vocales que existen en el idioma inglés. Para evitar la confusión que podría producirse una representación detallada de todos estos sonidos, nos limitaremos a representar sólo los sonidos más comunes que Ud. encontrará a lo largo de este texto.

Pronuncie cada sonido y la palabra que lo demuestra tres veces. Acentúe la sílaba que lleva el acento gráfico.

VOCAL	EL SONIDO	PALABRAS CLAVES INGLESAS	PALABRAS CLAVES ESPAÑOLAS
a	éi	**g**a**m**e (guéim) **l**a**dy** (léidi)	b**éi**sbol s**ei**s
a	a	**f**a**ther** (fáDœr) **c**a**r** (car)	c**a**sa p**a**dre
a	entre a y e (æ)	m**a**n (mœn) h**a**nd (jœnd)	—————— ——————
e	e breve	m**e**n (men) **egg** (eg)	p**e**rro **e**l
e	i	h**e** (ji) sh**e** (shi)	s**í** d**í**a
e	entre e y u (œ)	h**e**r (jœr) p**e**rson (pœrsŭn)	—————— ——————
i	ái	h**i**gh (jái) p**i**e (pái)	b**ai**lar **ai**re
i	i breve	m**i**lk (milk) **i**t (it)	—————— ——————→
o	óu	n**o**te (nóut) b**o**at (bóut)	escrib**ió** d**ó**lar
o	u	t**o** (tu) wh**o** (ju)	**ú**til l**u**na
o	entre o breve y a	n**o**t (not) m**o**dern (módœrn)	c**a**sa p**a**dre
u	iú	m**u**sic (miúsic) conf**u**se (confiús)	y**ú**go **Yu**catán
u	u	f**u**ll (ful) p**u**t (put)	dific**u**ltad c**u**rso

Tenga en cuenta que aparte de los sonidos individuales que tiene cada vocal, existen muchos diptongos y triptongos que exigen una pronunciación especial. La ortografía fonética en la sección de pronunciación y ortografía en cada capítulo le ayudará mucho con la pronunciación de algunas de estas combinaciones además de otras palabras difíciles de pronunciar.

Las consonantes inglesas

La mayoría de las consonantes inglesas se pronuncian como las consonantes españolas correspondientes. Las siguientes consonantes, sin embargo, merecen atención especial:

LETRA	NOMBRE DE LA LETRA	EL SONIDO	PALABRAS CLAVES INGLESAS	
c	(si)	a) antes de *a, o, u, r, l, t:* tiene el sonido gutural de *k*	car cut	(car) (cŭt)
		b) antes de *e, i, y, e* muda: tiene el sonido de *s*	city place	(síti) (pléis)
g	(Yi)	a) antes de *a, e, i, o, u, l, n, r:* tiene el sonido gutural como el de la *g* española	game glass	(géim) (glæs)
		b) antes de *e, i, y:* tiene el sonido peculiar igual a la *j* inglesa. Es parecido a la pronunciación argentina de la *y* en *yo.*	gigantic	(Yaigæntic)
h	(éich)	Tiene el sonido de la *j* española, aunque más suave.	hot here	(jat) (jíær)
j	(Yéi)	Tiene el sonido que se describe en *g* (b).	job just	(Yob) (Yust)
K	(kéi)	Tiene el sonido gutural igual al de la *q,* excepto cuando le sigue una *n,* es muda.	key knot	(kí) (not)
p	(pi)	Tiene el sonido igual que en español, excepto cuando precede a la *s* o la *t,* o cuando está entre *m* y *t.*	people psalm	(pípœl) (salm)
s	(es)	a) Tiene el sonido como la *s* española.	say yes	(séi) (yes)
		b) Tiene el sonido de *s* o *z* francesa cuando termina en *bs, ds, gs, ves, ls, ms, ns, rs, ys,* y muchas veces entre vocales.	days raise	(déiŝ) (réiŝ)
		c) Tiene el sonido de la *j* francesa en *jour.*	pleasure	(pléÿœr)
t	(ti)	a) Tiene el sonido parecido a la *t* española.	tea	(ti)
		b) Tiene el sonido parecido a la *sc* italiana en *pesce.*	patience	(péŝhens)
		c) Tiene el sonido de la *ch* española en la terminación -*ture.*	picture	(píkchœr)
		d) Es muda en ciertas palabras.	listen	(lisn)
w	(dóbliu)	a) Tiene el sonido parecido al de *hu* española en *huevo.*	we	(uí)
		b) Es muda cuando va seguida de *r* y en otros casos.	write	(ráit)
z	(si)	Tiene el sonido suave igual a la *s* italiana en *casa.*	prize	(práiŝ)

SEGUNDA PARTE

La segunda y tercera parte de este capítulo contienen palabras y expresiones importantes de uso común. Si Ud. sigue cuidadosamente las instrucciones de pronunciación, aprenderá muchas de éstas sin dificultad. No trate de memorizar todas estas palabras en este momento, ya que aparecerán otras veces a lo largo del texto cuando Ud. tendrá la oportunidad de aprenderlas bien.

Practique las siguientes palabras y expresiones en voz alta, poniendo el énfasis con su voz en la sílaba que lleva el acento gráfico.

A. *Los días de la semana y los meses del año*

Sunday	(šunde)	domingo	**January**	(Yǽniuæri)	enero
Monday	(mŭnde)	lunes	**February**	(fébruæri)	febrero
Tuesday	(tiúŝde)	martes	**March**	(márch)	marzo
Wednesday	(uénŝde)	miércoles	**April**	(éipril)	abril
Thursday	(zœ́rŝde)	jueves	**May**	(méi)	mayo
Friday	(fráide)	viernes	**June**	(Yun)	junio
Saturday	(sǽtœrde)	sábado	**July**	(Yulái)	julio
			August	(ógŭst)	agosto
			September	(septémbœr)	septiembre
			October	(octóbœr)	octubre
			November	(novémbœr)	noviembre
			December	(disémbœr)	diciembre

NOTA: En inglés los días de la semana y los meses del año siempre se escriben con mayúsculas.

B. *Expresiones útiles para el viajero*

1. **please** (plíŝ)

2. **thank you** (zǽnk yu)

3. **you are welcome** (yu are uélcŭm)

4. **excuse me** (exkiúŝ mi)

5. **Mr.** (místœr)
   Miss (mis)
   Mrs. (mísuŝ)

6. **Where is the* hotel?** (juéær iŝ Di jotél)

7. **How much does the book cost?** (jáu mŭch dŭŝ Di buk cost)

1. por favor

2. gracias

3. de nada

4. perdóneme

5. señor
   señorita
   señora

6. ¿Dónde está el hotel?

7. ¿Cuánto cuesta el libro?

8. **It is expensive.** (it iš expénsiv)

8. Es caro.

9. **It is cheap.** (it iš chíp)

9. Es barato.

10. **I would like . . .** (ái ud láic)

10. Yo quisiera . . .

*NOTA: La palabra **the** se puede pronunciar de dos maneras distintas: **the** = Di o Dœ.

TERCERA PARTE

Acentuación en las palabras inglesas

En el idioma inglés no existen reglas específicas de acentuación. Por consecuencia, es probable que Ud. tendrá dificultad al acentuar las palabras en inglés. Por ejemplo, la palabra "désert" (desierto) sonaría como "dessért" (postre) si la sílaba correcta no está acentuada. Si Ud. sigue tan cuidadosamente como pueda las instrucciones de pronunciación en este capítulo, le serán una gran ayuda en lograr una pronunciación precisa de las palabras. Sea positivo y paciente, ¡y siga practicando!

Direcciones para el estudio de los diálogos.

1) Lea el texto en inglés en silencio, usando la traducción española para entender el significado.
2) Lea el texto dos o tres veces más en voz alta, usando la clave de pronunciación para ayudarle. Acentúe la sílaba que lleva el acento.

DIALOGUE 1 (DÁIALOG) (Diálogo)

How are you?

¿Cómo está Ud.?

1. **Good morning, Miss Johnson. How are you?** (gud mórning mis Yónsŭn. jáu ar yu?)

1. Buenos días, Srta. Johnson. ¿Cómo está Ud.?

2. **Very well, thank you. And you?** (véri uél zǽnk yu. ænd yu?)

2. Muy bien, gracias. ¿Y Ud.?

3. **Fine, thank you.** (fáin, zǽnk yu)

3. Bien, gracias.

4. **Goodbye, Miss Johnson.** (gudbái, mis Yónsŭn)

4. Adiós, Srta. Johnson.

5. **Goodbye, Peter.** (gudbái Pítœr)

5. Adiós, Pedro.

DIÁLOGO 2

Do you speak English?

1. **Do you speak English, Mary?** (du yu spík ínglish, mǽri?)

2. **Yes, I speak English.** (yes, ái spík ínglish)

3. **Does Robert speak English?** (dŭŝ róbœrt spík ínglish?)

4. **Yes, he speaks English well.** (yes, ji spíks ínglish uél)

5. **Does your sister speak English?** (dŭŝ yúœr sístœr spík ínglish?)

6. **No, she speaks Spanish.** (no, ŝhi spíks spǽnish)

¿Habla Ud. inglés?

1. ¿Habla Ud. inglés, María?

2. Sí, hablo inglés.

3. ¿Habla Roberto inglés?

4. Sí, él habla inglés bien.

5. ¿Habla su hermana inglés?

6. No, ella habla español.

DIÁLOGO 3

What is your name?

1. **What is your name?** (juót iŝ yúœr nem?)

2. **My name is John King.** (mái nem iŝ Yon kíng)

3. **Where do you live?** (juéœr do yu liv?)

4. **I live on Main Street.** (ái liv on méin strít)

5. **How many people are there in your family?** (jáu méni pípœl ar Déœr in yúœr fœmili?)

6. **There are four people—my father, my mother, my brother and I.** (Déœr ar fóœr pípœl—mái fáDœr, mái mŭDœr, mái brŭDœr ænd ái)

7. **You speak English well. Are you studying it in school?** (yu spík ínglish uél. ar yu stŭdiing it in scul?)

8. **Yes, sir. Besides, we speak English at home. My mother is from New York.** (yes, sœr. bisáids, uí spík ínglish æt jóum. mái mŭDœr iŝ frŭm nú york)

¿Cómo se llama Ud.?

1. ¿Cómo se llama Ud.?

2. Me llamo Juan King.

3. ¿Dónde vive Ud.?

4. Vivo en la calle Main.

5. ¿Cuántas personas hay en su familia?

6. Hay cuatro personas—mi padre, mi madre, mi hermano y yo.

7. Ud. habla bien el inglés. ¿Lo está estudiando en la escuela?

8. Sí, señor. Además, hablamos inglés en casa. Mi madre es de Nueva York.

Who Is Mr. Martínez?
Study Instructions

¿Quién es el señor Martínez?
Instrucciones para el estudio

Ahora que Ud tiene conocimientos más sólidos del inglés, ya está preparado para un estudio más a fondo del idioma. Sin embargo, Ud. no debe en ningún momento dejar de observar las reglas de pronunciación. Practique los ejercicios de pronunciación después de cada texto y siga las instrucciones de lectura y conversación en voz alta. Recuerde Ud.: la única manera de aprender un idioma es hablándolo.

En este capítulo, Ud. conocerá al señor Martínez, un comerciante de México que quiere aprender el inglés. Conocerá también a su simpática profesora, la señorita Johnson, una norteamericana que vive en México. La señorita Johnson le ensenará a Ud. y al señor Martínez conjuntamente y de una manera interesante y agradable.

Así que **good luck** (buena suerte) y **happy voyage** (buen viaje) en su trayecto hacia el conocimiento práctico del inglés.

- Lea el texto en silencio, refiriéndose al inglés sólo cuando sea necesario para entender la frase.
- Cubra el texto en español y lea el texto en inglés en silencio.
- Estudie la sección de Pronunciación que le sigue al texto. Después, lea el texto en voz alta, pronunciando con mucho cuidado.
- Estudie la sección de Vocabulario.
- Haga el ejercicio de Completar el Texto.
- Termine el capítulo, leyendo los Puntos Gramaticales y completando los ejercicios.
- Siga las mismas instrucciones con todos los textos de los siguientes capítulos.

1. **Mr. Martínez is a businessman from Mexico City. He is Mexican.**

2. **He lives with his family in a suburb of the city.**

3. **In the Martínez family there are five people: the father, Mr. Martínez; the mother, Mrs. Martínez; one son, and two daughters. Mr. Martínez is forty years old. Mrs. Martínez is thirty-five years old.**

4. **The son is named Peter. The daughters are named Mary and Susan.**

5. **The Martínez family lives in a private house.**

6. **In the house there are seven rooms: the living room, the dining room, and three large bedrooms. There is also a kitchen and a bathroom.**

7. **Mr. Martínez's office is on Central Avenue.**

8. **It is on the tenth floor of a skyscraper.**

9. **On Monday, Tuesday, Wednesday, Thursday, and Friday, Mr. Martínez goes by train to his office in the city.**

10. **He works in his office all day long.**

1. El señor Martínez es un comerciante de México. Es mexicano.

2. Vive con su familia en un suburbio de la ciudad.

3. En la familia Martínez hay cinco personas: el padre, el señor Martínez; la madre, la señora Martínez; un hijo y dos hijas. El señor Martínez tiene cuarenta años. La señora Martínez tiene treinta y cinco años.

4. El hijo se llama Pedro. Las hijas se llaman María y Susana.

5. La familia Martínez vive en una casa particular.

6. En la casa hay siete cuartos: la sala, el comedor y tres dormitorios grandes. También hay una cocina y un cuarto de baño.

7. La oficina del señor Martínez está en la Avenida Central.

8. Está en el décimo piso de un rascacielos.

9. El lunes, el martes, el miércoles, el jueves y el viernes, el señor Martínez va en tren a su oficina en la ciudad.

10. Trabaja en su oficina todo el día.

Pronunciación y Ortografía

1. *Practique Ud. en voz alta:*

businessman	(bíŝnesmæn)	**daughter**	(dótœr)
family	(fǽmili)	**kitchen**	(kíchen)
Mexican	(méxikœn)	**skyscraper**	(skáiscréipœr)
suburb	(sǔbœrb)	**private**	(práivet)

Vocabulario

A. **The family**   La familia
   the father   el padre
   the mother   la madre
   the son   el hijo
   the daughter   la hija
   the child (little boy)   el niño
   the child (little girl)   la niña
   the boy (teenage)   el muchacho
   the girl (teenage)   la muchacha
   the brother   el hermano
   the sister   la hermana
   the uncle   el tío
   the aunt   la tía
   the grandfather   el abuelo
   the grandmother   la abuela
   the husband   el esposo/el marido
   the wife   la esposa/la mujer
   the gentleman   el señor
   the lady   la señora
   the man   el hombre
   the woman   la mujer

B. **The rooms of the house**   Los cuartos de la casa
   the room   el cuarto/la habitación
   the dining room   el comedor
   the living room   la sala/el cuarto de estar
   the kitchen   la cocina
   the bedroom   el dormitorio
   the bathroom   el cuarto de baño

C. **Important expressions**   Expresiones importantes
   by train   en tren
   all day   todo el día
   there is/there are   hay

Ejercicio No. 1—COMPLETAR EL TEXTO

Para sacar mayor provecho, siga las siguientes instrucciones cuidadosamente en todos los ejercicios de "Completar el Texto".

1. Complete cada frase traduciendo las palabras en español al inglés. Hágalo de memoria cuando pueda.

2. Si no se acuerda de las palabras, búsquelas en el texto. Encontrará las palabras en el orden en que aparecen en las frases. Sólo tiene que leer el texto de nuevo para encontrarlas fácilmente.

3. Cuando haya completado la frase con las palabras necesarias, lea la frase completa en voz alta y en inglés.

4. Le será más fácil memorizar las palabras si escribe cada frase completamente.

5. Las respuestas correctas se encuentran en la sección de Respuestas de este libro junto con las respuestas de todos los otros ejercicios. Compruebe todas sus respuestas.

Ejemplo: ¿(Quién) is Mr. Martínez?
Who is Mr. Martínez?

1. **Mr. Martínez is a** (comerciante) **from Mexico.**

2. **He lives** (con) **his family.**

3. **Mr. Martínez is the** (padre).

4. **Mrs. Martínez is the** (madre).

5. (Hay) **five people.**

6. **The** (hijo) **is named Peter.**

7. **The family lives in a** (casa particular).

8. **The house has seven** (cuartos).

9. **The house has only one** (cuarto de baño).

10. **The** (oficina) **is on Central Avenue.**

11. **It is in a** (rascacielos).

12. (Está) **on the tenth** (piso).

13. **Mr. Martínez** (va en tren) **to his office.**

14. **He works** (todo el día).

PUNTOS GRAMATICALES

1. El artículo definido

En inglés sólo hay un artículo definido, tanto para el singular como para el plural. En inglés no existe el concepto de nombres masculinos o femeninos. Fíjese en los siguientes ejemplos:

	MASCULINO		FEMENINO	
SINGULAR:	**the father**	el padre	**the mother**	la madre
PLURAL:	**the fathers**	los padres	**the mothers**	las madres

2. El artículo indefinido

En inglés sólo hay dos formas de artículo indefinido, a diferencia de las cuatro formas que hay en el español. Existe un artículo indefinido para los nombres singulares y otro para los plurales. Fíjese en las dos formas:

	MASCULINO		FEMENINO	
SINGULAR:	**a** room	un cuarto	**a** city	una ciudad
PLURAL:	**some** rooms	unos cuartos	**some** cities	unas ciudades

*NOTA: Si el nombre empieza con una vocal, el artículo se convierte en "an": **an office**

3. El plural de los nombres

Existen reglas generales respecto a como formar el plural en inglés.

a. Normalmente añada una **s** para formar el plural de un nombre:

the father	**the fathers**
the house	**the houses**

b. Si el nombre termina con **y**, hay que eliminar la **y** y añadir **ies**:

the city	**the cities**
the family	**the families**

c. Si el nombre termina con **fe** o **f**, hay que eliminar la **f** y añadir **ves**:

the wife	**the wives**
the knife	**the knives**

d. Si el nombre termina con **ss, x, ch,** o **sh**, hay que añadir **es**:

the business	**the businesses**
the box	**the boxes**

e. Si el nombre termina con una consonante + **o**, hay que añadir **es**:

the tomato	**the tomatoes**

f. Hay nombres que no siguen estas reglas generales. En estos casos, hay que memorizar las excepciones:

the man	**the men**
the woman	**the women**
the child	**the children**

4. Verbos comunes

a. **to be** (ser, estar)
he, she, it   is   (él, ella) es/está
they   are   (ellos, ellas) son/están

b. **to live** (vivir)
he, she, it   lives   (él, ella) vive
they   live   (ellos, ellas) viven

c. **to work** (trabajar)
he, she, it   works   (él, ella) trabaja
they   work   (ellos, ellas) trabajan

d. **there is, there are** (hay)

*NOTA: En contraste al español, en inglés es necesario usar los pronombres para identificar al sujeto.

Ejercicio No. 2

Sustituya las palabras en español entre paréntesis con las palabras correspondientes en inglés:

Ejemplo: (La) **Martínez family lives in Mexico.**
The Martínez family lives in Mexico.

1. **Mr. Martínez is** (un) **businessman.**

2. **The** (hijas) **are named Mary and Susan.**

3. **The** (hijo) **is named Peter.**

4. (Unos) **rooms are large.**

5. **The Martínez family** (vive) **in a suburb.**

6. **In the house** (hay) **seven rooms.**

7. **The office** (está) **on the tenth floor.**

8. (Unas) **girls are in the kitchen.**

9. **Mr. Martínez** (trabaja) **all day.**

10. **The son and daughter** (están) **in the city.**

Ejercicio No. 3

Cambie los siguientes nombres al plural:

1. **the street**

2. **the house**

3. **the life**

4. **the class**

5. **the city**

6. **the man**

7. **the train**

8. **the family**

9. **the girl**

10. **the watch**

Ejercicio No. 4

Traduzca al inglés:

1. El señor Martínez es mexicano.

2. Vive en la ciudad de México.

3. Hay cinco personas en la familia.

4. La casa tiene siete cuartos.

5. Es una casa particular.

6. La señora Martínez es la madre.

7. El señor Martínez es el padre.

8. La oficina está en la Avenida Central.

9. El va en tren a la ciudad.

10. Trabaja en su oficina todo el día.

Ejercicio No. 5

Lea cada pregunta en inglés y conteste en silencio, fijándose en la traducción en español. Después, vuelva a leer cada pregunta en inglés y conteste dos veces en voz alta, sin referirse al español.

1. **Who is Mr. Martínez?**
   He is a Mexican businessman.

2. **Is he Mexican?**
   Yes sir, he is Mexican.

3. **Where does Mr. Martínez live?**
   He lives in a suburb of the city.

4. **How many people are there in his family?**
   There are five people in his family.

5. **What is the name of his son?**
   His son is named Peter.

6. **What are the names of his daughters?**
   His daughters are named Mary and Susan.

7. **Where does the family live?**
   The family lives in a private house.

8. **How many rooms are in Mr. Martínez's house?**
   There are seven rooms in Mr. Martínez's house.

9. **On what street is Mr. Martínez's office?**

   It is on Central Avenue.

10. **Is the building big?**
    Yes sir, it is big. It is a skyscraper.

1. ¿Quién es el señor Martínez?
   Es un comerciante de México.

2. ¿Es mexicano?
   Sí señor, es mexicano.

3. ¿Dónde vive el señor Martinez?
   Vive en un suburbio de la ciudad.

4. ¿Cuántas personas hay en su familia?

   Hay cinco personas en su familia.

5. ¿Cómo se llama su hijo?
   Su hijo se llama Peter.

6. ¿Cómo se llaman sus hijas?
   Sus hijas se llaman María y Susana.

7. ¿Dónde vive la familia?
   La familia vive en una casa particular.

8. ¿Cuántos cuartos hay en la casa del señor Martínez?
   Hay siete cuartos en la casa del señor Martínez.

9. ¿En qué calle está la oficina del señor Martínez?
   Está en la Avenida Central.

10. ¿Es grande el edificio?
    Sí señor, es grande. Es un rascacielos.

Why Is Mr. Martínez Studying English?

¿Por qué estudia inglés el señor Martínez?

1. Mr. Martínez is an importer.

2. He imports furniture from the United States.

3. In the spring, Mr. Martínez is going to take a trip to the United States. He wants to visit his agent in New York. He wants to speak with him in English.

4. He also wants to visit other places of interest in the United States. He hopes to go to Washington, D.C., and perhaps Boston.

5. Mr. Martínez knows how to read English a little. But he does not (doesn't) speak English. That is why he is studying the language.

6. His teacher is Miss Johnson.

7. Miss Johnson is from New York. She is thirty-five years old.

1. El señor Martínez es importador.

2. Importa muebles de los Estados Unidos.

3. En la primavera, el señor Martínez va a hacer un viaje a los Estados Unidos. Quiere visitar a su agente en Nueva York. Quiere hablar con él en inglés.

4. También quiere visitar otros lugares de interés en los Estados Unidos. Espera ir a Washington, D.C., y quizás a Boston.

5. El señor Martínez sabe leer en inglés un poco. Pero no habla inglés. Por eso, estudia el idioma.

6. Su profesora es la señorita Johnson.

7. La señorita Johnson es de Nueva York. Ella tiene treinta y cinco años.

8. **On Tuesdays and Thursdays they have English class, almost always in Mr. Martínez's house.**

9. **Miss Johnson is a good teacher.**

10. **Mr. Martínez is very intelligent and learns quickly.**

11. **In the first class, he learns this dialogue by heart:**

12. **"Good morning, Miss Johnson. How are you?"**
"Fine, thank you. And you?"
"Fine, thank you."

13. **Mr. Martínez also learns some salutations and farewells.**

14. **Good morning. Good afternoon. Good evening/night.**

15. **Goodbye. See you later. See you tomorrow.**

8. Los martes y jueves tienen clase de inglés, casi siempre en casa del señor Martínez.

9. La señorita Johnson es buena profesora.

10. El señor Martínez es muy inteligente y aprende rápidamente.

11. En la primera clase, aprende este diálogo de memoria:

12. —Buenos días, señorita Johnson. ¿Cómo está Ud.?
—Bien, gracias. ¿Y Ud.?
—Bien, gracias.

13. El señor Martínez aprende también unos saludos y unas despedidas.

14. Buenos días. Buenas tardes. Buenas noches.

15. Adiós. Hasta luego. Hasta mañana.

Pronunciación y Ortografía

1. Practique en voz alta:

importer	(impórtœr)	**intelligent**	(intéliYent)
articles	(árticœlŝ)	**studies**	(stŭdiŝ)
language	(lǽngüeY)	**quickly**	(cuícli)
teacher	(tíchœr)	**dialogue**	(dáialog)

2. En inglés se escribe con letra mayúscula las siguientes categorías de palabras: nombres de países (**United States**), nacionalidades (**Mexican**), idiomas (**English, Spanish**), días de la semana (**Tuesday, Thursday**), y meses del año (**January, February**).

Vocabulario

A. Antónimos

1. **big**   grande   **small**   pequeño

2. **good**   bueno   **bad**   malo

3. **here**   aquí   **there**   allí

4. **importer**   importador   **exporter**   exportador

5. **slowly**   lentamente   **quickly**   rápidamente

B. Idiomas

1. **English** (el inglés)   3. **French** (el francés)   5. **Chinese** (el chino)

2. **Spanish** (el español)   5. **German** (el alemán)   6. **Italian** (el italiano)

Expresiones Importantes

1. **Good morning**	Buenos días	6. **See you tomorrow**	Hasta mañana
2. **Good afternoon**	Buenas tardes	7. **by heart**	de memoria
3. **Good evening/night**	Buenas noches	8. **How are you?**	¿Cómo está Ud.?
4. **Goodbye**	Adiós	9. **Fine, thank you**	Bien, gracias
5. **See you later**	Hasta luego	10. **perhaps (maybe)**	quizás

Ejercicio No. 6—COMPLETAR EL TEXTO

Siga cuidadosamente las instrucciones del Ejercicio 1.

1. (Quién) **is Mr. Martínez?**

2. **He is** (un importador).

3. **He imports** (muebles).

4. (En la primavera) **Mr. Martínez is going to take a trip to the United States.**

5. (Quiere) **to visit his agent.**

6. **He wants to speak** (inglés con él).

7. (Espera) **to go to Washington, D.C.**

8. (Pero) **he doesn't speak English.**

9. **That is why he is studying** (el idioma).

10. **Miss Johnson is** (su profesora).

11. (Los martes y jueves) **they have class.**

12. (Hablan) **English.**

13. **Mr. Martínez learns** (rápidamente).

14. **He is** (muy inteligente).

15. **Miss Johnson is** (buena profesora).

PUNTOS GRAMATICALES

1. El Tiempo Presente

A. Ejemplo: **to speak** (hablar)

SINGULAR		PLURAL	
I speak	yo hablo	**we speak**	nosotros/as hablamos
you speak	tú hablas Ud. habla	**you speak**	vosotros/as habláis Uds. hablan
he, she, it speaks*	él, ella habla	**they speak**	ellos, ellas hablan

*En el presente, el verbo en la tercera persona singular (él, ella) es la única forma que termina con -s.

B. Más verbos comunes

to read (leer)

I, you, we, you (pl), they	**read**
he, she, it	**reads**

to go (ir)

I, you, we, you (pl), they	**go**
he, she, it	**goes**

to study (estudiar)

I, you, we, you (pl), they	**study**
he, she, it	**studies**

to want (querer, desear)

I, you, we, you (pl), they	**want**
he, she, it	**wants**

to import (importar)

to hope, expect (esperar)

to learn (aprender)

to visit (visitar)

C. Formas negativas con el tiempo presente:

I			**he**		
we	+ **do not***	+ **verbo**	**she**	+ **does not***	+ **verbo**
you			**it**		
they					

*Do not y **does not** son verbos auxiliares más la palabra negativa **not**.

Ejemplos:

I	do not	speak English.	He	does not	study enough.
You	do not	live in New York	She	does not	learn quickly.
We	do not	understand French.	The class	does not	begin today.
They	do not	work together.			

*En la tercera persona singular el verbo no termina con *-s*. La *-s* final es parte del verbo auxiliar **does**.

D. Contracciones: En inglés se usa las siguientes contracciones casi siempre en el inglés hablado y frecuentemente en el inglés escrito.

> **do not = don't**

> **does not = doesn't**

Ejemplos: **I don't speak English.**
            He doesn't speak English.

2. **TO BE:** El verbo **to be** es un verbo irregular. Aprenda de memoria las siguientes conjugaciones:

SINGULAR		PLURAL	
I	**am**	**we**	**are**
You	**are**	**you**	**are**
he, she, it	**is**	**they**	**are**

Ejercicio No. 7

Complete las frases con la forma correcta del verbo y con el sujeto correcto, si es necesario.

1. **Mr. Martínez (es) an importer.**

2. (Quiere) **to visit his agent.**

3. **Mr. Martínez (no habla) English.**

4. **That is why (estudia) the language.**

5. **His teacher (es) Miss Johnson.**

6. (Aprende) **quickly.**

7. (No escribe) **French.**

8. (Lee) **a little English.**

9. **Mr. Martínez (espera) to visit Washington, D.C.**

10. (Va) **to class on Tuesdays and Thursdays.**

Ejercicio No. 8

Escoja de la Columna II la frase que mejor complete la frase comenzada en la Columna I.

Ejemplo: 1-f **Mr. Martínez wants to speak English with his agent.**

I	II
1. **Mr. Martínez wants to speak English**	a. **learns quickly.**
2. **He knows how to read**	b. **he learns a dialogue by heart.**
3. **He is very intelligent and therefore**	c. **in Mr. Martínez's family.**
4. **He is going to take**	d. **a little English.**
5. **Mr. Martínez lives**	e. **on Tuesdays and Thursdays.**
6. **There are five people**	f. **with his agent.**
7. **In his first class**	g. **to his office.**
8. **He goes by train**	h. **a trip to the United States.**
9. **He has class**	i. **all day long.**
10. **Mr. Martínez works in his office**	j. **in a suburb of the city.**

Ejercicio No. 9

Busque las palabras correspondientes en inglés en el texto o en la sección de Vocabulario y apúntelas aquí.

1. y	5. quizás	9. siempre	13. pequeño	17. rápidamente
2. con	6. pero	10. ¿Cómo está Ud.?	14. bueno	18. el idioma
3. también	7. allí	11. bien, gracias	15. malo	19. de memoria
4. a	8. aquí	12. grande	16. lentamente	20. hasta luego

Ejercicio No. 10

Siga las instrucciones dadas en Ejercicio no. 5, página 24.

1. **Who is the teacher?**
   Miss Johnson is the teacher.

2. **Does she speak English?**
   Yes, she speaks English.

1. ¿Quién es la profesora?
   La señorita Johnson es la profesora.

2. ¿Habla inglés?
   Sí, habla inglés.

3. **Who is the businessman?**
   Mr. Martínez is the businessman.

4. **Does he speak English?**
   No, he does not speak English.

5. **Where is Mr. Martínez's office?**
   Is it on Central Avenue.

6. **Does he import cars?**
   No, he does not import cars.

7. **Does he learn quickly?**
   Yes, he learns quickly.

8. **When does he have class?**
   He has class on Tuesdays and Thursdays.

9. **Is Mr. Martínez intelligent?**
   Yes, he is very intelligent.

10. **Why is he studying English?**
    Because he wants to take a trip to the United States.

Aprenda: **When?**   ¿Cuándo?

           Why?   ¿Por qué?

           because   porque

3. ¿Quién es el comerciante?
   El señor Martínez es el comerciante.

4. ¿Habla inglés?
   No, no habla inglés.

5. ¿Dónde está la oficina del señor Martínez?
   Está en la Avenida Central.

6. ¿Importa coches (carros)?
   No, no importa coches.

7. ¿Aprende rápidamente?
   Sí, aprende rápidamente.

8. ¿Cuándo tiene clase?
   Tiene clase los martes y jueves.

9. ¿Es inteligente el señor Martínez?
   Sí, es muy inteligente.

10. ¿Por qué estudia inglés?
    Porque quiere hacer un viaje a los Estados Unidos.

In Mr. Martínez's Living Room

En la sala del señor Martínez

1. **It is Tuesday, January 9, 1996.**[1]

2. **It is eight o'clock in the evening.**

3. **Mr. Martínez is seated in the living room of his house. Miss Johnson is seated near him.**

4. **Miss Johnson says to Mr. Martínez, "Around us there are many things: in the house, in the street, in the office, in the park, in the city and in the country."**

5. **"In the United States and in other countries where English is spoken, it is necessary to know the names of things in English. In Spain and in Spanish America it is necessary to know the name of things in Spanish."**

6. **"We are in the living room of your house. Tell me, please, what is this?"**

7. **"It is a piano. My wife plays the piano well."**

1. Es martes, el nueve de enero de 1996.

2. Son las ocho de la noche.

3. El Sr. Martínez está sentado en la sala de su casa. La Srta. Johnson está sentada cerca de él.

4. La Srta. Johnson dice al Sr. Martínez,—Alrededor nuestro hay muchas cosas: en la casa, en la calle, en la oficina, en el parque, en la ciudad y en el campo.

5. —En los Estados Unidos y en otros países donde se habla inglés, es necesario saber los nombres de las cosas en inglés. En España y en Hispanoamérica es necesario saber los nombres de las cosas en español.

6. —Estamos en la sala de su casa. Dígame, por favor, ¿qué es esto?

7. —Es un piano. Mi esposa toca bien el piano.

8. "Good. And what is on the piano?"

9. "A lamp and a music book."

10. "And what is on the wall over the piano?"

11. "That is a picture (portrait) of my wife."

12. "Very good. Tell me, please, the names of other objects in the living room and where they are."

13. "Certainly."[2]

14. "There is a bookcase next to the window. Near the door there is a desk. On the desk there are many things: a pencil, two pens, some papers and some letters. There are also some books on a small table. There is a rug under the small table."

15. "Excellent. That's enough for today. See you later, Mr. Martínez."

16. "See you Thursday, Miss Johnson."

8. —Bien. ¿Y qué hay encima del piano?

9. —Una lámpara y un libro de música.

10. —¿Y qué hay en la pared sobre el piano?

11. —Eso es un retrato de mi esposa.

12. —Muy bien. Dígame, por favor, los nombres de otros objetos en la sala y dónde están.

13. —Con mucho gusto.

14. —Hay un estante al lado de la ventana. Cerca de la puerta hay un escritorio. En el escritorio hay muchas cosas: un lápiz, dos bolígrafos, unos papeles y unas cartas. También hay unos libros en una mesita. Hay una alfombra debajo de la mesita.

15. —Excelente. Por hoy ya es suficiente. Hasta luego, Sr. Martínez.

16. —Hasta el jueves, Srta. Johnson.

1. 1996 = **Nineteen ninety-six**
2. Literalmente, con mucho gusto = **with much pleasure**

Pronunciación y Ortografía

1. Pronuncie cuidadosamente:

United States (yunáited stéits)   **evening** (ívning)
living room (líving rum)   **bookcase** (bukéis)
music (miúŝic)   **thing** (zing)
excellent (écselent)   **enough** (inŭf)
today (tudéi)   **know** (no)

2. Fíjese bien en las siguientes palabras de interrogación:

who	quién/quiénes	**when**	cuándo	**how much**	cuánto
what	qué	**how**	cómo	**how many**	cuántos
where	dónde	**why**	por qué	**whose***	de quién

*Se usa con preguntas de posesión: Ej.: **Whose car is that?** (¿De quién es ese coche?)

Vocabulario

A. In the living room   (En la sala)

armchair	el sillón	**pen**	el bolígrafo (la pluma)
book	el libro	**pencil**	el lápiz
bookcase	el estante	**piano**	el piano
chair	la silla	**picture (portrait)**	el retrato
door	la puerta	**rug**	la alfombra
desk	el escritorio	**sofa**	el sofá
lamp	la lámpara	**table**	la mesa
letter	la carta	**wall**	la pared
little table	la mesita	**window**	la ventana
paper	el papel		

B. Preposiciones comunes:

above	sobre	**in front of**	delante de
across from	enfrente de	**next to**	al lado de
around	alrededor de	**of**	de
at	en/a	**on**	en
behind	detrás de	**on top of**	encima de
between	entre	**opposite**	enfrente de
close to	cerca de	**over**	sobre
far from	lejos de	**under**	debajo de
from	de	**with**	con
in	en		

Expresiones Importantes

1. **January 9**	el nueve de enero	6. **What is this?**	¿Qué es esto?
2. **it is eight o'clock**	son las ocho	7. **certainly**	con mucho gusto
3. **many things**	muchas cosas	8. **please**	por favor
4. **it is necessary**	es necesario	9. **(that's) enough**	ya es suficiente
5. **tell me**	dígame	10. **for today**	por hoy

Ejercicio No. 11—COMPLETAR EL TEXTO

1. **Mr. Martínez** (está sentado) **in the living room.**

2. **There are** (muchas cosas) **around us.**

3. (Es necesario saber) **the names of things.**

4. **Tell me,** (¿qué es esto?)

5. (Mi esposa) **plays the piano well.**

6. **The picture is** (sobre el piano).

7. **There is a bookcase** (al lado de la ventana).

8. **There are** (unos libros) **on the small table.**

9. **The rug is** (debajo de la mesita).

10. (Hasta el jueves), **Miss Johnson.**

PUNTOS GRAMATICALES

1. Posesión

A. El apóstrofo

Para indicar la forma posesiva de un nombre en inglés, es necesario añadir **'s** al final del nombre. (El español usa la preposición *de* para indicar posesión). Fíjese bien en los siguientes ejemplos:

the teacher's house	la casa de la profesora
(the house of the teacher)*	
Mr. Martínez's wife	la esposa del Sr. Martínez
(the wife of Mr. Martínez)*	

*Se puede usar también la preposición of en inglés en vez del apóstrofo, pero es menos frecuente en el inglés hablado.

Si el nombre es plural y termina con **s**, sólo hay que añadir el apóstrofo para indicar posesión:

The teacher reads the students' papers.   La profesora lee los trabajos de los estudiantes.

B. **whose**—de quién/de quiénes

Whose house is it?	¿De quién es la casa?
It's Mr. Martínez's house.	Es la casa del Sr. Martínez.
Whose books are these?	¿De quiénes son estos libros?
They are the students' books.	Son los libros de los estudiantes.

2. Contracciones del verbo **to be:**

En el inglés hablado es frecuente usar las siguientes contracciones del verbo **to be:**

SINGULAR		PLURAL	
I am	= **I'm**	**we are**	= **we're**
you are	= **you're**	**you are**	= **you're**
he, she, it is	= **he's, she's, it's**	**they are**	= **they're**

Fíjese en los siguientes ejemplos:

It is Tuesday, January 9.	**It's Tuesday, January 9.**
She is the teacher.	**She's the teacher.**
We are learning English.	**We're learning English.**

3. Preguntas con **where, what** y **when:**

En el tiempo presente, se forman preguntas con las palabras **where, what** y **when** según la siguiente fórmula:

Where
What   + **does/do**   +   sujeto   +   verbo
When

Ejemplos:

Where does Mr. Martínez live?	¿Dónde vive el Sr. Martínez?
What does Mr. Martínez do?	¿Qué hace el Sr. Martínez?
When do Mr. Martínez and Miss	¿Cuándo tienen clase el Sr. Martínez y la
Johnson have class?	Srta. Johnson?

Ejercicio No. 12

Complete en inglés. Primero, repase las preposiciones comunes en Vocabulario B, página 34.

Ejemplo: 1. **The picture is above the piano.**

1. **The picture is (sobre) the piano.**

2. **The park is (cerca de) the house.**

3. **The bookcase is (al lado de) the window.**

4. **The car is (en frente de) the building.**

5. **There is a table (entre) the two windows.**

6. **What is (detrás de) the door?**

7. **The lamp is (encima de) the piano.**

8. **The chairs are (alrededor de) the table.**

9. **Who is** (con) **Mr. Martínez in the living room?**

10. **What is** (debajo de) **the small table?**

Ejercicio No. 13

A. Complete las siguientes frases con la correcta palabra interrogativa:

1. (Dónde) **does Mr. Martínez live?**

2. (Cuándo) **do Mr. Martínez and Miss Johnson have class?**

3. (Cuántas) **classes do they have each week?**

4. (Por qué) **does Mr. Martínez study English?**

5. (Cómo) **does he go to work every day?**

B. Traduzca las frases del español al inglés usando el apóstrofo para indicar posesión.

Ejemplo: 1. **It is Robert's hat.**

1. Es el sombrero de Roberto.

2. Son los libros de los niños.

3. Son los lápices de los estudiantes.

4. Es el estante de María.

5. El nombre de mi hermana es Patricia.

Ejercicio No. 14—PREGUNTAS

Conteste las preguntas con frases completas en inglés. Busque las respuestas en el texto.

1. **Where is Mr. Martínez seated?**

2. **Who is seated near him?**

3. **Are there many things in the house?**

4. **Who plays the piano well?**

5. **Where is the music book?**

6. **Where is the picture of Mrs. Martínez?**

7. **What is next to the window?**

8. **Where is the desk?**

9. **Are there many things on the desk?**

10. **What is on the desk?**

11. **Where are the books?**

12. **What is under the small table?**

PARTE 1

Cada capítulo de repaso comenzará con un resumen de las palabras y expresiones más importantes que han aparecido en los capítulos repasados. Compruebe su progreso usando las siguientes instrucciones:

1. Cubra completamente las palabras en español a la derecha con un papel. Lea una palabra en inglés a la vez en voz alta y dé el significado en español. Revele la palabra en español del mismo número para comprobar su respuesta.
2. Cubra completamente las palabras en inglés. Diga en voz alta, uno por uno, la traducción en inglés para cada palabra en español. Revele la palabra en inglés para comprobar su respuesta.
3. Escriba tres o cuatro veces las palabras que le resulten difíciles de memorizar.

Repaso de Vocabulario

NOMBRES

1. **aunt**	1. la tía	17. **family**	17. la familia
2. **bathroom**	2. el cuarto de baño	18. **father**	18. el padre
3. **bedroom**	3. el dormitorio	19. **friend**	19. el amigo, la amiga
4. **book**	4. el libro	20. **girl**	20. la muchacha
5. **bookcase**	5. el estante	21. **grandfather**	21. el abuelo
6. **boy**	6. el muchacho	22. **grandmother**	22. la abuela
7. **brother**	7. el hermano	23. **house**	23. la casa
8. **building**	8. el edificio	24. **husband**	24. el marido/esposo
9. **businessman**	9. el comerciante	25. **kitchen**	25. la cocina
10. **chair**	10. la silla	26. **lamp**	26. la lámpara
11. **city**	11. la ciudad	27. **language**	27. el idioma
12. **daughter**	12. la hija	28. **letter**	28. la carta
13. **day**	13. el día	29. **living room**	29. la sala
14. **desk**	14. el escritorio	30. **man**	30. el hombre
15. **dining room**	15. el comedor	31. **mother**	31. la madre
16. **door**	16. la puerta	32. **object**	32. el objeto

33. **office**	33. la oficina	43. **son**	43. el hijo
34. **paper**	34. el papel	44. **student**	44. el/la estudiante
35. **pen**	35. el bolígrafo (la pluma)	45. **table**	45. la mesa
36. **pencil**	36. el lápiz	46. **teacher**	46. el/la profesor(a) el/la maestro(a)
37. **piano**	37. el piano	47. **train**	47. el tren
38. **portrait/picture**	38. el retrato	48. **trip**	48. el viaje
39. **room**	39. el cuarto	49. **uncle**	49. el tío
40. **rug**	40. la alfombra	50. **wife**	50. la mujer/esposa
41. **sister**	41. la hermana	51. **window**	51. la ventana
42. **sofa**	42. el sofá	52. **woman**	52. la mujer

VERBOS

1. **I am**	1. yo soy/estoy	11. **they read**	11. ellos leen
2. **to hope, expect**	2. esperar	12. **he speaks**	12. él habla
3. **he goes**	3. él va	13. **he doesn't speak**	13. él no habla
4. **to have**	4. tener	14. **he studies**	14. él estudia
5. **he is**	5. él es/está	15. **tell me**	15. dígame
6. **he knows**	6. él sabe	16. **there is**	16. hay
7. **to know how**	7. saber	17. **to visit**	17. visitar
8. **he learns**	8. él aprende	18. **he wants**	18. él quiere
9. **he lives**	9. él vive	19. **he works**	19. él trabaja
10. **to make**	10. hacer	20. **they write**	20. ellos escriben

ADJETIVOS

1. **a little**	1. un poco	5. **excellent**	5. excelente
2. **all**	2. todo	6. **good**	6. bueno
3. **bad**	3. malo	7. **important**	7. importante
4. **big/large**	4. grande	8. **intelligent**	8. inteligente

| 9. **necessary** | 9. necesario | 11. **seated** | 11. sentado |
| 10. **other** | 10. otro | 12. **small** | 12. pequeño |

ADVERBIOS

1. **almost**	1. casi	7. **perhaps**	7. quizás
2. **already**	2. ya	8. **quickly**	8. rápidamente
3. **also**	3. también	9. **there**	9. allí
4. **always**	4. siempre	10. **slowly**	10. lentamente
5. **enough**	5. bastante	11. **very**	11. muy
6. **here**	6. aquí	12. **well**	12. bien

PREPOSICIONES

1. **above**	1. encima de	10. **in**	10. en
2. **across from**	2. enfrente de	11. **in front of**	11. delante de
3. **around**	3. alrededor de	12. **next to**	12. al lado de
4. **at**	4. a/en	13. **of**	13. de
5. **behind**	5. detrás de	14. **on**	14. en
6. **between**	6. entre	15. **on top of**	15. encima de
7. **close to**	7. cerca de	16. **over**	16. sobre
8. **far from**	8. lejos de	17. **under**	17. debajo de
9. **from**	9. de	18. **with**	18. con

PALABRAS DE INTERROGACIÓN

1. **how**	1. cómo	6. **where**	6. dónde
2. **how many**	2. cuántos	7. **who**	7. quién
3. **how much**	3. cuánto	8. **whose**	8. de quién
4. **what**	4. qué	9. **why**	9. por qué
5. **when**	5. cuándo		

CONJUNCIONES

| 1. **and** | 1. y | 3. **but** | 3. pero |
| 2. **because** | 2. porque | 4. **or** | 4. o |

EXPRESIONES IMPORTANTES

1. **all day long**	1. todo el día	9. **it is necessary**	9. es necesario
2. **by heart**	2. de memoria	10. **please**	10. por favor
3. **certainly (with pleasure)**	3. con mucho gusto	11. **perhaps**	11. quizás
		12. **see you later**	12. hasta luego
4. **good afternoon**	4. buenas tardes	13. **see you tomorrow**	13. hasta mañana
5. **good morning**	5. buenos días		
6. **good night**	6. buenas noches	14. **thank you**	14. gracias
7. **goodbye**	7. adiós	15. **very well**	15. muy bien
8. **How are you?**	8. ¿Cómo está Ud.?	16. **What is this?**	16. ¿Qué es esto?

PARTE 2

Ejercicio No. 15

Escoja del Grupo II el antónimo (contrario) de cada palabra del Grupo I.

I	II
1. **city**	a. **far from**
2. **good**	b. **there**
3. **close to**	c. **under**
4. **small**	d. **country**
5. **quickly**	e. **behind**
6. **man**	f. **bad**
7. **in front of**	g. **no**
8. **here**	h. **slowly**
9. **yes**	i. **woman**
10. **over**	j. **big**

Ejercicio No. 16

Complete las siguientes frases en inglés.

1. **I work** (todo el día).

2. **Tell me,** (por favor).

3. (Quizás) **he is in the office.**

4. (Buenos días), **Mr. Martínez.**

5. (El aprende) **English quickly.**

6. (Es necesario) **to study.**

7. (Cómo) **are you?**

8. (Qué) **is this?**

9. **The rug is** (debajo de) **the table.**

10. (Dónde) **does Mr. Martínez live?**

Ejercicio No. 17

Escoja la frase de la columna de la derecha que mejor complete la frase comenzada en la columna de la izquierda.

Ejemplo: 1-d. **There are five people in the Martínez family.**

1. **There are five people**

2. **He wants to visit**

3. **It is necessary to know**

4. **My wife plays**

5. **On Tuesdays and Thursdays**

6. **He imports furniture**

7. **He lives in a suburb**

8. **He works in his office**

9. **Mr. Martínez knows how**

10. **He is going to take**

a. **all day.**

b. **the piano well.**

c. **of the city.**

d. **in the Martínez family.**

e. **to read English a little.**

f. **the names of things in English.**

g. **a trip to the United States.**

h. **his agent in New York.**

i. **from the United States.**

j. **they have English class.**

Ejercicio No. 18

Complete las frases en inglés.

1. **The car is** (delante de la casa).

2. **The bookcase is** (al lado de la puerta).

3. **The books are** (encima de la mesa).

4. **The suburbs are** (cerca de la ciudad).

5. (El hijo del Sr. Martínez) **is named Peter.**

6. **Miss Johnson is** (la profesora del Sr. Martínez).

7. (Él va a la oficina) **by train.**

8. **The girl** (no aprende rápidamente).

9. (Cuántos libros) **are on the table?**

10. (Él quiere hablar) **with his agent in English.**

Ejercicio No. 19

Traduzca al inglés:

1. ¿Quién es el Sr. Martínez?

2. Es un comerciante de México.

3. ¿Dónde vive?

4. Vive en un suburbio de la ciudad.

5. ¿Por qué estudia inglés?

6. Quiere hacer un viaje a los Estados Unidos.

7. ¿Quién es su profesora?

8. Su profesora es la Srta. Johnson.

9. ¿Por qué aprende rápidamente?

10. Aprende rápidamente porque es inteligente.

11. ¿Cuántos hijos tiene el Sr. Martínez?

12. Tiene tres hijos.

13. ¿Cuántos cuartos hay en la casa?

14. Hay siete cuartos en la casa.

PARTE 3

Practique todos los diálogos en inglés en voz alta.

DIÁLOGO 1

Where is Fifth Avenue?

1. **Excuse me, sir, where is Fifth Avenue?**

2. **Straight ahead, miss.**

3. **Is it far from here?**

4. **No, it is close—only three blocks from here.**

5. **Thank you very much.**

6. **You're welcome.**

¿Dónde está la Quinta Avenida?

1. Perdone, señor, ¿dónde está la Quinta Avenida?

2. Siga adelante, señorita.

3. ¿Está lejos de aquí?

4. No, está cerca—sólo tres manzanas (cuadras) de aquí.

5. Muchas gracias.

6. De nada.

DIÁLOGO 2

Where does the bus stop?

1. **Can you tell me where the bus stops, please?**

2. **It stops at the corner over there.**

3. **Thanks a lot.**

4. **You're welcome.**

¿Dónde para el autobús?

1. ¿Me puede decir dónde para el autobús, por favor?

2. Para allá en la esquina.

3. Muchas gracias.

4. De nada.

Ejercicio No. 20—LECTURA

Cómo leer las lecturas

1. Lea el texto en silencio desde el principio hasta el final.
2. Lea el texto otra vez, buscando las palabras que no recuerda en el Diccionario Inglés—Español al final de este libro. El significado de palabras nuevas aparecerá entre paréntesis.
3. Lea el texto en silencio una tercera vez. Tradúzcalo al español y compruebe su traducción con la que viene al final de este libro.
4. Siga estos trámites con todas las siguientes lecturas.

Mr. Martínez Learns English

Mr. Martínez is a Mexican businessman who imports furniture from the United States. Therefore, he wants to take a trip to the United States. He wants to talk with his agent and visit some places of interest in the United States. But he does not know how to speak English.

Mr. Martínez has a good teacher. She is an American who lives in Mexico, and her name is Miss Johnson. Tuesdays and Thursdays the teacher goes by train to the student's house. There, they speak a little in English. Mr. Martínez is intelligent and learns quickly. For example (por ejemplo), in the first class he learns the salutations and farewells by heart. He already knows how to say "Good morning," "How are you?" and "See you later." He already knows how to say the names of many things which are in his living room, and he knows how to answer (contestar) the questions "What is this?" and "Where is . . . ?" Miss Johnson is very satisfied (satisfecha) with the progress of her student and says, "Excellent. That's enough for today. See you later."

Verbs Are Important Too

Los verbos son importantes también

1. **Miss Johnson and Mr. Martínez are seated in Mr. Martínez's living room. Miss Johnson begins to speak. Mr. Martínez listens to her attentively.**

2. **"You already know that it is important to know the names of things. But verbs are important too. It is not[1] possible to form a sentence without a verb. You can't converse without verbs either."**

3. **"We are going to practice some common verbs. I am going to ask some questions. I ask and you answer. If you do not[2] know the answer, please say, 'I don't know'."**

4. **"Good," says Mr. Martínez. "I say 'I don't know' if I don't know the answer."**

5. **"Are you a businessman?"**

6. **"Yes, I am a businessman. I import furniture from the United States."**

1. La Srta. Johnson y el Sr. Martínez están sentados en la sala del Sr. Martínez. La Srta. Johnson empieza a hablar. El Sr. Martínez le escucha con atención.

2. —Ya sabe Ud. que es importante saber los nombres de las cosas. Pero los verbos son importantes también. No es posible formar una frase sin verbo. Ud. tampoco puede conversar sin verbos.

3. —Vamos a practicar unos verbos comunes. Voy a hacer unas preguntas. Yo pregunto y Ud. contesta. Si Ud. no sabe la respuesta, diga, por favor, "No sé".

4. —Bien, dice el Sr. Martínez. Yo digo "No sé" si no sé la respuesta.

5. —¿Es Ud. comerciante?

6. —Sí, soy comerciante. Importo muebles de los Estados Unidos.

7. "And why are you studying English?"

8. "I am studying English because I want to take a trip to New York to visit my agent. I want to speak with him in English. He does not speak Spanish."

9. "Do you hope to visit other cities?"

10. "Yes, I also hope to go to Washington, D.C., and perhaps to Boston."

11. "When do you leave Mexico for New York?"

12. "I am leaving on April 5th (fifth)."

13. "Are you traveling by train, by boat, or by plane?"

14. "I am traveling by plane because it is the quickest way."

15. "How much does the flight cost?"

16. "I don't know. Tomorrow I am going to ask for information and make a reservation."

17. "Excellent, Mr. Martínez. You are learning English quickly."

18. "Thank you. You are very kind."

19. "Not at all. It's the truth. Well, that's enough for today. See you later."

20. "See you Thursday."

1. it is not = isn't
2. do not = don't

7. —¿Y por qué estudia Ud. inglés?

8. —Estudio inglés porque quiero hacer un viaje a Nueva York para visitar a mi agente. Quiero hablar con él en inglés. Él no habla español.

9. —¿Espera Ud. visitar otras ciudades?

10. —Sí, espero ir también a Washington, D.C., y quizás a Boston.

11. —¿Cuándo sale Ud. de México para Nueva York?

12. —Salgo el 5 de abril.

13. —¿Viaja Ud. en tren, en barco, o en avión?

14. —Viajo en avión porque es el modo más rápido.

15. —¿Cuánto cuesta el vuelo?

16. —No sé. Mañana voy a pedir información y hacer una reserva.

17. —Excelente, Sr. Martínez. Está aprendiendo inglés rápidamente.

18. —Gracias. Ud. es muy amable.

19. —Nade de eso. Es la verdad. Pues, ya es suficiente por hoy. Hasta luego.

20. —Hasta el jueves.

Pronunciación y Ortografía

1. Practique:

sentence	(séntens)	flight	(fláit)
attentively	(æténtivli)	information	(informéiŝhŭn)
question	(cuéschŭn)	plane	(pléin)
boat	(bóut)	leave	(lív)

Vocabulario

A. The countries of North America   (Los países de Norteamérica)

1. **the United States**   1. los Estados Unidos

2. **Canada**   2. Canadá

3. **Mexico**   3. México

B. Some countries of Europe   (Algunos países de Europa)

1. **England**   1. Inglaterra

2. **Spain**   2. España

3. **France**   3. Francia

4. **Germany**   4. Alemania

5. **Italy**   5. Italia

6. **Portugal**   6. Portugal

Expresiones Importantes

1. **to ask a question**   1. hacer una pregunta

2. **to take a trip**   2. hacer un viaje

3. **by boat**   3. en barco

4. **by plane**   4. en avión

5. **to ask for information**   5. pedir información

6. **to make a reservation**   6. hacer una reserva

7. **Not at all.**   7. Nada de eso.

8. **It's the truth.**   8. Es la verdad.

Ejercicio No. 21—COMPLETAR EL TEXTO

Complete las siguientes frases con las palabras correctas en inglés.

1. **Verbs** (son importantes) **too.**

2. **We are going to practice** (unos verbos comunes).

3. (Por qué estudia) **English?**

4. (Porque) **I want to visit my agent.**

5. (Quiero hablar) **with him in English.**

6. **I hope to visit** (otras ciudades).

7. **Are you traveling** (en tren o en avión)?

8. **How much does** (el vuelo) **cost?**

9. (Ud. aprende) **English quickly.**

10. (Ya es suficiente por hoy.)

PUNTOS GRAMATICALES

---

1. Más verbos comunes:

Ejemplo: **to travel**

SINGULAR			PLURAL	
I	travel		**we**	travel
you	travel		**you (pl)**	travel
he/she/it	travels		**they**	travel

to begin	empezar		**to ask**	preguntar
to listen (to)	escuchar		**to ask for**	pedir
to form	formar		**to answer**	contestar
to converse	conversar		**to travel**	viajar
to practice	practicar			

2. Preguntas con **yes** o **no:**

Para formar preguntas cuya respuesta será **yes** o **no,** seguimos la siguiente fórmula:

Do / Does + Sujeto + Verbo . . . ?

Do I
Do you +   verbo (forma sencilla)
Do we
Do they

Does he
Does she +   verbo (forma sencilla)
Does it

Ejemplos:

Do you speak English?   **Yes, I do.***
                                             (Yes, I do speak English.)
                                             No, I don't.*
                                             (No, I do not speak English.)

Does Mr. Martínez learn quickly?   **Yes, he does.**
                                             (Yes, he does learn quickly.)
                                             No, he doesn't.
                                             (No, he does not learn quickly.)

*La respuesta más corta es más frecuente en el inglés hablado. Se usa, a veces, la respuesta larga para dar énfasis a la afirmación.

3. El Presente Progresivo

Se usa este tiempo para:

(1) hablar de algo que está ocurriendo ahora—una acción en progreso,

(2) expresar un tiempo futuro (por ejemplo: Estoy viajando a Nueva York en avión mañana—**I am traveling to New York by plane tomorrow**),

(3) hablar de una acción a largo plazo que no ha terminado (por ejemplo: El Sr. Martínez está estudiando inglés este año—**Mr. Martínez is studying English this year**). Distinguimos el uso por el contexto de la frase.

A. Afirmativo

SUJETO	BE	VERBO + ING	
I	**am**	**studying**	Yo estoy estudiando.
You	**are**	**reading**	Tú estás leyendo. Ud. está leyendo.
He/she/it	**is**	**eating**	Él/ella está comiendo.
We	**are**	**learning**	Nosotros/as estamos aprendiendo.
You (pl)	**are**	**practicing**	Vosotros/as estáis practicando. Uds. están practicando.
They	**are**	**listening**	Ellos/ellas están escuchando.

B. Negativo

1. **I am not studying.**   **(I'm not studying.)**

2. **He is not reading.**   **(He's not reading.)**

3. **They are not learning.**   **(They're not learning.)**

C. Preguntas

BE	SUJETO	VERBO + ING	
Am	**I**	**learning English?**	**Yes, you are (learning English).**
Is	**Mr. Martínez**	**studying a lot?**	**Yes, he is (studying a lot).**
Are	**you**	**reading French?**	**No, I am not (reading French).**

D. Preguntas con **wh** . . . :

WH...	BE	SUJETO	VERBO + ING	
What	**are**	**you**	**doing?**	(¿Qué está Ud. haciendo?)
Why	**am**	**I**	**reading?**	(¿Por qué estoy leyendo?)
Where	**are**	**we**	**going?**	(¿A dónde vamos?)

Ejercicio No. 22

Conteste **yes** o **no** a las preguntas, usando la respuesta corta.

Ejemplo: 1. **Does Mr. Martínez learn quickly?**   **Yes, he does.**

1. **Does Mr. Martínez learn quickly?**

2. **Do you speak Spanish?**

3. **Does Miss Johnson speak French?**

4. **Does Mr. Martínez's agent speak Spanish?**

5. **Does Mr. Martínez's wife play the piano?**

6. **Do you study a lot?**

Ejercicio No. 23

A. Complete las siguientes frases, traduciendo el verbo entre paréntesis al inglés. ¡Use el presente progresivo!

1. **Mr. Martínez** (está estudiando) **English.**

2. **The students** (están leyendo) **the book.**

3. (Yo estoy aprendiendo) **very quickly.**

4. (Estás trabajando) **too much.**

5. **Mr. Martínez and Miss Johnson** (están hablando) **a lot of English.**

B. Cambie las siguientes frases al negativo.

Ejemplo: 1. **I am not (I'm not) studying French.**

1. **I am studying French.**

2. **Mr. Martínez is learning German.**

3. **Miss Johnson is reading too quickly.**

4. **Mr. Martínez is traveling to Chicago.**

5. **The children are talking to Miss Johnson.**

C. Conteste las siguientes preguntas en inglés, usando una respuesta corta. Dé las dos respuestas—afirmativa y negativa.

Ejemplo: 1. **Is Mr. Martínez studying?**   **Yes, he is.**
                                                 No, he's not.

1. **Is Mr. Martínez studying a lot?**

2. **Are Mr. Martínez and Miss Johnson speaking English?**

3. **Are we reading this book?**

4. **Are you working today?**

5. **Am I teaching French?**

D. Conteste las siguientes preguntas usando la palabra entre paréntesis en su respuesta.

1. **What are you reading?**   **(book)**

2. **Why is Mr. Martínez going to New York?**   **(to visit his agent)**

3. **Where are you (pl) sitting?**   **(in the living room)**

4. **What are you listening to?**   **(the radio)**

5. **Why is she traveling to Boston?**   **(to practice her English)**

Ejercicio No. 24

Conteste en inglés, usando frases completas.

1. **Where are Mr. Martínez and Miss Johnson seated?**

2. **Who begins to speak?**

3. **Who is listening attentively?**

4. **Who is asking the questions?**

5. **Who is answering?**

6. **Are verbs important?**

7. **Is Mr. Martínez a businessman?**

8. **What cities does Mr. Martínez hope to visit?**

9. **Is he traveling by train, by boat, or by plane?**

10. **Does he learn quickly or slowly?**

Mr. Martínez's Family
La familia del señor Martínez

1. It is Thursday, January 18. It is 8 o'clock in the evening.

2. Miss Johnson has an appointment with Mr. Martínez at his house. They are going to practice new words and expressions in English.

3. Miss Johnson rings the bell of the Martínez's house. The maid opens the door and says, "Please go into the living room."

4. Mr. Martínez is waiting for Miss Johnson in the living room. When she enters he says, "Good evening. How are you?"

5. "Fine, thank you. How are you and your family?"

6. "I am fine. But my daughter Mary is sick. She has a terrible cold."

7. "I'm sorry. Do you have other children?"

1. Es jueves, el 18 de enero. Son las 8 de la noche.

2. La Srta. Johnson tiene una cita con el Sr. Martínez en su casa. Van a practicar nuevas palabras y expresiones en inglés.

3. La Srta. Johnson toca el timbre de la casa Martínez. La criada abre la puerta y dice—Por favor, pase Ud. a la sala.

4. El Sr. Martínez está esperando a la Srta. Johnson en la sala. Cuando ella entra, dice—Buenas noches. ¿Cómo está Ud.?

5. —Bien, gracias. ¿Cómo está Ud? ¿Y su familia?

6. —Yo estoy bien. Pero mi hija María está enferma. Tiene un resfriado horrible.

7. —Lo siento. ¿Tiene Ud. otros hijos?

8. "Yes, I have three children, two girls and one boy. They are going to start English classes this year."

8. —Sí, tengo tres hijos, dos muchachas y un muchacho. Van a empezar clases de inglés este año.

9 "That's wonderful! What are the names of your children?"

9. —¡Maravilloso! ¿Cómo se llaman sus hijos?

10. "Mary, Susan, and Peter."

10. —María, Susana y Pedro.

11. "How old are they?"

11. —¿Cuántos años tienen?

12. "Peter is ten years old. He is the oldest. Susan is the youngest. She is seven. And Mary is eight. They all attend the same school."

12. —Pedro tiene diez años. Es el mayor. Susana es la menor. Tiene siete años. Y María tiene ocho años. Todos asisten a la misma escuela.

13. They chat for a while. Then Mr. Martínez invites Miss Johnson to visit his office the following Monday at 12:30 (twelve-thirty) in the afternoon. She accepts the invitation with pleasure.

13. Charlan un rato. Entonces el Sr. Martínez invita a la Srta. Johnson a visitar su oficina el próximo lunes a las doce y media de la tarde. Ella acepta la invitación con gusto.

14. At 9 o'clock Miss Johnson says, "See you Monday at 12:30."

14. A las nueve la Srta. Johnson dice—Hasta el lunes a las doce y media.

15. "Yes, see you then. I look forward to seeing you then."

15. —Sí, hasta entonces. Espero verle entonces.

Pronunciación y Ortografía

appointment	(æpóintment)	invitation	(ínvitéiŝhŭn)
attend	(æténd)	maid	(méid)
accept	(æcsépt)	eight	(éit)
answer	(ænsœr)	pleasure	(pléÿœr)
a while	(æ juáil)		
chat	(chæt)		

Vocabulario

A. La mayoría de las palabras en inglés que terminan en **-tion** tienen palabras correspondientes en español que terminan en *-ción*.

1. invitation   3. attention   5. observation

2. pronunciation   4. direction   6. solution

7. **election**	9. **explanation**	11. **revolution**
8. **continuation**	10. **invention**	12. **reservation**

B. Más verbos comunes:

1. **to ring** -tocar, sonar

2. **to open** -abrir

3. **to wait for** -esperar

4. **to enter** -entrar

5. **to have** -tener

6. **to attend** -asistir

7. **to chat** -charlar

8. **to accept** -aceptar

Expresiones Importantes

1. **What is your name?**

2. **My name is Mary.**

3. **How old are you?**

4. **I am eight (years old).**

5. **I have a cold.**

6. **She is sick.**

7. **I'm sorry.**

8. **That's wonderful!**

9. **a while**

10. **I look forward to seeing you then.**

1. ¿Cómo se llama Ud.?

2. Me llamo María.

3. ¿Cuántos años tiene Ud.?

4. Tengo ocho años.

5. Tengo un resfriado.

6. Está enferma.

7. Lo siento.

8. ¡Maravilloso!

9. un rato

10. Espero verle entonces.

Ejercicio No. 25—COMPLETAR EL TEXTO

1. **Miss Johnson** (toca el timbre).

2. **The maid** (abre) **the door.**

3. **My daughter Mary** (está enferma).

4. **She has** (un resfriado).

5. (Tiene Ud.) **other children?**

6. **Yes,** (tengo) **three children.**

7. (¿Cuántos años tiene Ud.?)

8. **Peter** (tiene diez años).

9. **Susan is** (la menor).

10. **He is** (el mayor).

11. **The children** (asisten a) **the same school.**

12. **They chat** (un rato).

PUNTOS GRAMATICALES

1. Expresión de edad

En inglés se usa el verbo **to be** (ser) y no el verbo **to have** (tener) para expresar la edad.

I am thirty years old. **(I am thirty.)***	Tengo treinta años.
Peter is ten years old. **(Peter is ten.)***	Pedro tiene diez años.
How old are you?	¿Cuántos años tiene Ud.?

*NOTA: Esta forma es más corriente y más coloquial.

2. El presente de **to have**

I
You
We   +   have
They

he
she   +   has
it

SINGULAR	PLURAL
I have a pencil.	**I have pencils.**
Yo tengo un lápiz.	Yo tengo lápices.
Mr. Martínez has a pen.	**Mr. Martínez has pens.**
El Sr. Martínez tiene un bolígrafo.	El Sr. Martínez tiene bolígrafos.
They have a book.	**They have books.**
Ellos tienen un libro.	Ellos tienen libros.

3. El uso de **to be going to** para expresar un tiempo futuro.

Se usa la construcción **to be going to** para expresar lo que se va a hacer. **To be going to** = *ir a* en español.

SINGULAR	PLURAL
I am going to . . .	**We are going to . . .**
You are going to . . .	**You are going to . . .**
He/she/it is going to . . .	**They are going to . . .**

Ejemplos:

I am going to practice new words.   Voy a practicar palabras nuevas.

Mr. Martínez is going to take a trip to New   El Sr. Martínez va a hacer un viaje a Nueva
York.   York.

The children are going to start English   Los niños van a empezar clases de inglés.
classes.

Ejercicio No. 26

Complete las siguientes frases con la forma correcta del verbo **to have.**

1. (Ellos tienen) **class on Tuesdays and Thursdays.**

2. (Yo tengo) **an English book.**

3. (El Sr. Martínez tiene) **an office in the city.**

4. (Yo no tengo) **a reservation.**

5. **The family** (no tiene) **a dog.**

6. (La muchacha tiene) **a cold.**

Ejercicio No. 27

Complete las siguientes frases en inglés con la forma correcta de **to be going to.**

1. **Peter** (va a estudiar) **English.**

2. (Voy a charlar) **with the teacher.**

3. **Mr. Martínez** (va a viajar) **to New York.**

4. (Va Ud. a visitar) **Boston?**

5. **The children** (van a aprender) **quickly.**

6. (Voy a aceptar) **the invitation.**

7. (Vas a escuchar) **more attentively?**

8. **Mr. and Mrs. Martínez** (van a comprar) **a new car.**

9. **The daughter** (va a asistir) **a party.**

10. **Mr. Martínez** (va a hablar) **with his agent in English.**

Ejercicio No. 28

Traduzca al inglés:

1. ¿Cómo está Ud.?

2. Bien, gracias.

3. Mi hija está enferma.

4. Ella tiene un resfriado.

5. Lo siento.

6. ¿Tiene Ud. otros hijos?

7. ¿Habla Ud. inglés?

8. No, no hablo inglés.

9. Invito a Pedro a visitar mi casa.

10. Vamos a charlar un rato.

11. Ella va a aceptar la invitación.

12. Quiero estudiar inglés.

Ejercicio No. 29

Conteste las preguntas en inglés.

1. **Who rings the bell?**

2. **Who opens the door?**

3. **Where is Mr. Martínez waiting for Miss Johnson?**

4. **Who is sick?**

5. **Does she have a cold?**

6. **How many children does Mr. Martínez have?**

7. **What are their names?**

8. **How old is Mary?**

9. **Who is the youngest?**

10. **Who is the oldest?**

11. **Who invites Miss Johnson to visit his office?**

12. **Does she accept the invitation?**

In Mr. Martínez's Office

En la oficina del señor Martínez

1. Mr. Martínez's office is on the tenth floor of a very tall building. It is not too big, but it is very comfortable. There are two large windows that face the street. On the white walls there are some posters of the United States with many colors and a map of the United States.

2. The furniture in the office is simple. There is a desk with drawers for Mr. Martínez's work. Near the door there is a small table with a typewriter. Between the two windows there is a long table. There are newspapers, magazines, and a pretty ashtray on the table.

3. Mr. Martínez, who is seated behind his desk when Miss Johnson enters the office, gets up to greet her.

4. "Good afternoon, Miss Johnson. It's nice to see you."

5. "It's nice to see you too. How are you?"

1. La oficina del Sr. Martínez está en el décimo piso de un edificio muy alto. No es demasiado grande, pero es muy cómoda. Hay dos ventanas grandes que dan a la calle. En las paredes blancas hay algunos carteles de los Estados Unidos con muchos colores y un mapa de los Estados Unidos.

2. Los muebles en la oficina son sencillos. Hay un escritorio con cajones para el trabajo del Sr. Martínez. Cerca de la puerta hay una mesita con una máquina de escribir. Entre las dos ventanas hay una mesa larga. Hay periódicos, revistas y un cenicero bonito en la mesa.

3. El Sr. Martínez, quien está sentado detrás de su escritorio cuando la Srta. Johnson entra, se levanta para saludarla.

4. —Buenas tardes, Srta. Johnson. Me alegro de verla.

5. —Me alegro de verle a Ud. también. ¿Cómo está Ud.?

6. "Very well, thank you."

6. —Muy bien, gracias.

7. "Your office is very nice. I like this map and the posters very much. The colors are so pretty! By the way, what do you see in that poster?"

7. —Su oficina es muy bonita. Me gustan muchísimo este mapa y los carteles. ¡Los colores son tan bonitos! A propósito, ¿qué ve Ud. en ese cartel?

8. "I see a river, the sky, many skyscrapers, and some smaller red buildings."

8. —Veo un río, el cielo, muchos rascacielos y algunos edificios rojos más pequeños.

9. "What color is the sky?"

9. —¿De qué color es el cielo?

10. "The sky is blue with white clouds."

10. —El cielo es azul con nubes blancas.

11. "What colors are the river and the skyscrapers?"

11. —¿De qué colores son el río y los rascacielos?

12. "The river is blue. The skyscrapers are gray, red, and black. Enough of colors. I'm hungry. Aren't you hungry?"

12. —El río es azul. Los rascacielos son grises, rojos y negros. Basta de colores. Tengo hambre. ¿No tiene Ud. hambre?

13. "Yes, I'm hungry too."

13. —Sí, tengo hambre también.

14. "Good. There is a good restaurant not very far from here."

14. —Bien. Hay un buen restaurante no muy lejos de aquí.

15. "Well, let's go!"

15. —Pues, ¡vámonos!

Pronunciación y Ortografía

comfortable	(cŭmfœrtabæl)	**simple**	(símpœl)
drawers	(drœrs)	**white**	(juáit)
typewriter	(táipráitœr)	**magazines**	(mægaŝinŝ)
building	(bílding)	**clouds**	(cláudŝ)

Vocabulario

A. Adjetivos calificativos comunes:

white	blanco	**yellow**	amarillo
black	negro	**gray**	gris
red	rojo	**green**	verde
blue	azul	**brown**	marrón

pink	rosado	**expensive**	caro
purple	morado	**pretty**	bonito
sick	enfermo	**beautiful**	hermoso
well	bien	**ugly**	feo
short	corto	**low**	bajo
long	largo	**tall**	alto
poor	pobre	**big**	grande
rich	rico	**small/little**	pequeño
easy	fácil	**comfortable**	cómodo
difficult (hard)	difícil	**interesting**	interesante
good	bueno	**boring**	aburrido
bad	malo	**young**	joven
cheap	barato	**old**	viejo

B. Más verbos:

to see	ver	**to greet**	saludar
to face	dar a	**to like**	gustar
to get up	levantarse		

Expresiones Importantes

By the way	A propósito
It's nice to see you.	Me alegro de verle.
to be hungry	tener hambre
I am hungry.	Tengo hambre.
Let's go.	Vámonos.

Ejercicio No. 30—COMPLETAR EL TEXTO

1. **Two windows** (dan a la calle).

2. (Hay periódicos y revistas) **on the table.**

3. **Mr. Martínez is seated** (detrás de su escritorio).

4. (Me alegro de verle.)

5. (Me gusta) **this map very much.**

6. (A propósito), **what do you see?**

7. (Veo) **a river and many skyscrapers.**

8. (De qué color) **is the river?**

9. **The river is** (azul).

10. (Tengo hambre.)

11. **There is a good restaurant** (no muy lejos de aquí).

12. (¡Vámonos!)

PUNTOS GRAMATICALES

1. Nombres contables y no contables.

La mayoría de los nombres son *nombres contables*. Es decir que se puede usar el artículo indefinido **a** o un número como **one** delante del nombre. Por ejemplo:

a book	**a poster**
one book	**one poster**
two books	**two posters**
etc.	**etc.**

En cambio, no se puede usar **a** o los números delante de los *nombres no contables*. Y estos nombres no tienen formas plurales. Fíjese en los siguientes ejemplos:

Correcto:	**money**	dinero
	some money	algún dinero
	a lot of money	mucho dinero
	much money	mucho dinero
	a little money	un poco de dinero
Incorrecto:	***a money***	*un dinero*
	one money	*un dinero*
	two monies	*dos dineros*

No existen formas plurales para estos nombres. La siguiente es una lista de algunos nombres "no contables" comunes:

advice	consejo	**bread**	pan
furniture	mueble(s)	**food**	comida

help	ayuda	**fruit**	fruta
homework	los deberes	**meat**	carne
information	información	**milk**	leche
money	dinero	**sugar**	azúcar
music	música	**tea**	té
traffic	tráfico	**wine**	vino
work	trabajo	**soup**	sopa
cheese	queso	**rice**	arroz
coffee	café	**butter**	mantequilla

2. Los usos de **too, very** y **enough**

a. Las palabras **too** y **very** siempre preceden el nombre que modifican. **Too** = demasiado.*
Very = muy.

This meal is *very* big.	Esta comida es *muy* grande.

(La comida es abundante, pero es posible que me la coma.)

This meal is *too* big.	Esta comida es *demasiado* grande.

(La comida es tan grande que no me la puedo comer.) El uso de **too** implica un resultado negativo.

*NOTA: Too tiene dos significados: demasiado y también.

b. La palabra **enough,** en cambio, sigue el nombre que modifica. **Enough** = bastante, suficientemente.

> adjetivo + **enough**
> **old enough**
> **loud enough**
> **warm enough**

Ejemplos:

Mary can't go to school. She is too young.	María no puede asistir a la escuela. Es demasiado joven.
Mary can't go to school. She is not old enough.	María no puede asistir a la escuela. No es suficientemente mayor.
I can't hear the music. It's not loud enough.	No puedo oír la música. No está suficientemente alta.

I can't hear the music. It's too low.	No puedo oír la música. Está demasiado baja.
The coffee is too cold.	El café está demasiado frío.
The coffee is not hot enough.	El café no está suficientemente caliente.

c. **Enough** puede preceder un nombre en los siguientes ejemplos:

I don't have enough money.	No tengo bastante dinero.
I don't have enough time to go to the movies.	No tengo bastante tiempo para ir al cine.

Ejercicio No. 31

Complete las frases con el adjetivo correcto.

1. **His office is in a** (muy alto) **edificio.**

2. **The office is** (cómoda).

3. **The furniture is** (sencillo).

4. **There is a** (bonito) **ashtray on the table.**

5. **I see some smaller** (rojos) **buildings.**

6. **The sky is** (azul) **with** (blanco) **clouds.**

7. **The office is not too** (grande).

8. **One table is very** (larga).

9. **There is a** (buen) **restaurant near the office.**

10. **The skyscrapers are** (grises, rojos y negros).

Ejercicio No. 32

Escoja la palabra correcta entre paréntesis para completar la frase.

1. **There is** (a lot of, a) **furniture in the living room.**

2. **Can you give me** (an, some) **advice?**

3. **Do you have** (much, a) **work to do today?**

4. **How** (many, much) **homework do you have?**

5. **He gave me** (an, much) **important information.**

6. **Can you pass me** (some, a) **bread, please?**

7. **There are** (a little, many) **posters on the wall.**

8. **I get** (a little, a) **help from my teacher.**

9. **Will you have** (a, some) **soup for dinner?**

10. **The desk has** (a little, a lot of) **drawers.**

Ejercicio No. 33

Complete las siguientes frases con **too, very** o **enough.**

1. **The book is** _____ **long. I can't finish it.**

2. **The building is** _____ **far away, but I can see it.**

3. **He can't get up because he is** _____ **tired** (cansado).

4. **The children are** _____ **sick to go to school.**

5. **They don't have** _____ **money to buy a car.**

6. **Mary can do her homework, but it is** _____ **difficult.**

7. **The boy is not old** _____ **to drive** (conducir) **a car.**

8. **I lost your book. I am** _____ **sorry.**

9. **I don't have** _____ **time to help you.**

10. **You are never** _____ **old to learn English.**

Ejercicio No. 34—PREGUNTAS

Conteste en inglés usando frases completas.

1. **Where is Mr. Martínez's office?**

2. **Is the office big?**

3. **Is the office comfortable?**

4. **Where are the posters of the United States?**

5. **What is near the door?**

6. **What is on the small table?**

7. **What is between the two windows?**

8. **Who is seated?**

9. **What color is the sky in the poster?**

10. **What color is the river?**

11. **What color are the skyscrapers?**

12. **What color are the smaller buildings?**

13. **Is Mr. Martínez hungry?**

14. **Where is there a good restaurant?**

A Friend Visits Mr. Martínez's Office

Un amigo visita la oficina del señor Martínez

1. **Mr. López, a friend of Mr. Martínez, lives in Mexico City. Nevertheless, he can speak English well because his mother is from New York. He is thirty-five years old.**

2. **He knows that his friend is learning English. He wants to see how his friend is progressing. Therefore, he enters Mr. Martínez's office one day and greets him in English. The conversation follows.**

3. **"How is everything?"**

4. **"Very well, thank you. How are you?"**

5. **"So, so. By the way, you are learning English, right?"**

6. **"Well, yes. I am learning how to speak, read, and write English."**

7. **"Is English difficult?"**

8. **"No, it's not difficult, but I like the language and I study hard."**

1. El señor López, un amigo del Sr. Martínez, vive en la ciudad de México. Sin embargo, puede hablar bien el inglés porque su madre es de Nueva York. Tiene treinta y cinco años.

2. Sabe que su amigo está aprendiendo inglés. Quiere ver cómo está progresando su amigo. Por eso, entra un día en la oficina del Sr. Martínez y le saluda en inglés. La conversación sigue.

3. —¿Qué tal todo?

4. —Muy bien, gracias. ¿Cómo estás?

5. —Así, así. A propósito, ¿estás estudiando inglés, verdad?

6. —Pues, sí. Estoy aprendiendo a hablar, leer y escribir inglés.

7. —¿Es difícil el inglés?

8. —No, no es difícil, pero me gusta el idioma y estudio diligentemente.

9. **"Who is your teacher?"**

10. **"Miss Johnson. She is a very good teacher, and each day I speak, read, and write better. I now know how to communicate with many words and expressions of daily life. I can also understand Miss Johnson when she speaks English, and she understands me when I speak it. I like English very much."**

11. **"My friend, you speak English wonderfully."**

12. **"Thank you. You are very kind."**

13. **"Not at all. It is the truth. I have heard that you are going to take a trip to the United States this summer."**

14. **"Yes, I hope to go soon. I want to arrive in New York as soon as possible."**

15. **"Have a good trip and good luck! See you later."**

16. **"So long."**

9. —¿Quién es tu profesora?

10. —La Srta. Johnson. Ella es una profesora muy buena, y cada día hablo, leo y escribo mejor. Sé comunicar con muchas palabras y expresiones de la vida diaria. También puedo comprender a la Srta. Johnson cuando habla inglés, y ella me comprende cuando yo lo hablo. Me gusta mucho el inglés.

11. —Amigo mío, hablas inglés estupendamente.

12. —Gracias. Eres muy amable.

13. —En absoluto. Es la verdad. He oído que este verano vas a hacer un viaje a los Estados Unidos.

14. —Sí, espero ir pronto. Quiero llegar a Nueva York cuanto antes.

15. —¡Buen viaje y buena suerte! Hasta luego.

16. —Hasta la vista.

Pronunciación y Ortografía

Practique en voz alta:

nevertheless	(névœrDelés)	**luck**	(lŭc)
truth	(truz)	**difficult**	(díficŭlt)
expression	(expréŝhŭn)	**arrive**	(æráiv)
wonderfully	(uŭndœrfuli)	**progress**	(prógres)

Vocabulario

A. Antónimos:

1. **to learn** aprender
   to teach enseñar

2. **to leave** salir
   to arrive llegar

3. **the teacher** el profesor/la profesora
   el maestro/la maestra
   the student el/la estudiante
   el alumno/la alumna

4. **better**	mejor		5. **to speak**	hablar
worse	peor		**to listen**	escuchar

B. Adverbios que terminan en **-ly**:

Los adverbios que terminan en *-mente* en español terminan en **-ly** en inglés.

1. **wonderfully**	estupendamente		4. **possibly**	posiblemente
2. **diligently**	diligentemente		5. **surely**	seguramente
3. **rapidly**	rápidamente		6. **probably**	probablemente

Expresiones Importantes

1. **nevertheless**	sin embargo		5. **each day**	cada día
2. **therefore**	por eso		6. **It's the truth**	Es la verdad.
3. **as soon as possible**	cuanto antes		7. **good luck**	buena suerte
4. **How is everything?**	¿Qué tal todo?		8. **Have a good trip.**	Buen viaje.

Ejercicio No. 35—COMPLETAR EL TEXTO

1. (Su madre) **is from New York.**

2. (Su amigo) **is progressing.**

3. (¿Qué tal todo?)

4. (A propósito), **you are learning English,** (verdad)?

5. (Estoy aprendiendo) **to speak, read, and write English.**

6. **I study** (diligentemente).

7. (Me gusta) **the language.**

8. (Comprendo a la Srta. Johnson.)

9. **You are** (muy amable).

10. (En absoluto.)

11. **Have a good trip and** (buena suerte).

PUNTOS GRAMATICALES

1. Adjetivos posesivos

My, your, his, her, our y **their** son los adjetivos posesivos en inglés. Se sitúan siempre delante de nombres. Fíjese bien en qué posesivo pertenece a qué sujeto y, finalmente, en la traducción al español.

SUJETO	POSESIVO	TRADUCCIÓN
I	**my**	mi/mis
you	**your***	tu/tus/su/sus
he	**his***	su/sus
she	**her***	su/sus
we	**our**	nuestro/nuestros
they	**their***	su/sus

*Mientras el español usa el mismo posesivo *su* para los cuatro sujetos diferentes, el inglés tiene cuatro posesivos distintos—**your, his, her,** y **their.** Estos posesivos sirven tanto para el plural como para el singular.

your book	su libro
your books	sus libros
their house	su casa
their houses	sus casas

2. Expresiones de habilidad: **can** y **know how to.**

En inglés existen dos maneras de expresar habilidad o posibilidad—**can** y **know how to.** Estas dos expresiones tienen básicamente el mismo significado. Fíjese en los siguientes ejemplos:

I can read.	Puedo leer.
He knows how to read.	Él sabe leer.
Can the children dance?	¿Pueden bailar los niños?
No, they cannot* (can't) dance.	No, no pueden bailar.
Do the children know how to swim?	Saben nadar los niños?
No, they do not* (don't) know how to swim.	No, no saben nadar.

*La forma negativa de **can** es **cannot (can't).** Con la expresión **know how to,** hay que poner **do not (don't)** delante de ésta para formar el negativo.

Ejercicio No. 36

Practique estos diálogos cortos en voz alta. Le ayudará a captar el uso correcto de los verbos.

1. **Are you learning English?**
   Yes, I am learning English.
   Is Pedro learning English?
   No, he is not learning English.

2. **Are you writing a letter?**
   No, I am not writing a letter.
   What are you writing?
   I am writing my English homework.

3. **Who opens the door?**
   The maid opens the door.
   Who enters the house?
   Mr. López enters the house.

4. **What are you reading?**
   I am reading the newspaper.
   What is Mary reading?
   She is reading a magazine.

5. **Do you understand your teacher when she speaks quickly?**
   No, I only understand my teacher when she speaks slowly.

6. **Where do you (pl) live?**
   We live in Mexico.
   Where do New Yorkers live?
   They live in New York.

Ejercicio No. 37

Complete estas frases en inglés con las palabras correctas.

Ejemplo: 1. **My teacher is very good.**

1. (Mi profesora) **is very good.**

2. **Mr. Martínez** (sabe) **speak, read, and write English.**

3. **He studies** (diligentemente) **and learns** (rápidamente).

4. **The children** (pueden) **understand a little English.**

5. (Sin embargo, no pueden) **communicate with Miss Johnson.**

6. (Sus padres) **want to teach them some English words.**

7. (A él le gusta) **the language.**

8. (Sus clases) **are always interesting.**

9. (Por eso), **Mr. Martínez learns quickly.**

10. **Many Mexicans** (saben) **speak English well.**

11. (Ellos saben) **the importance of English in today's world.**

12. **He wants to leave for New York** (cuanto antes).

Ejercicio No. 38—PREGUNTAS

1. Who lives in Mexico City?

2. Does Mr. López speak English well?

3. Where is his mother from?

4. What does Mr. López know?

5. Where does he go one day?

6. Whom does Mr. López greet in English?

7. Who is learning to speak, read, and write English?

8. Who is his English teacher?

9. Is she a good teacher?

10. Does Mr. Martínez understand when she speaks English?

11. What kind of (qué clase de) words does he learn?

12. Who is taking a trip to the United States?

13. When does he hope to go?

14. What does Mr. López say before he leaves?

PARTE 1

Repaso de Vocabulario

NOMBRES

1. **afternoon**	1. la tarde	16. **newspaper**	16. el periódico
2. **airplane**	2. el avión	17. **night**	17. la noche
3. **answer**	3. la respuesta	18. **poster**	18. el cartel
4. **ashtray**	4. el cenicero	19. **question**	19. la pregunta
5. **bell**	5. el timbre	20. **reservation**	20. la reserva
6. **cold**	6. el resfriado	21. **restaurant**	21. el restaurante
7. **country**	7. el país	22. **roof**	22. el tejado
8. **flight**	8. el vuelo	23. **school**	23. la escuela
9. **gentleman**	9. el señor/caballero	24. **sentence**	24. la frase
10. **invitation**	10. la invitación	25. **sky**	25. el cielo
11. **luck**	11. la suerte	26. **sun**	26. el sol
12. **magazine**	12. la revista	27. **truth**	27. la verdad
13. **maid**	13. la criada	28. **typewriter**	28. la máquina de escribir
14. **map**	14. el mapa		
15. **mountain**	15. la montaña	29. **year**	29. el año

VERBOS

1. **to accept**	1. aceptar	8. **to drink**	8. beber
2. **to answer**	2. contestar	9. **to enter**	9. entrar en
3. **to arrive**	3. llegar	10. **to get up**	10. levantarse
4. **to ask (for)**	4. pedir	11. **to go**	11. ir
5. **to begin**	5. comenzar	12. **to greet**	12. saludar
6. **to chat**	6. charlar	13. **to have**	13. tener
7. **to cost**	7. costar	14. **to invite**	14. invitar

15. **to know how**	15. saber	26. **to say**	26. decir
16. **to learn**	16. aprender	27. **to see**	27. ver
17. **to leave**	17. salir/irse	28. **to speak**	28. hablar
18. **to listen**	18. escuchar	29. **to study**	29. estudiar
19. **to make**	19. hacer	30. **to travel**	30. viajar
20. **to open**	20. abrir	31. **to understand**	31. comprender
21. **to play (an instrument)**	21. tocar	32. **to wait (for)**	32. esperar
		33. **to want**	33. querer
22. **to practice**	22. practicar	34. **to work**	34. trabajar
23. **to progress**	23. progresar	35. **to write**	35. escribir
24. **to read**	24. leer		
25. **to ring**	25. tocar		

ADJETIVOS

1. **beautiful**	1. hermoso	14. **green**	14. verde
2. **black**	2. negro	15. **hard**	15. difícil
3. **blue**	3. azul	16. **hot**	16. caliente
4. **bright**	4. vivo	17. **ill**	17. enfermo
5. **cheap**	5. barato	18. **long**	18. largo
6. **clean**	6. limpio	19. **poor**	19. pobre
7. **cold**	7. frío	20. **pretty**	20. bonito
8. **comfortable**	8. cómodo	21. **quick**	21. rápido
9. **difficult**	9. difícil	22. **red**	22. rojo
10. **dirty**	10. sucio	23. **rich**	23. rico
11. **easy**	11. fácil	24. **white**	24. blanco
12. **expensive**	12. caro	25. **yellow**	25. amarillo
13. **gray**	13. gris		

ADVERBIOS

1. **attentively**	1. con atención	6. **so**	6. tan
2. **diligently**	2. diligentemente	7. **surely**	7. seguramente
3. **possibly**	3. posiblemente	8. **therefore**	8. por eso
4. **probably**	4. probablemente	9. **too much**	9. demasiado
5. **nevertheless**	5. sin embargo	10. **wonderfully**	10. estupendamente

PREPOSICIONES

1. **after**	1. después de	4. **for**	4. por/para
2. **before**	2. antes de	5. **near**	5. cerca de
3. **far from**	3. lejos de	6. **without**	6. sin

CONJUNCIONES

1. **if**	1. si	2. **that**	2. que

EXPRESIONES IMPORTANTES

1. **as soon as possible**	1. cuanto antes	11. **How old are you?**	11. ¿Cuántos años tiene Ud.?
2. **to ask for information**	2. pedir información	12. **I am 20 (twenty) years old.**	12. Tengo 20 años.
3. **to ask questions**	3. hacer preguntas	13. **It's nice to see you.**	13. Me alegro de verle.
4. **a while longer**	4. un rato más	14. **I'm hungry.**	14. Tengo hambre.
5. **by the way**	5. a propósito	15. **I'm very sorry**	15. Lo siento mucho.
6. **each day**	6. cada día	16. **I don't know.**	16. No lo sé.
7. **Good luck!**	7. ¡Buena suerte!	17. **It's the truth.**	17. Es la verdad.
8. **Have a good trip.**	8. Buen viaje.	18. **Let's go.**	18. Vámonos.
9. **How is everything?**	9. ¿Qué tal todo?	19. **Not at all.**	19. En absoluto.
10. **How much does it cost?**	10. ¿Cuánto cuesta?	20. **She has a cold.**	20. Ella tiene un resfriado.

21. **to take a trip**	21. hacer un viaje
22. **well**	22. pues

23. **What color is it?**	23. ¿De qué color es?
24. **with great pleasure**	24. con mucho gusto

PARTE 2

Ejercicio No. 39

Dé las palabras en inglés que corresponden a las palabras en español. Las terminaciones *-ción* y *-mente* se convierten en **-tion** y **-ly** respectivamente.

Ejemplo: 1. **atención**   **attention**

1. atención
2. rápidamente
3. reservación
4. solución
5. posiblemente

6. invitación
7. probablemente
8. seguramente
9. dirección
10. observación

Ejercicio No. 40

Escoja las palabras de la columna de la derecha que mejor completen la frase comenzada en la columna de la izquierda.

1. **I don't understand the teacher**
2. **He hopes to**
3. **Mr. Martínez speaks, reads, and writes**
4. **I go to the restaurant**
5. **The windows in the office**
6. **He accepts the invitation**
7. **The friend greets Mr. Martínez and says,**
8. **He can communicate with**
9. **He does not know**
10. **He wants to leave**

a. **with great pleasure.**
b. **when I am hungry.**
c. **many words and expressions.**
d. **how much the ticket costs.**
e. **as soon as possible.**
f. **visit other cities.**
g. **when she speaks quickly.**
h. **better every day.**
i. **It's nice to see you.**
j. **face the street.**

Ejercicio No. 41

A. Complete las frases en inglés con la forma correcta del presente progresivo.

1. **The girl** (está aprendiendo) **very quickly.**

2. **The children** (están estudiando) **in their room.**

3. (Estamos comiendo) **too mucho.**

4. **The student** (no está escuchando) **to his teacher.**

5. (Estoy leyendo) **a good book.**

6. (Está Ud. trabajando) **a lot lately?**

B. Complete las frases en inglés con la forma correcta de **to be going to.**

1. (Voy a hablar) **with my mother tonight.**

2. **The children** (van a estudiar) **English this year.**

3. **Mr. Martínez** (va a asistir a) **the meeting.**

4. **The maid** (va a abrir) **the door.**

5. **Peter** (va a tocar) **the piano.**

6. (Van ellos a aceptar) **the invitation?**

7. (Voy a comprar) **a new car.**

8. **Mr. Martínez** (va a hacer) **a trip soon.**

9. **The girl** (va a jugar) **with her friends on Saturday.**

10. (Ud. va a aprender) **English quickly.**

Ejercicio No. 42

Conteste las siguientes preguntas dos veces—primero en el afirmativo (**yes**) y luego en el negativo (**no**).

Ejemplo: **Can you speak English?**
Yes, I can speak English.
No, I can't speak English.

1. **Does the girl know how to read?**

2. **Do you understand the teacher?**

3. **Can he speak with his agent in English?**

4. **Are you reading the newspaper?**

5. **Do you know how to do this exercise?**

6. **Are you working hard?**

7. **Does Mr. Martínez have a ticket to New York?**

8. **Does he want to leave as soon as possible?**

9. **Is the ticket expensive?**

10. **Does he like the language?**

Ejercicio No. 43

Escoja la palabra correcta para completar la frase. Sólo una de las palabras es correcta.

1. **My teacher gives me (a, very) good information.**

2. **The child is (too, enough) young to drive.**

3. **Mr. Martínez likes English and he studies (too, very) hard.**

4. **There is (a, a lot of) traffic today.**

5. **He doesn't have (enough, some) money to buy the car.**

6. **The children want (some, a) soup with their meal.**

7. **Do you want (some, a) sugar with your coffee?**

8. **They always have (a, a little) wine with dinner.**

PARTE 3

DIÁLOGO 1

Practique el inglés en voz alta.

What bus do I take?

1. **Excuse me, sir. What bus do I take for Central Park?**

2. **You can take the number 15 (fifteen). It stops right here on the corner.**

3. **Thank you very much, sir.**

4. **You're welcome.**

¿Qué autobus tomo?

1. Perdóneme, señor. ¿Qué autobus tomo para Central Park?

2. Puede tomar el número 15. Para aquí mismo en la esquina.

3. Muchas gracias, señor.

4. De nada.

DIÁLOGO 2

Which bus goes to . . . ?

1. **Excuse me, sir. Can you please tell me which bus goes to Wall Street? to Rockefeller Center?, etc.**

2. **I don't know, sir. But that taxi driver on the corner can tell you, I'm sure.**

3. **Thank you very much. I am going to ask him.**

¿Qué autobús va a . . . ?

1. Perdóneme, señor. Me puede decir, por favor, ¿qué autobus va a Wall Street?, a Rockefeller Center?, etc.

2. No lo sé, señor. Pero aquel taxista en la esquina le puede decir, estoy seguro.

3. Muchas gracias. Voy a preguntarle.

Ejercicio No. 44—LECTURA 1

Mr. Martínez's Two Friends

Mr. Martínez already knows the names of all the objects in his house. Now he is beginning to study the verbs because he wants to learn to read, to write, and to speak in English. He also wants to know the numbers in English. He is a businessman who wants to visit his agent in New York, and he needs (necesita) to practice chatting with people who speak English. Fortunately (afortunadamente), he has two friends from New York who work near his office on Central Avenue.

One day Mr. Martínez goes to visit these friends. The two gentlemen listen attentively to Mr. Martínez while he speaks with them in English. After ten minutes of conversation, the two New Yorkers ask their friend many questions, and they are very happy with his answers.

Ejercicio No. 45—LECTURA 2

Mr. Martínez Gets Sick (se pone enfermo)

On Thursday, April 11, at nine o'clock in the evening, Miss Johnson arrives at the house of her student, Mr. Martínez. The oldest child, a ten-year-old boy, opens the door and greets the teacher. They enter the living room where Mr. Martínez normally waits for (espera) his teacher.

But tonight he is not in the living room. Mrs. Martínez isn't there either (tampoco). Miss Johnson is very surprised (sorprendida), and she asks the boy, "Where is your father?" The child answers, "My father is sick and cannot leave his bedroom. He is in bed because he has a bad cold. He also has a headache (dolor de cabeza)."

The teacher becomes (se pone) very sad and says, "What a pity! (¡Qué lástima!) We can't have our lesson today, but next week we can study two hours. See you Tuesday."

In the Dining Room

En el comedor

1. **Mr. Martínez and Miss Johnson are seated in Mr. Martínez's dining room. They are having coffee.**

2. **Miss Johnson says, "Your dining room is very pretty. You have so many beautiful things."**

3. **"Why, thank you. Many of these things are gifts from my friends and my family. Do you like these cups and saucers?"**

4. **"I love them. They remind me of the Indian ceramics that you see in New Mexico. Are these made here in Mexico?"**

5. **"Yes, they are made here. Many of the other things, however, come from other countries."**

6. **"For example, this table and these chairs?" asks Miss Johnson.**

7. **"Exactly! Perhaps you recognize this style. It is called Early American and is made in Vermont from maplewood."**

1. El señor Martínez y la Srta. Johnson están sentados en el comedor del Sr. Martínez. Están tomando café.

2. La Srta. Johnson dice—Su comedor es muy bonito. Ud. tiene tantas cosas hermosas.

3. —Pues, gracias. Muchas de estas cosas son regalos de mis amigos y mi familia. ¿Le gustan estas tazas y estos platillos?

4. —Me encantan. Me recuerdan la cerámica india que se ve en Nuevo México. ¿Estos están hechos aquí en México?

5. —Sí, están hechos aquí. Muchas de las otras cosas, sin embargo, proceden de otros países.

6. —Por ejemplo, ¿esta mesa y estas sillas?—pregunta la Srta. Johnson.

7. —¡Exactamente! Quizás reconoce Ud. este estilo. Se llama *Early American* y está hecho en Vermont de arce.

8. "That's right!" says Miss Johnson. "You see that style everywhere in New England. And that beautiful crystal pitcher?"

9. "That pitcher and those glasses are gifts from my brother. I don't know where they come from."

10. "I would like to find a pitcher and glasses just like those for my dining room. Perhaps you can ask him where they come from when you see him again."

11. "Of course! Would you like some more coffee, Miss Johnson?"

12. "I'm sorry, but I am in a hurry today. I have to teach another class on the other side of the city. I would like to stay longer, but with this traffic . . ."

13. "Don't worry! Our class is over anyway. Thank you."

14. "You're welcome. See you next week."

8. —¡Eso es cierto!—dice la Srta. Johnson.—Ese estilo se ve por todas partes en Nueva Inglaterra. ¡Y esa hermosa jarra de cristal?

9. —Esa jarra y esos vasos son regalos de mi hermano en Nueva York. No sé de dónde proceden.

10. —Me gustaría encontrar una jarra y vasos exactamente como esos para mi comedor. Quizás le puede preguntar de dónde proceden cuando le ve de nuevo.

11. —¡Cómo no! ¿Quisiera más café, Srta. Johnson?

12. —Lo siento, pero hoy tengo prisa. Tengo que enseñar otra clase en el otro lado de la ciudad. Me gustaría quedarme más pero con este tráfico . . .

13. —¡No se preocupe! Nuestra clase ha terminado, de todos modos. Gracias.

14. —De nada. Hasta la semana que viene.

Pronunciación y Ortografía

Practique en voz alta:

style	(stáil)	**pitcher**	(píchœr)
gift	(gift)	**table**	(téibœl)
spoon	(spun)	**plate**	(pleit)
knife	(náif)	**saucer**	(sósœr)

Vocabulario

In the dining room (En el comedor)

chair	la silla	**pitcher**	la jarra
cup	la taza	**saucer**	el platillo
dish	el plato	**spoon**	la cuchara

fork	el tenedor		**sugar bowl**	el azucarero
glass	el vaso		**table**	la mesa
knife	el cuchillo		**tablecloth**	el mantel
plate	el plato		**teaspoon**	la cucharita

Expresiones Importantes

1. **anyway**	de todos modos		6. **for example**	por ejemplo
2. **to come from**	proceder		7. **that's right**	eso es cierto
3. **Don't worry.**	No se preocupe.		8. **to be in a hurry**	tener prisa
4. **everywhere**	por todas partes		9. **to have to**	tener que
5. **Exactly!**	¡Exactamente!		10. **to have coffee**	tomar café

Ejercicio No. 46—COMPLETAR EL TEXTO

1. (Están tomando) **coffee.**

2. **Your dining room is** (muy bonito).

3. (Estas cosas) **are very beautiful.**

4. **I love** (esas tazas).

5. **You see that style** (por todas partes).

6. (Esa jarra y esos vasos) **are a gift from my brother.**

7. **Perhaps you recognize** (este estilo).

8. (¡Eso es cierto!)

9. **I don't know** (de dónde proceden).

10. (Me gustaría encontrar) **glasses like those for my dining room.**

11. **I'm sorry, but** (tengo prisa).

12. **I would like to** (quedarme más).

13. (¡No se preocupe!)

14. **Our class is over** (de todos modos).

PUNTOS GRAMATICALES

1. Los adjetivos demostrativos

Fíjese en las formas y los significados de **this, that, these,** y **those** en las siguientes frases.

SINGULAR

This cup here is very pretty.   Esta taza aquí es muy bonita.

That cup on the shelf is pretty too.   Esa taza en el estante es bonita también.

PLURAL

These cups here are very pretty.   Estas tazas aquí son muy bonitas.

Those cups on the shelf are pretty too.   Esas tazas en el estante también son bonitas.

a. Se usa **this** y **these** para hablar de cosas o personas que estén cerca de la persona que habla.

b. Se usa **that** y **those** para hablar de cosas o personas que **no** estén cerca de la persona que habla.

c. En contraste al español, no existe en inglés la distinción entre, por ejemplo, ese/esa y aquel/aquello. Los adjetivos **that** (esa, ese) y **those** (esas, esos) sirven también para indicar algo o alguien que esté muy lejos. Para indicar una distancia más larga entre el objeto y la persona que habla, muchas veces se dice **over there: that cup over there/those cups over there.** Esto significa una distancia más larga entre este objeto o persona y la persona que habla.

2. **Would like** y **like:**

a. **Would like** es una manera más cortés de decir **want.** Esta expresión indica que la persona quiere hacer algo ahora o en el futuro.

I would like more coffee.   Quiero más café.
(I want more coffee.)

Would you like more coffee?   ¿Quiere más café?
(Do you want more coffee?)

b. Fíjese en cómo se responde (afirmativo y negativo) a la pregunta **Would you like . . . ?**

Would you like more coffee?   **Yes, I would.**
                                                   No, thank you.

c. **Like** = gustar   El uso de **like** indica que la persona siempre o normalmente disfruta de algo.

I like to study English.   Me gusta estudiar inglés.

I like fruit.   Me gusta la fruta.

Ejercicio No. 47

Sustituya la palabra entre paréntesis con el adjetivo correcto en inglés: **this, that, these,** o **those.**

1. (Estas) **things are gifts from friends and family.**

2. **Do you like (estos) saucers? They are from Mexico.**

3. (Este) **picture is of my wife.**

4. (Aquella) **house is very big.**

5. (Estas) **chairs are made of maplewood.**

6. **Do you recognize (este) style of furniture?**

7. (Esta) **lesson is very interesting.**

8. **I would like to find (esos) glasses for my dining room.**

9. (Aquel) **man is having coffee.**

10. **I like (estos) dishes.**

Ejercicio No. 48

Lea cada pregunta y respuesta varias veces en voz alta.

1. **Do you have to work tomorrow?**
   Yes, I have to work tomorrow.

2. **Does Mr. Martínez have to study his English lessons?**
   Yes, he has to study his English lessons.

3. **Are you hungry, Mary?**
   Yes, I'm hungry.

4. **Are you in a hurry, Peter?**
   No, I'm not in a hurry.

5. **Are the two men having coffee?**
   Yes, they are having coffee.

6. **Where do the cups come from?**
   The cups come from Mexico.

7. **Would you like to stay longer?**
   Yes, I would, thank you.
   No, thank you. I'm in a hurry.

8. **Would you like to go to the movies** (ir al cine)?
   Yes, I would.
   No, thank you.

Ejercicio No. 49

Traduzca al inglés.

1. Estos señores están sentados en el comedor.

2. Están tomando café.

3. Esa jarra es muy bonita.

4. Me encantan estas tazas.

5. Esos platillos son de México.

6. ¿Tiene Ud. hambre?

7. No, no tengo hambre.

8. ¿Tiene Ud. que enseñar otra clase?

9. Sí, tengo que enseñar otra clase.

10. La profesora tiene prisa.

Ejercicio No. 50—PREGUNTAS

Responda en inglés usando frases completas.

1. **Where are Mr. Martínez and Miss Johnson seated?**

2. **What are they having?**

3. **Does Miss Johnson like the cups and saucers?**

4. **What do the cups and saucers remind her of?**

5. **Are the cups made in Mexico?**

6. **Where do the table and chairs come from?**

7. **Who gave Mr. Martínez the crystal pitcher?**

8. **Does he know where the pitcher comes from?**

9. **Does Miss Johnson want more coffee?**

10. **Is Miss Johnson in a hurry?**

11. **Why is she in a hurry?**

12. **Would she like to stay longer?**

Numbers, Numbers, Always Numbers

Números, números, siempre números

1. **Mr. Martínez, you already know that the names of things and of people are important. You also know that it is not possible to make a sentence without a verb.**

2. **That's right, Miss Johnson.**

3. **Well, there are words that are as important as nouns and verbs. In fact, it is not possible to imagine our modern civilization without these words. Can you guess what I am thinking of?**

4. **I think so. You mean numbers.**

5. **You're right. Can you explain why numbers are so important in modern life?**

6. **Of course. That's easy. We need numbers to buy and sell things.**

7. **Naturally the businessman thinks of this first! But without money, numbers are not worth much. Don't you agree?**

1. Sr. Martínez, Ud. ya sabe que los nombres de cosas y de gente son importantes. Ud. sabe también que no es posible hacer una frase sin verbo.

2. Es verdad, Srta. Johnson.

3. Pues, hay palabras que son tan importantes como los nombres y los verbos. En realidad, no es posible imaginar nuestra civilización moderna sin estas palabras. ¿Puede adivinar en qué estoy pensando?

4. Creo que sí. Quiere decir los números.

5. Tiene razón. ¿Puede explicar por qué los números son tan importantes en la vida moderna?

6. Claro. Eso es fácil. Necesitamos números para comprar y vender cosas.

7. ¡Naturalmente el comerciante piensa primero en esto! Pero sin dinero, los números no valen mucho. ¿No está de acuerdo?

8. **Not at all. We need numbers to indicate dates, the time of day, the temperature; to express measures and quantities; to make telephone calls; for the radio; for all the sciences, and for a thousand more things.**

9. **Numbers, numbers, always numbers. Yes, Mr. Martínez, numbers are essential. However, it is necessary not only to know the numbers, but also to know how to use them quickly and correctly in daily life.**

10. **You're right. I am going to do everything I can to understand them and use them correctly.**

11. **In the meantime, I want to say that you are progressing a lot each day.**

12. **Well, thank you. But I still need to learn much more. But first, numbers!**

13. **Exactly! See you later, Mr. Martínez.**

14. **See you Thursday, Miss Johnson.**

8. En absoluto. Necesitamos números para indicar fechas, las horas del día, la temperatura; para expresar medidas y cantidades; para llamar por teléfono; para la radio; para todas las ciencias y para mil cosas más.

9. Números, números, siempre números. Sí, Sr. Martínez, los números son fundamentales. Sin embargo, es necesario no sólo saber los números sino saber usarlos rápida y correctamente en la vida diaria.

10. Tiene razón. Voy a hacer todo lo que puedo para comprenderlos y usarlos correctamente.

11. Mientras tanto, quiero decir que cada día está progresando mucho.

12. Pues, gracias. Pero todavía necesito aprender mucho más. ¡Pero primero los números!

13. ¡Exactamente! Hasta luego, Sr. Martínez.

14. Hasta el jueves, Srta. Johnson.

Pronunciación y Ortografía

Practique en voz alta:

guess	(ges)	**measures**	(méÿœrs)
explain	(expléin)	**quantities**	(cuóntitiš)
of course	(ov cors)	**thousand**	(záusand)
people	(pípœl)	**meantime**	(míntaim)
worth	(uœrz)		

Vocabulario

Palabras relacionadas

1. **to need**	necesitar	**necessary**	necesario
2. **to civilize**	civilizar	**civilization**	la civilización
3. **to indicate**	indicar	**indication**	la indicación
4. **possible**	posible	**possibility**	la posibilidad
5. **to imagine**	imaginar	**imagination**	la imaginación

Expresiones Importantes

1. **They're not worth much.**	1. No valen mucho.
2. **Don't you agree?**	2. ¿No está de acuerdo?
3. **everything I can**	3. todo lo que puedo
4. **I think so.**	4. Creo que sí.
5. **in fact**	5. en realidad
6. **in order to**	6. para
7. **It's true.**	7. Es verdad.
8. **Not at all.**	8. En absoluto.
9. **of course**	9. claro
10. **That's easy.**	10. Eso es fácil.
11. **That's right.**	11. Es verdad/Eso es.
12. **You're right.**	12. Tiene razón.

Ejercicio No. 51—COMPLETAR EL TEXTO

1. (Sabe Ud.) **the numbers?**

2. **Numbers are** (tan importantes como) **verbs.**

3. (Puede Ud. adivinar) **what I am thinking of?**

4. **I cannot imagine** (nuestra civilización) **without numbers.**

5. **Without money, numbers** (no valen mucho).

6. (¿No está de acuerdo?)

7. (Necesitamos) **numbers to indicate the time of day.**

8. **I am going to** (todo lo que puedo).

9. (Mientras tanto), **you are progressing a lot.**

10. (Ud. tiene razón.)

PUNTOS GRAMATICALES

---

1. Verbos comunes

1. **to agree**	1. estar de acuerdo
2. **to buy**	2. comprar
3. **to be worth**	3. valer
4. **to count**	4. contar
5. **to explain**	5. explicar
6. **to guess**	6. adivinar
7. **to imagine**	7. imaginar
8. **to mean**	8. querer decir
9. **to need**	9. necesitar
10. **to sell**	10. vender
11. **to think of**	11. pensar en
12. **to use**	12. usar

2. Los números de 0 (**zero**) a 100 (**one hundred**):

0	**zero**	8	**eight**
1	**one**	9	**nine**
2	**two**	10	**ten**
3	**three**	11	**eleven**
4	**four**	12	**twelve**
5	**five**	13	**thirteen**
6	**six**	14	**fourteen**
7	**seven**	15	**fifteen**

16	sixteen	31	thirty-one
17	seventeen	32	thirty-two
18	eighteen	40	forty
19	nineteen	43	forty-three
20	twenty	50	fifty
21	twenty-one	54	fifty-four
22	twenty-two	60	sixty
23	twenty-three	65	sixty-five
24	twenty-four	70	seventy
25	twenty-five	76	seventy-six
26	twenty-six	80	eighty
27	twenty-seven	87	eighty-seven
28	twenty-eight	90	ninety
29	twenty-nine	99	ninety-nine
30	thirty	100	one hundred

Ejercicio No. 52

Escriba los números en inglés. Luego, lea cada expresión en voz alta.

Ejemplo: 1. **thirty white houses**

1. **30 white houses**
2. **10 difficult lessons**
3. **12 big books**
4. **8 pretty posters**
5. **16 different colors**
6. **84 rich men**
7. **49 yellow papers**

8. **27 expensive cars**
9. **53 intelligent children**
10. **61 small cities**
11. **11 blue pens**
12. **75 ceramic cups**
13. **96 long tables**
14. **100 easy words**

Ejercicio No. 53

Escriba cada expresión aritmética en inglés. Luego, lea cada expresión en voz alta.

NOTA: + = **plus** (más)   − = **minus** (menos)

÷ = **divided by**
(dividido por)   x = **times** (por)

= = **is/equals** (son)

Ejemplo: 1. **two plus four is (equals) six**

1. $2 + 4 = 6$

2. $10 − 7 = 3$

3. $4 + 8 = 12$

4. $15 − 7 = 8$

5. $7 \times 6 = 42$

6. $50 \div 10 = 5$

7. $40 \times 2 = 80$

8. $100 \div 4 = 25$

9. $19 − 8 = 11$

10. $63 \div 3 = 21$

Ejercicio No. 54

Lea cada pregunta en voz alta y conteste en voz alta usando frases completas.

Ejemplo: 1. **There are seven days in a week.**

1. **How many days are there in a week?**

2. **How many months are there in a year?**

3. **How many days are there in September?**

4. **How many hours are there in a day?**

5. **How many minutes are there in an hour?**

6. **How many seconds are there in a minute?**

7. **How many students are there in the class? (11)**

8. **How old are you? (29)**

9. **How old is the teacher? (38)**

10. **How many books are on the shelf? (75)**

Ejercicio No. 55—PREGUNTAS

1. **Are numbers important?**

2. **Are numbers as important as verbs?**

3. **Are numbers worth much without money?**

4. Do we need numbers to make telephone calls?

5. Is it possible to buy and sell things without money?

6. How is Mr. Martínez progressing each day?

7. Can Mr. Martínez use numbers correctly yet?

8. Do we need to know how to use numbers correctly in daily life?

9. What will Mr. Martínez do to learn the numbers?

10. Tell me the following numbers in English: 10, 20, 30, 40, 50, 100.

The Monetary System of the United States

El sistema monetario de los Estados Unidos

1. **In our last conversation we said[1] that it's hard to imagine our modern civilization without numbers and mathematics (math).[2] It is equally hard to imagine taking a trip without using math.**

2. **Do you know how many times one uses math on a trip?**

3. **I think so. We need to use math in order to change money, buy tickets and food, to weigh luggage, to measure distances and sizes, and to go shopping in markets, shops, and department stores.**

4. **Do you know the monetary system of the United States?**

5. **I hope so, since I import furniture from there! The dollar is the "peso" of the United States. The U.S. dollar is worth about five pesos.[3]**

6. **If you want to change 1,000 (one thousand) pesos into dollars, how many dollars will you receive?**

1. En nuestra última conversación dijimos que es difícil imaginar nuestra civilización moderna sin números y matemáticas. Es igualmente difícil imaginar hacer un viaje sin usar matemáticas.

2. ¿Sabe Ud. cuántas veces se usan las matemáticas en un viaje?

3. Creo que sí. Necesitamos usar matemáticas para cambiar dinero, comprar billetes (boletos) y comida, para pesar equipaje, para medir distancias y tamaños, y para ir de compras en mercados, tiendas y grandes almacenes.

4. ¿Sabe Ud. el sistema monetario de los Estados Unidos?

5. ¡Espero que sí, como importo muebles de allí! El dólar es el "peso" de los Estados Unidos. El dólar vale aproximadamente cinco pesos.

6. Si quiere cambiar en dólares 1,000 pesos, ¿cuántos dólares va a recibir?

7. **I will receive 200 (two hundred) dollars ($200).**[4]

7. Voy a recibir 200 dólares.

8. **And if you want to change 5,000 (five thousand) pesos into dollars, how many dollars will you receive?**

8. Y si quiere cambiar en dólares 5,000 pesos, ¿cuántos dólares va a recibir?

9. **I will receive $1,000.**

9. Voy a recibir 1,000 dólares.

10. **That's right. Another example: you go to the train station and you want to buy two tickets. Each ticket costs $9, and you give the ticket agent a $20 bill (twenty dollar bill). How much change will you recieve?**

10. Eso es. Otro ejemplo: Ud. va a la estación de ferrocarril y quiere comprar dos billetes. Cada billete cuesta 9 dólares, y da al vendedor un billete de 20 dólares. ¿Cuánto va a recibir de cambio?

11. **I will receive two dollars.**

11. Recibiré 2 dólares.

12. **Good. In our next conversation let us continue this important subject. Practice makes perfect.**

12. Bien. En nuestra próxima conversación, vamos a continuar este tema importante. La práctica hace la perfección.

1. **Said** es el pasado de **say** (decir). (Véase capítulo 21.)
2. **Math** es la forma más corta y coloquial de **mathematics**.
3. El valor del dólar cambia frecuentemente. Se puede encontrar el cambio actual en el periódico o en un banco.
4. Normalmente, no se escribe la palabra **dollar**. El símbolo $ representa dólares. Así que $10 = **ten dollars**, $20 = **twenty dollars**, etc.

Pronunciación y Ortografía

Practique en voz alta:

imagine	(imǽYin)	**receive**	(risív)
equally	(ícuali)	**continue**	(contíniu)
weigh	(uéi)	**luggage**	(lǔgeY)

Vocabulario

A. Nombres

1. **change**

1. cambio

2. **department store**

2. el gran almacén

3. **food**

3. la comida

4. **luggage**	4. el equipaje
5. **market**	5. el mercado
6. **shop**	6. la tienda
7. **suitcase**	7. la maleta
8. **ticket**	8. el billete (boleto)

B. El sistema monetario de los Estados Unidos

El sistema monetario de los Estados Unidos está basado en **dollars ($)** y **cents. ($25.92 = twenty-five dollars and ninety-two cents.)** Hay 100 centavos en un dólar (como hay 100 centavos en un peso). El cambio puede fluctuar mucho, debido a circunstancias económicas y políticas. Hemos fijado el cambio aquí en 5 pesos al dólar sólo para alcanzar los objetivos de esta lección. Siempre es recomendable consultar el periódico para saber el cambio actual de cualquier moneda.

Expresiones Importantes

1. **to go shopping**	ir de compras
2. **I hope so!**	¡Espero que sí!
3. **I hope not!**	¡Espero que no!
4. **in change**	de cambio
5. **Practice makes perfect.**	La práctica hace la perfección.

Ejercicio No. 56—COMPLETAR EL TEXTO

1. (Es difícil imaginar) **our modern civilization without numbers.**

2. (Cuántas veces) **does one use math on a trip?**

3. **We need math in order to buy** (billetes y comida).

4. **With numbers we can** (pesar el equipaje).

5. **Do you know the** (sistema monetario) **of the United States?**

6. **Each dollar** (vale) **5 pesos.**

7. **There are one hundred** (centavos) **in a dollar.**

8. **You will receive two dollars** (de cambio).

9. **He wants to buy** (dos billetes).

10. **In our** (próxima conversación) **we can continue this subject.**

PUNTOS GRAMATICALES

1. Verbos comunes

to change	cambiar	**to receive**	recibir
to continue	continuar	**to weigh**	pesar
to measure	medir		

2. Los números de 100 a 1,000.

100	one hundred	300	three hundred	700	seven hundred
101	one hundred one	400	four hundred	800	eight hundred
102	one hundred two	500	five hundred	900	nine hundred
200	two hundred	600	six hundred	1,000	one thousand

a. Fíjese en la formación de los números más de 1,000:

> **1,971   one thousand nine hundred seventy-one**

Pero si se refiere a un año, se lee de otra manera:

> **1995   nineteen ninety-five (or nineteen hundred ninety-five)**
>
> **1776   seventeen seventy-six**

b. **thousand** nunca termina con **-s:**

> **1,000   one thousand**
>
> **2,000   two thousand**
>
> **2,001   two thousand one, etc.**

Ejercicio No. 57

Escriba los números en inglés.

Ejemplo: **250   two hundred fifty**

1. **400**
2. **762**
3. **86**
4. **1,100**
5. **312**

6. **2,500**
7. **651**
8. **1,819**
9. **109**
10. **93**

Ejercicio No. 58

Traduzca al inglés.

1. El hombre recibe el cambio.

2. ¿Cuánto pesa el equipaje?

3. Necesitamos matemáticas para comprar billetes.

4. El dólar vale aproximadamente cinco pesos.

5. Ud. quiere comprar comida.

6. Para ir de compras es necesario tener dinero.

7. Podemos comprar cosas en mercados, tiendas y grandes almacenes.

8. ¿Cuánto recibe Ud. de cambio?

9. Las matemáticas son un tema muy importante.

10. Voy a practicar mucho los números.

Ejercicio No. 59—PREGUNTAS

Conteste las siguientes preguntas usando frases completas. ¡Escriba los números en inglés!

Ejemplo: 1. **I will receive seventy-five cents in change.**

1. **If something** (algo) **costs 25 cents and you pay with a one-dollar bill, how much will you receive in change?**

2. **If one ticket costs $5, how much do three tickets cost?**

3. **If a magazine costs $2.50, how much do four magazines cost?**

4. **If a newspaper costs 50 cents and you pay with a $5 bill, how much change will you receive?**

5. **If you have a $5 bill, a $20 bill, and two $100 bills, how much money do you have in your pocket** (bolsillo)**?**

6. **If a man has $1,000,000 (one million dollars), is he a millionaire?**

7. **If you pay for a $20 book with a $50 bill, how much change will you receive?**

8. **Do you know how much money is in your bank account** (cuenta bancaria)**?**

9. **Do you understand the monetary system of the United States?**

10. **Do you know all the numbers by heart already?**

Arithmetic Problems: In a Restaurant, at the Station, in a Store

Problemas de aritmética: en un restaurante, la estación, una tienda

1. **Let us continue our study of the uses of mathematics on a trip.**

2. **We have dinner in a restaurant in New York. There are three of us. The dinners cost $6.50, $8.50, and $10.00. We should give the waiter a 15 percent tip. How much is the bill? The tip?**

3. **The bill is $25.00. The tip is $3.75.**

4. **Good. I go to the train station. I have a very heavy suitcase, and I need to put it on the scale. It weighs 66 pounds. How can I calculate the weight of the suitcase in kilos?**

5. **It's not hard. One kilo equals approximately 2.2 pounds. So, you must divide 66 by 2.2. The suitcase weighs 30 kilos.**

1. Vamos a continuar nuestro estudio de los usos de las matemáticas en un viaje.

2. Cenamos en un restaurante en Nueva York. Somos tres. Las cenas cuestan $6.50, $8.50 y $10.00. Deberíamos dar al camarero (mesero) una propina del quince por ciento. ¿Cuánto es la cuenta? ¿La propina?

3. La cuenta es $25.00. La propina es $3.75.

4. Bien. Voy a la estación de ferrocarril. Tengo una maleta muy pesada, y tengo que ponerla en la balanza. Pesa 66 libras. ¿Cómo puedo calcular el peso de la maleta en kilos?

5. No es difícil. Un kilo equivale aproximadamente a 2,2 libras. Así que, tiene que dividir 66 por 2,2. La maleta pesa 30 kilos.

6. **Right. In the United States, we use miles and not kilometers to measure distances. Do you know how to convert miles into kilometers?**

7. **Of course. I multiply by 1.6. So, 72 miles equals approximately 115 kilometers. It's easy, isn't it?**

8. **You calculate very fast! One more problem. In a store you buy three T-shirts at $6.00 each, one cap for $9.00, two belts at $14.00 each, and a pair of shoes for $24.00. What is the total price of all your purchases?**

9. **$79.00 (seventy-nine dollars). If I give the salesclerk $80.00, I will receive $1.00 in change.**

10. **Perfect. That's enough for today. On Thursday we should talk about the time of day. It is another very important topic.**

11. **Indeed. There are so many things that I have to know.**

12. **By the way, Mr. Martínez, this Thursday I cannot arrive until 8:30.**

13. **That's all right. Better late than never!**

14. **Well said. See you then, Mr. Martínez.**

15. **See you Thursday, Miss Johnson.**

6. Exacto. En los Estados Unidos usamos millas y no kilómetros para medir distancias. ¿Sabe Ud. cambiar millas en kilómetros?

7. Claro. Multiplico por 1.6. Así que, 72 millas son aproximadamente 115 kilómetros. Es fácil, ¿verdad?

8. ¡Ud. calcula muy rápidamente! Un problema más. En una tienda compra tres camisetas a $6.00 cada una, una gorra a $9.00, dos cinturones a $14.00 cada uno y un par de zapatos a $24.00. ¿Qué es el precio total de sus compras!

9. Setenta y nueve dólares. Si le doy al dependiente ochenta dólares, recibiré un dólar de cambio.

10. Perfecto. Eso es suficiente por hoy. El jueves deberíamos hablar sobre la hora. Es otro tema muy importante.

11. Ya lo creo. Hay tantas cosas que tengo que saber.

12. A propósito, Sr. Martínez, este jueves no puedo llegar hasta las 8:30.

13. Está bien. ¡Más vale tarde que nunca!

14. Bien dicho. Hasta entonces, Sr. Martínez.

15. Hasta el jueves, Srta. Johnson.

Pronunciación y Ortografía

A. Practique en voz alta:

waiter	(uéitœr)	**suitcase**	(siútkeis)
scale	(skél)	**divide**	(diváid)
pound	(páund)		

B. En inglés se usa el punto y no la coma para indicar el lugar del decimal. Así que: **2.2 (two point two)** y no 2,2.

Vocabulario

A. Pesas y medidas

En los Estados Unidos no se usa el sistema métrico. En lugar del metro y centímetro, se usa la yarda (91,44 cm) y la pulgada (2,54 cm); en lugar del kilogramo o kilo, se usa la libra (.45 kg aproximadamente). Fíjese en las siguientes abreviaturas:

the yard (la yarda) = **yd.**
the inch (la pulgada) = **in.**
the pound (la libra) = **lb.**

B. Sinónimos

1. **hard**   difícil
   difficult

2. **fast**   rápidamente
   quickly
   rapidly

3. **bill**   la cuenta
   check

4. **approximately**   aproximadamente
   about

Expresiones Importantes

1. **Better late than never.**
2. **How much is the bill?**
3. **How much is the tip?**
4. **Indeed.**
5. **percent**
6. **Perfect!**
7. **Right.**
8. **That's all right.**
9. **to have dinner**

1. Más vale tarde que nunca.
2. ¿Cuánto es la cuenta?
3. ¿Cuánto es la propina?
4. Ya lo creo.
5. por ciento
6. ¡Perfecto!
7. Exacto.
8. Está bien.
9. cenar

PUNTOS GRAMATICALES

1. Los usos de **should** y **must:**

Should siempre precede la forma sencilla de un verbo. Significa que algo es una buena idea, pero la persona tiene, sin embargo, una opción.

Must significa que algo es importante y necesario. En este caso, la persona no tiene opción—es algo que tiene que hacer. **Must** también precede la forma sencilla del verbo.

a. **We should give the waiter a tip.** (Deberíamos darle al camarero una propina.) Es decir que es una buena idea darle al camarero una propina, pero podemos elegir no dársela.

b. **You should study more.** (Debería estudiar más.)
Es una buena idea o recomendación estudiar más, pero tiene la opción de no hacerlo.

c. **You must multiply by 1.6 to convert miles into kilometers.**
(Tiene que multiplicar por 1.6 para cambiar millas en kilómetros.)
Si no multiplica por 1.6, no va a poder hacer el cálculo. Aquí no hay opción; es algo necesario.

d. **You must study more if you want to pass the exam.**
(Tiene que estudiar más si quiere pasar el examen.)
Es necesario que estudie más para poder pasar el examen. Si no estudia más, no lo va a pasar.

Tenga cuidado con el uso de estas dos palabras. Aunque puede que los significados parezcan parecidos, son diferentes. Elegir la palabra correcta elimina la confusión.

I must leave.	(La persona tiene que irse.)
I should leave.	(La persona debe irse, pero a lo mejor decide quedarse.)

2. Los usos de **want, need** y **have to:**

Need da la idea de que algo es importante. Es más fuerte que **want. Want** y **need** preceden nombres o infinitivos.
Have to + infinitivo expresa la misma idea de importancia que **need.**

I want to study English.	Quiero estudiar inglés.
I need to study English.	Necesito estudiar inglés.
I have to study English.	Tengo que estudiar inglés.

Ejercicio No. 60

Escriba en inglés los siguientes números y léalos después en voz alta.

Ejemplo: **Twenty-two pounds equals ten kilos.**

1. **22 pounds = 10 kilos**   2. **44 pounds = 20 kilos**

3. 66 pounds = 30 kilos

4. 88 pounds = 40 kilos

5. 110 pounds = 50 kilos

6. 10 miles = 16 kilometers

7. 20 miles = 32 kilometers

8. 30 miles = 48 kilometers

9. 40 miles = 64 kilometers

10. 50 miles = 80 kilometers

Ejercicio No. 61

Complete las siguientes frases con **should, should not, must, must not,** pensando en cuál de estas palabras *mejor* complete la idea de la frase.

1. I _____ go to the bank because I have no money.

2. I _____ go to the bank, but maybe I will wait until tomorrow.

3. I _____ go to bed, but maybe I'll study a little longer.

4. I _____ go to bed. I have to wake up very early tomorrow.

5. You _____ pay your telephone bill every month.

6. You _____ pay your telephone bill on time (a tiempo).

7. Mr. Martínez _____ go to New York. He has to speak with his agent.

8. Mr. Martínez _____ go to New York so he can learn English quickly.

9. You _____ drive so fast. It's dangerous (peligroso).

10. You _____ drive so fast. It's against the law (ilegal).

Ejercicio No. 62

Traduzca al inglés.

1. Cenamos.

2. Tengo que salir.

3. Pongo la maleta en la balanza.

4. Ellos hacen un viaje.

5. ¿Cuánto vale?

6. Deberíamos dar una propina.

7. Bien dicho.

8. Tenemos que estudiar más.

9. Quiero hablar de matemáticas.

10. No es difícil.

11. ¿Cuánto recibe de cambio?

12. Deberíamos hablar sobre la hora.

13. Es otro tema importante.

14. Más vale tarde que nunca.

Ejercicio No. 63—PREGUNTAS

1. **Where do you (pl) have dinner?**

2. **What percent tip should you give the waiter?**

3. **How much is the tip?**

4. **Where do you put the heavy suitcase?**

5. **How much does the suitcase weigh in pounds? In kilos?**

6. **What is used** (Qué se usa) **in the United States to measure distances, miles or kilometers?**

7. **Can Mr. Martínez convert miles into kilometers?**

8. **What items** (artículos) **does Mr. Martínez buy in the store?**

9. **What does Miss Johnson want to talk about on Thursday?**

10. **What saying** (refrán) **does Mr. Martínez use?**

What Time Is It?

¿Qué hora es?

What Time Is It?—Part 1

1. **The time! Everybody wants to know: What time is it? What time does the plane arrive? What time does the train leave? What time does the movie begin? What time does class begin? What time does the program end? And thousands of other questions.**

2. **Mr. Martínez, I am going to play the role of a ticket agent at the train station. You are going to play the role of a traveler who wants to buy a ticket and is asking for information. Let us (Let's) begin.**

3. **Good morning. One ticket to Boston, please.**

4. **First or second class?**

5. **First class, please. How much is it?**

6. **A one-way ticket costs $60, or you can buy a round-trip ticket for $100.**

7. **I would like[1] one round-trip ticket then for this Monday morning.**

8. **Here is your ticket. That will be $100.**

1. ¡La hora! Todo el mundo quiere saber: ¿Qué hora es? ¿A qué hora llega el avión? ¿A qué hora sale el tren? ¿A qué hora comienza la película? ¿A qué hora comienza la clase? ¿A qué hora termina el programa? Y miles de otras preguntas.

2. Sr. Martínez, voy a hacer el papel de vendedora de billetes (boletera) en una estación de ferrocarril. Ud. va a hacer el papel de un viajero que quiere comprar un billete y pide información. Comencemos.

3. Buenos días. Un billete para Boston, por favor.

4. ¿De primera o de segunda clase?

5. De primera, por favor. ¿Cuánto es?

6. Un billete de ida cuesta $60, o puede comprar uno de ida y vuelta por $100.

7. Entonces quisiera un billete de ida y vuelta para este lunes por la mañana.

8. Aquí tiene Ud. el billete. Son $100.

1. I would like es una forma más cortés de I want.

9. **Thank you. What time does the train leave and when does it arrive in Boston?**

9. Gracias. ¿A qué hora sale el tren y cuándo llega a Boston?

10. **There are several trains a day. If you prefer the morning, there is a train at 9:30 A.M. which arrives at 1:00 P.M.[2]**

10. Hay varios trenes al día. Si prefiere la mañana, hay un tren a las 9:30 de la mañana que llega a la 1:00 de la tarde.

11. **Yes, that's fine. Thank you.**

11. Sí, muy bien. Gracias.

12. **You're welcome.**

12. De nada.

13. **Excellent, Mr. Martínez. You play your part very well!**

13. Excelente, Sr. Martínez. ¡Ud. hace su papel muy bien!

2. A.M. = in the morning (de la mañana)
   P.M. = in the afternoon/evening (de la tarde/noche)

Casi siempre se escribe las letras A.M. y P.M. en vez de **in the morning, in the afternoon,** o **in the evening.** Sin embargo, en el inglés hablado se dice, por ejemplo, **4:30 P.M.** o **4:30 in the afternoon.** Las dos formas son comunes.

What Time Is It?—Part 2

1. **Now I am playing the part[3] of a ticket seller at the movies. Mr. Martínez, you want information about the movie. Let's begin.**

1. Ahora hago yo el papel de vendedora de entradas (boletera) del cine. Sr. Martínez, Ud. quiere información sobre la película. Comencemos.

2. **Excuse me, ma'am.[4] What time does the movie start?**

2. Perdóneme, señora. ¿A qué hora comienza la película?

3. **Well, there are three showings. The first begins at 4:20 P.M., the second at 7:00 P.M., and the third at 9:45 P.M.**

3. Pues, hay tres sesiones. La primera comienza a las 4:30 de la tarde, la segunda a las 7:00 y la tercera a las 9:45 de la noche.

4. **How much do the tickets cost?**

4. ¿Cuánto cuestan las entradas (boletos)?

5. **Six dollars each. You should come early if you want good seats.**

5. Seis dólares cada una. Debería venir temprano si quiere asientos buenos.

6. **O.K. I would like two tickets for the 9:45 show.**

6. Bien. Quisiera dos entradas para la sesión de las 9:45.

7. **Here you go.[5] Thank you.**

7. Aquí las tiene. Gracias.

8. **Very good, Mr. Martínez! Again you play your part wonderfully.**

8. ¡Muy bien, Sr. Martínez! Otra vez hace su papel maravillosamente.

3. Part y role son sinónimos. Play the part/play the role (hacer el papel)
4. Ma'am es una forma abreviada de madam (señora).
5. Here you go = Here it is (Aquí la tiene) o Here they are (Aquí las tiene).

Pronunciación y Ortografía

movie	(múvi)	**program**	(prógræm)
P.M.	(pi em)	**prefer**	(prefǽr)
role	(róul)	**great**	(gréit)

Vocabulario

A. Expresiones de aprobación y alabanza:

1. **correct**   correcto

2. **exactly**   exactamente

3. **excellent**   excelente

4. **good**   bien

5. **great**   estupendo

6. **perfect**   perfecto

7. **right, that's right**   correcto; eso es

8. **terrific**   fabuloso

9. **very good**   muy bien

10. **wonderful**   maravilloso

B. Vocabulario relacionado con trenes:

1. **What time does the train leave for _____?**
   ¿A qué hora sale el tren para _____?

2. **When does the train arrive from _____?**
   ¿Cuándo llega el tren de _____?

3. **The train leaves/arrives at 2:00 P.M.**
   El tren sale/llega a las dos de la tarde.

4. **a one-way ticket**
   un billete de ida/un billete de vuelta

5. **a round-trip ticket**
   un billete de ida y vuelta

6. **a first/second-class ticket**
   un billete de primera/segunda clase

7. **How much is it?**
   ¿Cuánto es?

8. **commuter train**
   el tren de cercanías

9. **sleeping car**
   el coche cama

10. **All aboard!**
    ¡Viajeros al tren!

Expresiones Importantes

1. **everybody/everyone**
2. **Here you go.**
3. **I would like one round-trip ticket.**
4. **Let's begin.**
5. **to ask for information**
6. **to play the role/part of**
7. **11:00 A.M. or 11:00 in the morning**
8. **9:00 P.M. or 9:00 in the evening**

1. todo el mundo
2. Aquí lo tiene.
3. Quisiera un billete de ida y vuelta.
4. Comencemos.
5. pedir información
6. hacer el papel de
7. las once de la mañana
8. las nueve de la noche

Ejercicio No. 64—COMPLETAR EL TEXTO

1. (A qué hora) **does the movie begin?**
2. **Do you have** (otras preguntas)?
3. **Mr. Martínez** (hace el papel) **of the traveler.**
4. **Miss Johnson is** (la vendedora de billetes).
5. **Where is** (la estación de ferrocarril)?
6. **The traveler needs to** (pedir información).
7. (Quisiera) **a round-trip ticket.**
8. **How much is** (un billete de ida)?
9. (Debería venir temprano) **if he wants good seats.**
10. **The train arrives** (a las 9:00 de la noche).

PUNTOS GRAMATICALES

1. El uso de **it** para expresar la hora, el día, el mes y la fecha.

En inglés se usa **it** para hablar de la hora. Fíjese en los siguientes ejemplos:

a. **What time is it?**
   ¿Qué hora es?

   It is 9:00 (nine o'clock).
   Son las nueve.

b. **What day is it?**
   ¿Qué día es hoy?

   It is Monday.
   Es lunes.

c. **What month is it?**
¿En qué mes estamos?

It is May.
Estamos en mayo.

d. **What is today's date?**
¿Cuál es la fecha de hoy?

It is May 23rd.
Es el 23 de mayo.

2. La hora

Hay varias maneras de expresar la hora en inglés.

10:00	**It's ten o'clock.** **It's ten.**	Son las diez.
10:05	**It's ten-o-five.** **It's five (minutes) after ten.** **It's five (minutes) past ten.**	Son las diez y cinco.
10:15	**It's ten-fifteen.** **It's a quarter after ten.** **It's a quarter past ten.**	Son las diez y quince. Son las diez y cuarto.
10:30	**It's ten-thirty.** **It's half past ten.**	Son las diez y treinta. Son las diez y media.
10:45	**It's ten-forty-five.** **It's a quarter to eleven.** **It's a quarter of eleven.**	Son las diez y cuarenta y cinco. Son las once menos cuarto.
10:55	**It's ten-fifty-five.** **It's five (minutes) to eleven.** **It's five (minutes) of eleven.**	Son las diez y cincuenta y cinco. Son las once menos cinco.
12:00	**It's twelve o'clock (sharp).** **It's twelve.** **It's noon (P.M.).** **It's midnight (A.M.).**	Son las doce en punto. Son las doce. Es mediodía. Es medianoche.

NOTA: **10:00 sharp** = las diez en punto
about 10:00 = a eso de las diez

3. Preposiciones con la hora

En inglés se usan varias preposiciones para decir cuándo o a qué hora ocurre algo. Estudie las cuatro preposiciones abajo, prestando atención a cuándo se usa cada una.

a. **At**
—se usa con una hora específica
—se usa en la expresión **at night** (por la noche)

They have class at 10:30 (ten-thirty).   Tienen clase a las 10:30.

I study at night.   Estudio por la noche.

b. **In**
—se usa con meses, años, estaciones y las partes del día

I am going to New York in June.   Voy a Nueva York en junio.

She will graduate in 1999.   Ella se va a graduar en 1999.

He goes to work in the morning.   El va al trabajo por la mañana.

I have class in the afternoon.   Tengo clase por la tarde.

I have dinner in the evening.   Ceno por la noche.

c. **On**
—se usa con fechas y días de la semana

I have English class on Thursday.   Tengo clase de inglés el jueves.

We have a meeting on June 15.   Tenemos una reunión (mitin) el 15 de junio.

d. **From . . . to**
—se usa con un período específico de tiempo

They have class from 8:00 to 9:00.   Ellos tienen clase desde las ocho hasta las nueve.

Mr. Martínez works from 9:00 to 5:00.   El Sr. Martínez trabaja desde las nueve hasta las cinco.

Ejercicio No. 65

Escriba la hora en inglés. Entonces, lea las frases en voz alta.

Ejemplo: 1. **The train arrives in Boston at five-thirty p.m. (in the afternoon).**

1. **The train arrives in Boston at (5:30 P.M.).**

2. **The train arrives in New York at (8:40 P.M.).**

3. **The bus to Albany leaves at (12:00 P.M.).**

4. **That program ends at (12:00 A.M.).**

5. **The movie begins at (2:45 P.M.).**

6. **The news (el noticiero) begins at (7:10 P.M.).**

7. **The meeting is on Monday at (10:30 A.M.).**

8. **We have dinner at (8:00 P.M. sharp).**

9. **He normally has breakfast at (8:15 A.M.).**

10. **The bus will arrive on time** (a tiempo) **at (6:50 P.M.).**

Ejercicio No. 66

Escoja la preposición que mejor complete la frase: **at, in,** o **on.**

1. **The train leaves for Chicago (at, in, on) 8:30 P.M.**

2. **We always have class (at, in, on) Tuesdays.**

3. **Our class never begins (at, in, on) time.**

4. **The children normally have vacation (at, in, on) the summer.**

5. **I have an appointment tomorrow (at, in, on) 9:00 A.M.**

6. **The teacher was born** (nació) **(at, in, on) 1960.**

7. **He reads the newspaper (at, in, on) the evening.**

8. **The last day of class will be (at, in, on) December 15th.**

9. **They have lunch (at, in, on) 1:00 P.M.**

10. **He leaves for New York (at, in, on) April.**

Ejercicio No. 67

Traduzca al inglés.

1. Yo quisiera un billete de ida y vuelta.

2. El hombre pide información.

3. ¿Cuándo sale el tren para Boston?

4. ¿A qué hora llega el tren de Washington, D.C.?

5. Llega a las 2:30 de la tarde.

6. ¿Cuándo comienza la película?

7. Comienza a las 8:00 de la noche.

8. Tengo clase a las 9:00 de la mañana.

9. Voy al mercado por la mañana.

10. La muchacha tiene clase de inglés los martes y los jueves.

Ejercicio No. 68—PREGUNTAS

1. **What does everybody want to know?**

2. **Who plays the part of a traveler?**

3. **Who plays the part of a ticket agent?**

4. **What kind** (clase) **of ticket does he buy?**

5. **How much does a round-trip ticket cost?**

6. **Who plays the part of a ticket seller at the movies?**

7. **Who asks for information?**

8. **How many showings of the movie are there?**

9. **What time does he want to see the movie?**

10. **How much does he pay for the two tickets?**

Parte 1

Repaso de Vocabulario

NOMBRES

1. **belt**	1. el cinturón	23. **salesclerk**	23. el dependiente
2. **bill**	2. la cuenta	24. **saucer**	24. el platillo
3. **cap**	3. la gorra	25. **scale**	25. la balanza
4. **cent**	4. el centavo	26. **seat**	26. el asiento
5. **change**	5. el cambio	27. **seller**	27. el vendedor
6. **cup**	6. la taza	28. **shoes**	28. los zapatos
7. **date**	7. la fecha	29. **shop**	29. la tienda
8. **department store**	8. el gran almacén	30. **style**	30. el estilo
		31. **suitcase**	31. la maleta
9. **dinner**	9. la cena	32. **T-shirt**	32. la camiseta
10. **dollar**	10. el dólar	33. **ticket**	33. el billete (el boleto)
11. **glass**	11. el vaso		
12. **kind/type**	12. el tipo	34. **ticket seller**	34. la vendedora de billetes (la boletera)
13. **life**	13. la vida		
14. **luggage**	14. el equipaje		
15. **market**	15. el mercado	35. **time/hour**	35. la hora
16. **movie**	16. la película	36. **tip**	36. la propina
17. **number**	17. el número	37. **topic**	37. el tema
18. **people**	18. la gente	38. **traffic**	38. el tráfico
19. **pitcher**	19. la jarra	39. **traveler**	39. el viajero
20. **pocket**	20. el bolsillo	40. **use**	40. el uso
21. **program**	21. el programa	41. **waiter**	41. el camarero (el mesero)
22. **role/part**	22. el papel		

VERBOS

1. **to ask**	1. preguntar	16. **to imagine**	16. imaginar
2. **to be able**	2. poder	17. **to need**	17. necesitar
3. **to be worth**	3. valer	18. **to pay**	18. pagar
4. **to buy**	4. comprar	19. **to play (a role)**	19. hacer un papel
5. **to calculate**	5. calcular	20. **to prefer**	20. preferir
6. **to change**	6. cambiar	21. **to put**	21. poner
7. **to come**	7. venir	22. **to receive**	22. recibir
8. **to continue**	8. continuar	23. **to recognize**	23. reconocer
9. **to count**	9. contar	24. **to sell**	24. vender
10. **to end**	10. terminar	25. **to stay**	25. quedarse
11. **to explain**	11. explicar	26. **start/begin**	26. empezar
12. **to find**	12. encontrar	27. **to teach**	27. enseñar
13. **to give**	13. dar	28. **to weigh**	28. pesar
14. **to guess**	14. adivinar		
15. **to have dinner (to dine)**	15. cenar		

ADJETIVOS

1. **each**	1. cada	6. **perfect**	6. perfecto
2. **first**	2. primero	7. **pretty**	7. bonito/lindo
3. **heavy**	3. pesado	8. **second**	8. segundo
4. **modern**	4. moderno	9. **several**	9. varios
5. **necessary**	5. necesario	10. **third**	10. tercero

ADVERBIOS

1. **a lot**	1. mucho	5. **more**	5. más
2. **approximately**	2. aproximadamente	6. **now**	6. ahora
3. **correctly**	3. correctamente	7. **still**	7. todavía
4. **early**	4. temprano		

PREPOSICIONES

1. **about**	1. sobre	4. **with**	4. con
2. **from**	2. desde, de	5. **without**	5. sin
3. **until**	3. hasta		

EXPRESIONES IMPORTANTES

1. **I think so.**	1. Creo que sí.	15. **in change**	15. de cambio
2. **I don't think so.**	2. Creo que no.	16. **I hope so.**	16. Espero que sí.
3. **to be right**	3. tener razón	17. **I hope not.**	17. Espero que no.
4. **You're right.**	4. Ud. tiene razón.	18. **What time is it?**	18. ¿Qué hora es?
5. **to be in a hurry**	5. tener prisa	19. **to go shopping**	19. ir de compras
6. **in the meantime**	6. mientras tanto	20. **Indeed!**	20. ¡Ya lo creo!
7. **to agree**	7. estar de acuerdo	21. **to think of**	21. pensar en
8. **I agree.**	8. Estoy de acuerdo.	22. **Practice makes perfect.**	22. La práctica hace la perfección.
9. **I don't agree.**	9. No estoy de acuerdo.	23. **Better late than never**	23. Más vale tarde que nunca.
10. **Let's begin.**	10. Comencemos.	24. **to have to**	24. tener que
11. **Not at all.**	11. En absoluto.	25. **Here you go.**	25. Aquí lo tiene.
12. **I would like**	12. Quisiera	26. **I mean**	26. Quiero decir
13. **Don't worry.**	13. No se preocupe.		
14. **in fact**	14. en realidad		

PARTE 2

Ejercicio No. 69

A. Conteste las preguntas en el afirmativo (**yes**).

1. **Would you like more coffee?**

2. **Are those your books?**

3. **Is the teacher in a hurry?**

4. **Should you call your mother?**

5. **Does the suitcase weigh a lot?**

B. Conteste las preguntas en el negativo (no).

1. **Is this your coat?**

2. **Are you always right?**

3. **Do you have dinner in the morning?**

4. **Does he always answer correctly?**

5. **Does she have to work on weekends?**

Ejercicio No. 70

Escoja la palabra correcta entre paréntesis para completar la frase.

1. **We have our next class (at, in, on) Tuesday.**

2. **I am going to Chicago (at, this, these) weekend.**

3. **The party begins (at, in, on) 8:00 p.m.**

4. **She always goes shopping (at, in, on) the morning.**

5. **She always cleans** (limpia) **the house (at, in, on) night.**

6. **Mr. Martínez has a doctor's appointment (at, in, on) August 20th.**

7. **His wife will be home (on, that, those) day.**

8. **You should study more (at, in, this) evening.**

9. **The bus leaves (at, in, on) 5:00 sharp. Don't be late!**

10. **I have to go. Let's talk again (at, in, on) Monday.**

Ejercicio No. 71

Escoja de la columna de la derecha la frase que mejor complete la frase comenzada en la columna de la izquierda.

1. **Let's continue**

2. **He understands me**

3. **You must study a lot**

4. **He would like to**

5. **He asks for information**

6. **You should arrive early**

7. **You know that practice**

8. **I need to know**

a. **have dinner at 8:00 p.m.**

b. **so many things.**

c. **if you want a good seat.**

d. **this interesting conversation.**

e. **I must leave.**

f. **makes perfect.**

g. **when I speak English.**

h. **the waiter a tip.**

9. **You should always give**   i.   **about the movie.**

10. **I am in a hurry, so**   j.   **before your exam.**

Ejercicio No. 72

Complete estas frases con la expresión correcta de las de la lista de la derecha.

Ejemplo: **The tourists want to ask for information.**

1. **The tourists want to** (pedir información).   **what I'm thinking of**

2. **I'm sorry, but** (tengo prisa).   **do you mean**

3. **Can you guess** (en qué pienso)?   **Don't worry**

4. **I receive five dollars** (de cambio).   **ask for information**

5. (Tiene razón), **Mr. Martínez.**   **when I am hungry**

6. **You should** (dar una propina) **to the waiter.**   **in change**

7. **What** (quiere decir)?   **give a tip**

8. **I eat** (cuando tengo hambre).   **to go shopping**

9. **You have a lot of time.** (No se preocupe.)   **I'm in a hurry**

10. **The children love** (ir de compras).   **You're right**

Ejercicio No. 73

Escoja del Grupo II el antónimo para cada palabra del Grupo I.

I	II
1. **give**	a. **end**
2. **early**	b. **divide**
3. **come**	c. **later**
4. **multiply**	d. **exactly**
5. **begin**	e. **late**
6. **first**	f. **less**
7. **beautiful**	g. **go**
8. **approximately**	h. **last**
9. **more**	i. **receive**
10. **now**	j. **ugly**

PARTE 3

DIÁLOGO

Practique el inglés en voz alta.

A Tourist in Manhattan Asks for Information

1. Excuse me, sir. Can you tell me where I can find interesting souvenirs of New York for my family?

2. Well, you can find souvenirs all over the city. For example, in Soho there are many interesting clothing shops and art galleries. In Greenwich Village you can also find unique shops with gift items like T-shirts and posters of the city.

3. Are there any stores here in midtown where I can buy gifts?

4. Of course! Many department stores are in this neighborhood. There you can find almost anything—gifts, clothing, furniture, etc.

5. Is it more expensive to shop in this neighborhood?

6. That depends on what you buy, but in general it costs a little more. But you have a much larger selection.

7. Thank you very much for your help.

8. You're very welcome. Enjoy yourself!

1. Perdóneme, señor. ¿Me puede decir dónde puedo encontrar recuerdos interesantes de Nueva York para mi familia?

2. Pues, puede encontrar recuerdos por toda la ciudad. Por ejemplo, en Soho hay muchas tiendas de ropa interesantes y galerías de arte. En Greenwich Village también puede encontrar tiendas originales con artículos de regalo como camisetas y carteles de la cuidad.

3. ¿Hay tiendas aquí en el centro donde puedo comprar regalos?

4. ¡Por supuesto! Muchos de los grandes almacenes están en este barrio. Allí puede encontrar casi cualquier cosa—regalos, ropa, muebles, etc.

5. ¿Es más caro comprar en este barrio?

6. Eso depende de lo que compre, pero en general cuesta un poquito más. Pero tiene una selección mucho más grande.

7. Muchas gracias por su ayuda.

8. De nada. ¡Que lo pase bien!

Ejercicio No. 74—LECTURA 1

Mr. Martínez's Family Visits His Office

It is the first time that the Martínez family visits Mr. Martínez's office. Mrs. Martínez and her three children enter the large building and go up (suben) to the tenth floor in the elevator (ascensor). Susan, who is only seven years old, is very curious and asks her mother many questions about the office.

When they arrive at the office, the father gets up and says: "I am very happy to see you all here. What a pleasant (agradable) surprise!"

The children admire the objects they see in the office: the typewriter, the furniture imported from the United States, the colorful posters, and the magazines. Everyone is very happy.

Peter, the oldest boy, looks out the high windows and sees the blue sky and the bright sun. On the street below (abajo) he sees the cars go by (pasan). From the tenth floor they seem (parecen) very small.

After the visit, the whole family (toda la familia) goes to a restaurant that is not far from the office. They enjoy their meal a lot, especially Peter, who is very hungry.

Ejercicio No. 75—LECTURA 2

A Modern Fable

Susan, Mr. Martínez's youngest child, likes the old fables of Aesop very much. She also likes this modern fable that Miss Johnson wrote (escribió) for her. The following is "The Fable of the Automobile and the Donkey."

An automobile is driving along the road and sees a donkey. The poor donkey is carrying (lleva) a big, heavy load (carga) of wood.

The automobile stops (para) and says to the donkey: "Good morning. You are walking very slowly. Don't you want to run (correr) fast like me?"

"Yes, yes sir! But tell me, how is it possible?"

"It's not difficult," says the automobile. "In my tank (depósito) there is a lot of gasoline. You have to drink a little."

So, the donkey drinks the gasoline. Now he does not walk slowly. He does not run fast. He does not go to the market. He stretches out (se echa) in the road. He has a stomach ache (dolor de estómago).

Poor donkey! He is not very intelligent, is he? He does not know that gasoline is good for an automobile but is not good at all for a donkey.

The Movies
El cine

1. **Mr. Martínez, you already know how to ask for information about movie times and prices. Are you a movie fan?**

2. **Well, I like a good movie, but most movies do not interest me.**

3. **Do you prefer the theater?**

4. **Yes. My wife and I prefer it. We go to the theater often to see a good play or a musical.**

5. **And your children? Do they prefer the theater too?**

6. **Of course not! They love detective movies, which bore us to tears.**

7. **Do they know all of the movie stars?**

8. **They know them well. They also know all the television (TV) stars.**

9. **You live in the suburbs. Is there a movie theater near your house?**

10. **Yes. There is one not far away. We can walk there in fifteen minutes, more or less.**

1. Sr. Martínez, ya sabe pedir información sobre los horarios y precios del cine. ¿Es Ud. aficionado al cine?

2. Pues, me gusta una buena película, pero la mayoría de las películas no me interesan.

3. ¿Prefiere Ud. el teatro?

4. Sí. Mi esposa y yo lo preferimos. Vamos a menudo al teatro para ver un buen drama o una producción musical.

5. ¿Y sus hijos? ¿También prefieren el teatro?

6. ¡Claro que no! Les encantan las películas policíacas que nos aburren muchísimo.

7. ¿Conocen a todas las estrellas del cine?

8. Las conocen bien. Conocen también las estrellas de la televisión.

9. Ud. vive en los suburbios. ¿Hay un cine cerca de su casa?

10. Sí. Hay uno no muy lejos. Podemos ir allá a pie en quince minutos más o menos.

11. **Where do you prefer to sit, in the first rows or towards the back?**

12. **We prefer to sit in rows fourteen or fifteen. You can see and hear well from there. But we have to arrive early in order to get those seats.**

13. **What do you do if most of the seats are taken?**

14. **Then we have to sit wherever we can, in front or in back. But we don't like those seats; therefore, we almost always come early.**

15. **Wonderful, Mr. Martínez! You are progressing very fast!**

16. **Thanks to you, Miss Johnson.**

11. ¿Dónde prefieren sentarse, en las primeras filas o hacia atrás?

12. Preferimos sentarnos en las filas catorce o quince. Se puede ver y oír bien desde allí. Pero tenemos que llegar temprano para coger esos asientos.

13. ¿Qué hacen si la mayoría de los asientos están ocupados?

14. Entonces tenemos que sentarnos donde podamos, delante o atrás. Pero no nos gustan aquellos asientos; por eso casi siempre venimos temprano.

15. ¡Estupendo, Sr. Martínez! ¡Está progresando rápidamente!

16. Gracias a Ud., Srta. Johnson.

Pronunciación y Ortografía

fan	(fæn)	**theater**	(zíætœr)
detective	(detéctiv)	**towards**	(tóardŝ)
seats	(síts)	**early**	(œrli)

Vocabulario

A. Sinónimos

taken	**occupied**	ocupado
so	**therefore**	por eso
often	**frequently**	a menudo
about	**more or less**	más o menos
TV program	**TV show**	programa (de televisión)

B. Antónimos

occupied	ocupado	**free**	desocupado/libre
in front of	delante de	**behind**	detrás de
early	temprano	**late**	tarde

C. Vocabulario del cine

1. **aisle**	1. el pasillo
2. **fan**	2. el aficionado
3. **movie**	3. la película
4. **movie star**	4. la estrella del cine
5. **movie theater**	5. el cine
6. **popcorn**	6. las palomitas
7. **preview**	7. el trailer
8. **seat**	8. el asiento
9. **showing**	9. la sesión
10. **ticket**	10. la entrada (boleto)
11. **ticket window**	11. la taquilla (boletería)
12. **to go to the movies**	12. ir al cine
13. **review**	13. la crítica
14. **row**	14. la fila

Expresiones Importantes

1. **more or less**	más o menos
2. **not far away**	no muy lejos
3. **Of course not!**	¡Claro que no!
4. **to bore to tears**	aburrirle a uno muchísimo
5. **towards the back**	hacia atrás
6. **wherever we can**	donde podamos

Ejercicio No. 76—COMPLETAR EL TEXTO

1. **Are you a** (aficionado al cine)?

2. **Most movies** (no me interesan).

3. **Detective movies** (nos aburren muchísimo).

4. **Do they know all** (las estrellas del cine)?

5. (Hay un cine) **near our house.**

6. **We do not like to sit** (en las primeras filas).

7. **All of the good seats** (están ocupados).

8. (Por eso), **we almost always come** (temprano).

PUNTOS GRAMATICALES

1. Los pronombres del complemento directo

El pronombre del complemento directo contesta las preguntas **Qué** o **Quién.** Estudie las siguientes frases, fijándose en los varios pronombres del complemento directo, lo que significan, y donde se encuentran con respecto al verbo.

1. **Movies do not interest** *me.*	Las películas no me interesan.
2. **He knows** *you* **well.**	Le (lo) conoce bien.
3. **Do you prefer the theater?**	¿Prefiere el teatro?
Yes, I prefer *it.*	Sí, lo prefiero.
4. **I see** *her* **every day.**	Le (la) veo todos los días.
5. **Do you know Mr. Martínez?**	¿Conoce al Sr. Martínez?
Yes, I know *him.*	Sí, le (lo) conozco bien.
6. **Detective movies bore** *us.*	Las películas policíacas nos aburren.
7. **Peter and Mary are waiting for** *you* **(pl).**	Pedro y María, les (los) están esperando.
8. **Do they know the movie stars?**	¿Conocen a las estrellas del cine?
Yes, they know *them* **well.**	Sí, les (las) conocen bien.

a. Los pronombres del complemento directo

SINGULAR		PLURAL	
me	me	**us**	nos
you	te, le, lo, la	**you**	os, les, los, las
him	le, lo	**them**	les, los, las
her	le, la		
it	lo, la		

b. Es importante recordar la correspondencia entre los pronombres del sujeto y los pronombres del complemento directo.

SINGULAR			PLURAL		
I	—	**me**	**we**	—	**us**
you	—	**you**	**you**	—	**you**
he	—	**him**	**they**	—	**them**
she	—	**her**			
it	—	**it**			

Ejercicio No. 77

Lea cada pregunta. Entonces, complete la respuesta con el pronombre del complemento directo correcto. Finalmente, lea las preguntas y las respuestas en voz alta.

Ejemplo: 1. **Yes, I am going to buy them.**

1. **Are you going to buy the tickets?**   Yes, I am going to buy _____.

2. **Who has the radio?**   The children have _____.

3. **Can you (pl) hear the television?**   No, we cannot hear _____.

4. **Does the man see his wife?**   Yes, he sees _____.

5. **Does she prefer the first rows?**   No, she doesn't prefer _____.

6. **Do the children know the movie star (m)?**   Yes, they know _____.

7. **Do you know those women?**   No, I don't know _____.

8. **Do you (pl) like detective movies?**   No, they bore _____.

9. **Is he studying English with Miss Johnson?**   Yes, he is studying _____ with Miss Johnson.

10. **Does your mother help you with your homework?**   No, she doesn't help _____ with it.

11. **Will your sister come to my party?**   No, because she doesn't know _____.

12. **When does the teacher give exams?**   She gives _____ on Fridays.

13. **Are they going to buy the glasses?**   No, they aren't going to buy _____.

14. **Who has my keys?** (llaves)   Susan has _____.

15. **Why do you have my key?**   Because you gave _____ to me.

Ejercicio No. 78

Traduzca al inglés.

1. Te veo, Pedro.

2. ¿Me ve Ud?

3. ¿Quién nos ve?

4. La profesora les ve a Uds., muchachos.

5. Vemos la casa. La vemos.

6. Tomo el libro. Lo tomo.

7. Ella escribe los ejercicios. Los escribe.

8. Les estoy esperando, muchachas.

9. Les estoy esperando, señores.

10. La profesora nos da un examen.

Ejercicio No. 79—PREGUNTAS

1. Who knows how to ask for information?

2. What do Mr. and Mrs. Martínez prefer, the movies or the theater?

3. What do the children prefer?

4. Do the children know the movie stars?

5. Where does the Martínez family live?

6. Is there a movie theater near their house?

7. How far (a qué distancia) is the movie theater from their house?

8. What rows do they prefer?

9. What do they do if most of the seats are taken?

10. Do they always come to the movie theater early?

Holidays

Los días festivos

1. **Mr. Martínez, you know the numbers well. I see that you know how to use them correctly and quickly. Let's see if you know the numbers when we talk about dates.**

2. **O.K., Miss Johnson. I like tests.**

3. **That's why you learn so quickly. I am going to mention the names and dates of some important U.S. holidays. I want you to tell me something about each day.**

4. **Good. I'm ready.**

5. **July 4th (fourth).**

6. **That's easy. July 4th is Independence Day, when the United States celebrates its independence from England and the adoption of the Declaration of Independence in 1776.**

7. **Excellent! And do you know how we celebrate this day?**

1. Sr. Martínez, Ud. sabe bien los números. Veo que sabe usarlos correcta y rápidamente. Vamos a ver si sabe los números cuando hablamos de fechas.

2. Bien, Srta. Johnson. Me gustan los exámenes.

3. Por eso aprende tan rápidamente. Voy a mencionar los nombres y las fechas de algunas de las fiestas en los Estados Unidos y quiero que me diga algo importante acerca de cada día.

4. Bien. Estoy listo.

5. El cuatro de julio.

6. Eso es fácil. El 4 de julio es el día de la independencia, cuando los Estados Unidos celebran su independencia de Inglaterra y la adopción de la Declaración de Independencia en 1776.

7. ¡Excelente! ¿Y sabe Ud. cómo celebramos este día?

8. **Of course! There are fireworks displays, with bright colors and loud noises.**

9. **That's right. It is a very patriotic holiday and one of my favorites. I used to go with my family every year to see the fireworks. O.K. Now tell me what you know about Thanksgiving.**

10. **I think this holiday is celebrated in November, and it has to do with eating a lot. Is that right?**

11. **That's the idea! Thanksgiving is a day for feasting and giving thanks for divine favors. It is a custom which comes from the Pilgrims who came to Massachusetts in the early 17th century. It is celebrated on the fourth Thursday of November.**

12. **And there is a typical meal that everyone eats on this day, right?**

13. **Well, the typical dish is roast turkey. In my house we used to have sweet potatoes, bread stuffing, and cranberry sauce too. We used to eat so much that it was difficult to get up from the table!**

14. **Are there any other special holidays?**

15. **Does May 30th ring a bell?**

16. **Are you talking about Memorial Day?**

17. **You know everything! This holiday is celebrated on the last Monday of May. It is a day to commemorate all the members of the armed forces who have died fighting in our wars.**

18. **Is it celebrated in any special way?**

19. **Well, our town used to have a parade. You also see American flags everywhere.**

8. ¡Por supuesto! Hay fuegos artificiales, con colores vivos y ruidos fuertes.

9. Eso es. Es una fiesta muy patriótica y una de mis favoritas. Iba con mi familia todos los años a ver los fuegos artificiales. Bien. Ahora dígame lo que sabe del día de acción de gracias.

10. Creo que se celebra esta fiesta en noviembre, y tiene que ver con el comer mucho. ¿Es correcto?

11. ¡Eso es! El día de acción de gracias es un día festivo para dar las gracias por favores divinos. Es una costumbre que viene de los Peregrinos que vinieron a Massachusetts a principios del siglo XVII. Se celebra el cuarto jueves de noviembre.

12. Y hay una comida típica que todos comen este día, ¿verdad?

13. Pues, el plato típico es el pavo asado. En mi casa también comíamos batatas (camotes), relleno de pan y salsa de arándano también. ¡Comíamos tanto que era difícil levantarse de la mesa!

14. ¿Hay otras fiestas especiales?

15. ¿Le suena el 30 de mayo?

16. ¿Está hablando del día de conmemoración de los caídos?

17. ¡Ud. sabe todo! Esta fiesta se celebra el último lunes de mayo. Es un día para conmemorar todos los miembros de las fuerzas armadas que murieron luchando en nuestras guerras.

18. ¿Se celebra de alguna manera especial?

19. Pues, en nuestro pueblo teníamos un desfile. También se ven banderas americanas por todas partes.

20. **That seems like a nice holiday too.**

21. **They are all very important dates to remember if you travel to the U.S. Again you know your lesson well.**

22. **That's because I have a good teacher!**

20. Eso parece una fiesta bonita también.

21. Son todas fechas importantes para recordar si viaja a los Estados Unidos. Otra vez sabe bien su lección.

22. ¡Eso es porque tengo una buena profesora!

Pronunciación y Ortografía

holiday   (jólidéi)

ready   (rédi)

century   (sénchuri)

fireworks   (fáiærućercs)

celebrate   (sélebreit)

parade   (paréid)

independence   (indepéndens)

Vocabulario

A. Palabras "de fiesta"

1. **celebrate**

2. **commemorate**

3. **custom**

4. **fireworks**

5. **flag**

6. **holiday**

7. **independence**

8. **parade**

9. **patriotic**

10. **turkey**

1. celebrar

2. conmemorar

3. la costumbre

4. los fuegos artificiales

5. la bandera

6. la fiesta

7. la independencia

8. el desfile

9. patriótico

10. el pavo

B. Palabras relacionadas

1. **to celebrate**   celebrar   **the celebration**   la celebración

2. **to commemorate**   conmemorar   **the commemoration**   la conmemoración

3. **to fight**   luchar   **the fight**   la lucha

4. **patriotic**   patriótico   **patriotism**   patriotismo

5. to test	poner un examen	**the test**	el examen
6. to remember	recordar	**the memory**	el recuerdo

Expresiones Importantes

1. **Independence Day**	el día de la independencia
2. **Memorial Day**	el día de conmemoración de los caídos
3. **Thanksgiving (Day)**	el día de acción de gracias
4. **That rings a bell.**	Eso me suena.
5. **That's the idea!**	¡Eso es!
6. **to be ready**	estar listo
7. **to give thanks**	dar las gracias
8. **to have to do with**	tener que ver con

Ejercicio No. 80—COMPLETAR EL TEXTO

1. (Ud. sabe usar) **the numbers correctly.**

2. (Voy a mencionar) **the names and dates of** (fiestas importantes).

3. (Estoy listo.)

4. **July 4th is when the U.S.** (celebran su independencia).

5. **There are** (fuegos artificiales) **with bright colors.**

6. **Thanksgiving is a day** (para dar las gracias).

7. (El plato típico) **is roast turkey.**

8. **On Memorial Day our town used to have** (un desfile).

9. (Se ven banderas americanas) **everywhere.**

10. (Eso parece) **a nice holiday.**

11. **They are all** (fechas importantes para recordar).

12. **Again** (Ud. sabe su lección) **well.**

PUNTOS GRAMATICALES

1. Los números ordinales

a.

first	**1st**	primero	**sixth**	**6th**	sexto
second	**2nd**	segundo	**seventh**	**7th**	séptimo
third	**3rd**	tercero	**eighth**	**8th**	octavo
fourth	**4th**	cuarto	**ninth**	**9th**	noveno
fifth	**5th**	quinto	**tenth**	**10th**	décimo

b. En contraste al español, en inglés se usan mucho los números ordinales a partir del 10. Estudie las siguientes formas:

eleventh	**11th**	**twenty-second**	**22nd**
twelfth	**12th**	**twenty-third**	**23rd**
thirteenth	**13th**	**thirtieth**	**30th**
fourteenth	**14th**	**fortieth**	**40th**
fifteenth	**15th**	**fiftieth**	**50th**
sixteenth	**16th**	**sixtieth**	**60th**
seventeenth	**17th**	**seventieth**	**70th**
eighteenth	**18th**	**eightieth**	**80th**
nineteenth	**19th**	**ninetieth**	**90th**
twentieth	**20th**	**one hundredth**	**100th**
twenty-first	**21st**	**two hundredth**	**200th**

c. Con los números ordinales 1–10 (first–tenth) es más común usar la palabra escrita que la abreviatura en inglés escrito, aunque se usan las dos formas.

Ejemplo: **We live on the second floor.**
　　　　We live on the 2nd floor.

Sin embargo, a partir del 10, se usa casi siempre la forma abreviada.

Ejemplo: **My birthday is the 23rd of May.**
　　　　This is my 18th English class.

2. La fecha

FORMA ESCRITA	FORMA HABLADA
April 11	**April eleventh/the eleventh of April** (el once de abril)
August 2	**August second/the second of August** (el segundo de agosto)

a. El orden de la fecha es: mes/día/año

1/26/32	**January 26, 1932**
6/22/60	**June 22, 1960**

b. Se leen los números del año como dos números separados:

1971	**nineteen seventy-one**
1725	**seventeen twenty-five**

3. El uso de **used to**

En inglés se usa la expresión **used to** para indicar una costumbre o situación en el pasado que ya no existe. El español usa el tiempo imperfecto para expresar esta idea.

I used to go with my family every year.   Iba con mi familia todos los años.

We used to eat so much.   Comíamos tanto.

Ejercicio No. 81

Traduzca al inglés usando la palabra escrita (no la abreviatura). Lea cada expresión en voz alta.

Ejemplo: 1. **the nineteenth chapter**

1. el capítulo decimonoveno

2. la primera clase

3. la quinta semana

4. el décimo piso

5. el segundo examen

6. el tercer año

7. la quincuagésima página

8. el undécimo día

Ejercicio No. 82

Escriba las siguientes fechas y léalas en inglés en voz alta.

Ejemplo: **March 7, 1908**
March seventh, nineteen o eight

1. **December 25, 1995**

2. **August 26, 1931**

3. **February 14, 1812**

4. **July 4, 1776**

5. **October 10, 1562**

6. **December 15, 1958**

Ejercicio No. 83

Escriba las siguientes fechas usando la forma numérica.

Ejemplo: **July 11, 1990**
7/11/90

1. **December 25, 1995**

2. **February 3, 1950**

3. **November 29, 1982**

4. **October 17, 1985**

5. **March 15, 1923**

6. **May 23, 1962**

Ejercicio No. 84—PREGUNTAS

1. **Why does Mr. Martínez learn quickly?**

2. **What is Miss Johnson going to mention?**

3. **What day is July 4th?**

4. **Does Mr. Martínez know when Thanksgiving is celebrated?**

5. **What is the typical Thanksgiving dish?**

6. **When is Memorial Day celebrated?**

7. **Whose town used to have a parade?**

8. **Does Mr. Martínez know his lesson well?**

Geography of the United States

La geografía de los Estados Unidos

1. **Mr. Martínez, let us see if you know U.S. geography as well as the holidays. Can I ask you a few questions?**

2. **Of course. Am I going to receive a prize if my answers are correct?**

3. **No, Mr. Martínez. This is not a TV program. Let's begin with the easiest question. What are the two oceans that border the United States?**

4. **That's too easy. The Atlantic on the east coast and the Pacific on the west coast, of course.**

5. **Good. And which is the longest river in the United States?**

6. **It has to be the Mississippi River.**

7. **Right! The Mississippi flows south from Minnesota to the Gulf of Mexico and is the principal river of the United States. Do you know the mountains as well as the bodies of water?**

1. Sr. Martínez, vamos a ver si conoce la geografía de los Estados Unidos tan bien como las fiestas. ¿Le puedo hacer algunas preguntas?

2. Claro que sí. ¿Voy a ganar un premio si mis respuestas son correctas?

3. No, Sr. Martínez. Este no es un programa de televisión. Vamos a empezar con la pregunta más fácil. ¿Cuáles son los dos océanos que bordean los Estados Unidos?

4. Eso es demasiado fácil. El Atlántico en la costa este y el Pacífico en la costa oeste, por supuesto.

5. Bien. ¿Y cuál es el río más largo de los Estados Unidos?

6. Tiene que ser el río Mississippi.

7. ¡Exacto! El Mississippi corre de Minnesota hacia el sur al Golfo de México, y es el río principal de los Estados Unidos. ¿Conoce las montañas tan bien como las masas de agua?

8. **I'm not sure. Let's see.**

9. **Which is the highest peak in the U.S.?**

10. **I believe it is Mt. McKinley in Alaska, although I don't know how high it is.**

11. **Good! Mt. McKinley is 20,320 feet or 6,194 meters high.**

12. **It is not much higher than Mt. Orizaba, which is Mexico's highest peak. What else do you want to ask me?**

13. **Do you know which is the largest state and which is the smallest state?**

14. **If you are referring to area, the largest state has to be Alaska. Is Rhode Island the smallest state?**

15. **Excellent! Once again not one error. Congratulations!**

8. No estoy seguro. Vamos a ver.

9. ¿Cuál es el pico más alto de los Estados Unidos?

10. Creo que es McKinley en Alaska, aunque no sé la altura.

11. ¡Bien! McKinley mide 20.320 pies o 6.194 metros de altura.

12. No es mucho más alto que el pico de Orizaba, que es el pico más alto de México. ¿Qué más quiere preguntarme?

13. ¿Sabe cuál es el estado más grande y el estado más pequeño?

14. Si se refiere a la superficie, el estado más grande tiene que ser Alaska. ¿Es Rhode Island el estado más pequeño?

15. ¡Excelente! Otra vez ni un solo error. ¡Enhorabuena!

Pronunciación y Ortografía

easiest	(iŝiest)		**although**	(olDó)
ocean	(óŝhæn)		**high**	(jai)
large	(larY)			

Vocabulario

A. Antónimos

1. **correct**	correcto		**incorrect**	incorrecto
2. **easy**	fácil		**hard**	difícil
3. **longest**	más largo		**shortest**	más corto
4. **highest**	más alto		**lowest**	más bajo
5. **largest**	más grande		**smallest**	más pequeño

B. Palabras relacionadas

1. **geography**	geografía	**geographic**	geográfico
2. **congratulations**	enhorabuena	**congratulate**	dar la enhorabuena
3. **high**	alto	**height**	altura
4. **to win**	ganar	**winner**	el ganador

Expresiones Importantes

1. **body of water**	**la masa de agua**
2. **I think it is . . .**	**Creo que es . . .**
3. **I'm not sure.**	**No estoy seguro.**
4. **It must be . . .**	**Tiene que ser . . .**
5. **to ask questions**	**hacer preguntas**
6. **What else?**	**¿Qué más?**

Ejercicio No. 85—COMPLETAR EL TEXTO

1. (Vamos a ver) **if you know U.S. geography** (tan bien como) **the holidays.**

2. **Can I ask you** (algunas preguntas)?

3. (Voy a ganar) **a prize?**

4. **What are** (los dos océanos) **that border the United States?**

5. **Which is** (el río más largo) **in the United States?**

6. (Tiene que ser) **the Mississippi River.**

7. **Do you know the mountains** (tan bien como las masas de agua)?

8. (No estoy seguro.)

9. (Cuál es el pico más alto) **in the United States?**

10. (Creo que es) **Mt. McKinley in Alaska.**

11. **No es** (mucho más alto) **than Mt. Orizaba.**

12. (Qué más) **do you want to ask me?**

13. **Which is** (el estado más grande)?

14. **Which is** (el estado más pequeño)?

15. (¡Enhorabuena!)

PUNTOS GRAMATICALES

1. **Two, too** y **to**

Tenga cuidado con las palabras **two, too** y **to**. Aunque tienen la misma pronunciación, tienen significados y usos distintos.

a. **two** = dos
I speak two languages.   Hablo dos idiomas.

b. **too** = demasiado; también
The question is too easy.   La pregunta es demasiado fácil.
I am studying English too.   También estudio inglés.

c. **to** = la preposición *a*;
           parte de un infinitivo
Mr. Martínez is going to New York.   El Sr. Martínez va a Nueva York.
He wants to learn English.   Quiere aprender inglés.

2. Adjetivos: el comparativo y el superlativo

		COMPARATIVO	SUPERLATIVO
easy	fácil	**easier** más fácil	**the easiest** el más fácil
long	largo	**longer** más largo	**the longest** el más largo
high	alto	**higher** más alto	**the highest** el más alto
large	grande	**larger** más grande	**the largest** el más grande
expensive	caro	**more expensive** más caro	**the most expensive** el más caro

a. Para comparar las personas u objetos, los adjetivos tienen formas especiales. Añadimos **-er** (long—longer) para formar el comparativo. Si el adjetivo termina con **-y**, la **-y** se convierte en **-ier** (easy—easier). Si el adjetivo tiene dos sílabas o más, formamos el comparativo poniendo la palabra **more** delante del adjetivo (expensive—more expensive).

b. Para expresar el grado superlativo, los adjetivos tienen otra forma especial. Añadimos **-est** (long—the longest) para formar el superlativo. Si el adjetivo termina con **-y**, la **-y** se convierte en **-iest** (easy—the easiest). Con adjetivos de dos sílabas o más, formamos el superlativo poniendo la palabra **most** delante del adjetivo (expensive—the most expensive).

c. Formas irregulares

good	bueno	**better** mejor	**the best** el mejor
bad	malo	**worse** peor	**the worst** el peor

| far | lejos | **farther** /más lejos | **the farthest** /el más lejano |
| | | **further** | **the furthest** |

d. Se usa la palabra **than** con la forma comparativa.

That girl is taller than you.   Esa chica es más alta que Ud.

This book is larger than that book.   Este libro es más grande que ese libro.

e. Se usa la palabra **in** con la forma superlativa.

It's the longest river in the United States.
Es el río más largo de los Estados Unidos.

She is the tallest girl in the class.
Es la muchacha más alta de la clase.

f. Se usa la fórmula **as** . . . adjetivo . . . **as** para comparaciones de igualdad.

Peter is as tall as Mary.   Pedro es tan alto como María.

Ejercicio No. 86

Complete las frases en inglés para que correspondan al español. Lea las frases en inglés en voz alta.

Ejemplo: 1. **Peter is as tall as John.**

1. **Pablo es tan alto como Juan.**   **Peter is** ___ ___ ___ **John.**

2. **Yo tengo la mejor idea.**   **I have the** ___ **idea.**

3. **Mi bicicleta es más rápida que la suya.**   **My bicycle is** ___ ___ **yours.**

4. **Mis ejercicios son más difíciles que los de Ud.**   **My exercises are** ___ ___ ___ **yours.**

5. **María es más alta que Ana.**   **Mary is** ___ ___ **Anna.**

6. **Este es el ejercicio más fácil.**   **This is the** ___ **exercise.**

7. **¿Quién es el hombre más rico del mundo?**   **Who is the** ___ **man in the world?**

8. **Este plato es más bonito que aquél.**   **This plate is** ___ ___ **that one.**

9. **La clase es mala, pero la profesora es peor.**   **The class is bad, but the teacher is** ___

10. Roberto es tan inteligente como su hermana.

Robert is ____ ____ ____ his sister.

11. Patricia es más simpática que Susana.

Patricia is ____ ____ Susan.

12. Antonio es el hijo mayor.

Anthony is the ____ child.

13. Juana es menor que Antonio.

Jane is ____ ____ Anthony.

14. Quiero leer el libro más interesante.

I want to read the ____ ____ book.

15. Ud. trabaja en el edificio más alto de la ciudad.

You work in the ____ building in the city.

Ejercicio No. 87—PREGUNTAS

1. Which is the longest river in the United States?

2. Which is the highest peak in the United States?

3. Is Mt. McKinley higher than Mt. Orizaba?

4. Is New York as old as Mexico City?

5. Is the Mississippi River as long as the Amazon River?

6. Which is the smallest state in the United States?

7. Which is the largest state in the United States?

8. Is Rhode Island larger than New York?

9. Which is the tallest building in New York?

10. Mr. Smith is a forty-year-old man. He has $100,000.
    Mr. Jones is a fifty-year-old man. He has $80,000.
    Miss Parker is a thirty-year-old woman. She has $50,000.
    a. Who is the youngest of the three?
    b. Who is the oldest of the three?
    c. Is Mr. Jones older than Mr. Smith?
    d. Who is the richest?
    e. Is Miss Parker as rich as Mr. Jones?
    f. Is Mr. Smith richer than Mr. Jones?

Mr. Martínez's Day
El día del señor Martínez

1. **Mr. Martínez, may I ask you how you spend a typical day?**

2. **Certainly. When I go to the office, I get up at six-thirty. I am an early riser. I take a shower and get dressed in half an hour, more or less. At about seven I have breakfast with my wife. She is an early riser too. Since we never see each other during the day, it is a good opportunity to talk about our children and other things.**

3. **What do you have for breakfast?**

4. **I usually have orange juice, coffee, and rolls with butter and marmalade. But sometimes I have eggs too.**

5. **And after breakfast?**

6. **After breakfast I leave to catch the train.**

7. **What time do you arrive at the office?**

1. Sr. Martínez, ¿me permite preguntarle cómo pasa un día típico?

2. Por supuesto. Cuando voy a la oficina me levanto a las seis y media. Soy madrugador. Me ducho y me visto en media hora más o menos. A eso de las siete desayuno con mi esposa. Ella también es madrugadora. Como no nos vemos durante el día, es una buena oportunidad para hablar de nuestros hijos y otras cosas.

3. ¿Qué toma Ud. para el desayuno?

4. Normalmente tomo zumo (jugo) de naranja, un café y panecillos con mantequilla y mermelada. Pero de vez en cuando tomo huevos también.

5. ¿Y después del desayuno?

6. Después del desayuno salgo para tomar el tren.

7. ¿A qué hora llega a la oficina?

8. **Well, the train leaves for the city at eight-fifteen sharp, and it almost always arrives on time. So, I usually arrive at about nine. In the office I read letters, talk on the telephone with various clients, and finish anything that I left unfinished from the previous day.**

8. Pues, el tren sale para la ciudad a las ocho y cuarto en punto, y casi siempre llega a tiempo. Así que normalmente llego a eso de las nueve. En la oficina leo cartas, hablo por teléfono con varios clientes y termino cualquier cosa que dejé sin terminar del día anterior.

9. **And when do you have lunch?**

9. ¿Y cuándo almuerza Ud.?

10. **Almost always at one, unless I have a luncheon with someone—a client or a colleague.**

10. Casi siempre a la una, a no ser que tenga un almuerzo con alguien—un cliente o un colega.

11. **And after lunch?**

11. ¿Y después del almuerzo?

12. **Clients often come to see me in the afternoon.**

12. Frecuentemente vienen clientes a verme por la tarde.

13. **When do you usually leave the office?**

13. ¿Y cuándo sale Ud. de la oficina normalmente?

14. **I almost always leave around six o'clock. I arrive home before seven, which gives me time to rest a little and talk with my children before dinner. We have dinner at eight.**

14. Casi siempre salgo a eso de las seis. Llego a casa antes de las siete, con lo cual me da tiempo de descansar un poco y hablar con mis hijos antes de cenar. Cenamos a las ocho.

15. **You must be tired at the end of the week.**

15. Debe de estar cansado al final de la semana.

16. **Perhaps I am a little tired, but anyone would be after such a week.**

16. Quizas estoy un poco cansado, pero cualquiera lo estaría después de tal semana.

Pronunciación y Ortografía

client	(cláint)	breakfast	(brékfast)
juice	(Yus)	tired	(táɪærd)
lunch	(lŭnch)	opportunity	(oportúniti)
eggs	(egŝ)	colleague	(cólig)

Vocabulario

A. Sinónimos

1. **sometimes**	**occasionally**	de vez en cuando
2. **often**	**frequently**	frecuentemente
3. **usually**	**normally**	normalmente
4. **perhaps**	**maybe**	quizás
5. **opportunity**	**chance**	la oportunidad
6. **of course**	**certainly**	por supuesto

B. Las comidas **(Meals)**

1. **breakfast**	el desayuno	3. **dinner**	la cena
to have breakfast	desayunar	**to have dinner**	cenar
2. **lunch**	el almuerzo, la comida		
to have lunch	almorzar, comer		

C. Comida y bebida

1. **bread**	1. el pan
2. **roll**	2. el panecillo (bolillo)
3. **butter**	3. la mantequilla
4. **marmalade**	4. la mermelada
5. **egg**	5. el huevo
6. **coffee**	6. el café
7. **tea**	7. el té
8. **orange juice**	8. el zumo (jugo) de naranja
9. **apple juice**	9. el zumo (jugo) de manzana
10. **soup**	10. la sopa
11. **vegetables**	11. las verduras
12. **salad**	12. la ensalada
13. **meat**	13. la carne
14. **fish**	14. el pescado

Expresiones Importantes

1.	almost always	casi siempre
2.	an early riser	un madrugador
3.	around five o'clock	a eso de las cinco
4.	at about nine	a eso de las nueve
5.	at eight-fifteen sharp	a las ocho y cuarto en punto
6.	to catch (take) the train	tomar el tren
7.	to get dressed	vestirse
8.	to get up	levantarse
9.	to spend the day	pasar el día
10.	to take a shower	ducharse

Ejercicio No. 88—COMPLETAR EL TEXTO

1. How do you spend (un día típico)?

2. (Me levanto) at six-thirty.

3. I am an (madrugador).

4. (Qué toma Ud.) for breakfast?

5. I usually have (zumo de naranja, un café y panecillos).

6. After breakfast I leave (tomar el tren).

7. The train leaves (a las ocho y cuarto en punto).

8. In the office I finish (cualquier cosa) that I left unfinished.

9. I have lunch (casi siempre) at one o'clock.

10. (Frecuentemente) clients come to see me.

11. I almost always leave (a eso de las seis).

12. (Descanso un poco) before dinner.

13. (Debe de estar cansado) at the end of the week.

14. Perhaps I am (un poco cansado).

PUNTOS GRAMATICALES

1. Adverbios que indican frecuencia

a. Un adverbio de frecuencia nos dice cuántas veces repetimos una acción. Estudie los siguientes adverbios:

always	siempre
usually	normalmente
normally	normalmente
often	frecuentemente
frequently	frecuentemente
sometimes	de vez en cuando
seldom	muy pocas veces
rarely	raras veces
never	nunca

b. Esos adverbios normalmente se sitúan entre el sujeto y el verbo, aunque de vez en cuando se sitúan al comienzo y al final de la frase. Fíjese en los siguientes ejemplos:

1. **I always leave at six o'clock.**	Siempre salgo a las seis.
2. **I usually have orange juice,** o **Usually I have orange juice.**	Normalmente tomo zumo de naranja.
3. **Clients often come to my office,** o **Often, clients come to my office.**	Frecuentemente los clientes vienen a mi oficina.
4. **I seldom leave later than six.**	Muy pocas veces salgo más tarde de las seis.
5. **I never have breakfast alone.**	Nunca desayuno solo.

En algunos casos existen tres posibilidades correctas:

He sometimes gets up at six. **Sometimes he gets up at six.** **He gets up at six sometimes.**	De vez en cuando se levanta a las seis.

c. El adverbio de frecuencia siempre sigue el verbo **to be**:

He is always happy. **He is usually happy.** **He is never happy.**	Siempre está contento. Normalmente está contento. Nunca está contento.

2. Los pronombres indefinidos: **something, someone, anything, anyone**

a. **something** y **someone**

I see something near the door.	Veo algo cerca de la puerta.
I see someone near the door.	Veo a alguien cerca de la puerta.

b. **anything** y **anyone**

Se usan estos dos pronombres en frases negativas.

I don't see anything near the door.	No veo nada cerca de la puerta.
I don't see anyone near the door.	No veo a nadie cerca de la puerta.

c. **nothing** y **no one**

Se usan estos dos pronombres cuando el verbo de la frase es afirmativo. Fíjese en la diferencia de los usos de **anything/nothing** y **anyone/no one**.

I don't see anything/anyone near the door.	No veo nada/a nadie cerca de la puerta.
I see nothing/no one near the door.	No veo nada/a nadie cerca de la puerta.

Si el verbo es negativo, se usan **anything** o **anyone**. Si el verbo es afirmativo, se usan **nothing** o **no one**.

d. Con preguntas se usan **something/someone** o **anything/anyone**.

Do you see something/anything near the door?	¿Ve Ud. algo cerca de la puerta?
Do you see someone/anyone near the door?	¿Ve Ud. a alguien cerca de la puerta?

Ejercicio No. 89

Complete las siguientes frases en inglés con el adverbio correcto.

1. **Mr. Martínez** (siempre) **has breakfast with his wife.**

2. **He** (normalmente) **has orange juice.**

3. **He** (frecuentemente) **studies on the weekend.**

4. (De vez en cuando) **he has eggs for breakfast.**

5. **The children** (muy pocas veces) **watch TV.**

6. **They are** (nunca) **late for class.**

7. **His agent** (raras veces) **travels to Mexico.**

8. **He is** (de vez en cuando) **tired after work.**

9. **The children** (casi siempre) **play together.**

10. **He is** (muy pocas veces) **sick.**

Ejercicio No. 90

Traduzca las siguientes frases al inglés, prestando atención a la posición del adverbio.

1. María siempre llega a tiempo.

2. Pedro no me llama nunca.

3. De vez en cuando voy al cine.

4. Normalmente ceno en casa.

5. El Sr. Martínez casi nunca habla español con su profesora.

Ejercicio No. 91

Escoja la palabra correcta entre paréntesis para completar las frases.

1. **Mary has _____ in her pocket.** (anything, something)

2. **Mary doesn't have _____ in her pocket.** (anything, something)

3. **He knows _____ in his class.** (anyone, someone)

4. **There is _____ left in my bag. It's empty.** (nothing, anything)

5. **There isn't _____ left in my bag. It's empty.** (nothing, anything)

6. **When the office is closed, _____ is there.** (anyone, no one)

7. **John gave me _____.** (something, anything)

8. **Anna called the office and spoke to _____.** (anyone, someone)

9. **I didn't receive a call from _____ this morning.** (anyone, someone)

10. **She rings the bell, but _____ is home.** (anyone, no one)

Ejercicio No. 92—PREGUNTAS

1. **Is Mr. Martínez an early riser?**

2. **What time does he get up?**

3. **Then what does he do?**

4. **Who does he have breakfast with?**

5. **What do they talk about?**

6. **What does Mr. Martínez usually have for breakfast?**

7. **What does he sometimes have for breakfast?**

8. **What does he do after breakfast?**

9. **What time does the train leave?**

10. **Is the train always on time?**

11. **When does he have lunch?**

12. **Do clients visit him in the afternoon?**

13. **When does he leave the office?**

14. **What does he do before dinner?**

15. **When do Mr. and Mrs. Martínez have dinner?**

PARTE 1

Repaso de Vocabulario

NOMBRES

1. **breakfast**	1. el desayuno	15. **parade**	15. el desfile
2. **butter**	2. la mantequilla	16. **peak**	16. el pico
3. **client**	3. el/la cliente	17. **play**	17. el drama (la comedia
4. **colleague**	4. el/la colega		
5. **custom**	5. la costumbre	18. **prize**	18. el premio
6. **egg**	6. el huevo	19. **river**	19. el rio
7. **fireworks**	7. los fuegos artificiales	20. **roll**	20. el bolillo (el panecillo)
8. **flag**	8. la bandera	21. **row**	21. la fila
9. **holiday**	9. el día festivo	22. **seat**	22. el asiento
10. **juice**	10. el zumo (jugo)	23. **shower**	23. la ducha
11. **lunch**	11. el almuerzo	24. **star**	24. la estrella
12. **marmalade**	12. la mermelada	25. **state**	25. el estado
13. **ocean**	13. el océano	26. **test**	26. el examen
14. **orange**	14. la naranja	27. **theater**	27. el teatro

VERBOS

1. **to be ready**	1. estar listo	8. **to eat**	8. comer
2. **to be sure**	2. estar seguro	9. **to fight**	9. luchar
3. **to be tired**	3. estar cansado	10. **to get dressed**	10. vestirse
4. **to believe**	4. creer	11. **to have breakfast**	11. desayunar
5. **to bore**	5. aburrir	12. **to have lunch**	12. comer, almorzar
6. **to celebrate**	6. celebrar	13. **to hear**	13. oír
7. **to die**	7. morirse	14. **to like**	14. gustar

15. **to mention**   15. mencionar   20. **to take a shower**   20. ducharse

16. **to remember**   16. recordar   21. **to walk**   21. caminar

17. **to rest**   17. descansar   22. **to win**   22. ganar

18. **to sit**   18. sentarse

19. **to spend (the day)**   19. pasar (el día)

ADJETIVOS

1. **a few**   1. algunos   8. **sick**   8. enfermo

2. **empty**   2. vacío   9. **special**   9. especial

3. **high**   3. alto   10. **such**   10. tal

4. **loud**   4. fuerte/alto   11. **sweet**   11. dulce

5. **low**   5. bajo   12. **taken**   12. ocupado

6. **previous**   6. anterior   13. **typical**   13. típico

7. **short**   7. corto

ADVERBIOS

1. **again**   1. otra vez   6. **rarely**   6. raras veces

2. **early**   2. temprano   7. **seldom**   7. muy pocas veces

3. **late**   3. tarde   8. **sometimes** 8. de vez en cuando

4. **never**   4. nunca   9. **usually**   9. normalmente

5. **often**   5. frecuentemente

CONJUNCIONES

1. **although**   1. aunque

2. **unless**   2. a no ser que

PREPOSICIONES

1. **around**   1. a eso de

2. **towards**   2. hacia

EXPRESIONES IMPORTANTES

1. **almost always**	1. casi siempre	9. **That's the idea!**	9. ¡Eso es!
2. **around five**	2. a eso de las cinco	10. **to ask questions**	10. hacer preguntas
3. **at five sharp**	3. a las cinco en punto	11. **to be ready**	11. estar listo
4. **I'm an early riser.**	4. Soy madrugador.	12. **to bore to tears**	12. aburrirle a uno muchísimo
5. **I'm not sure.**	5. No estoy seguro.	13. **to catch the train**	13. tomar el tren
6. **more or less**	6. más o menos	14. **to have to do with**	14. tener que ver con
7. **of course not**	7. claro que no	15. **to spend the day**	15. pasar el día
8. **that rings a bell**	8. eso me suena	16. **towards the back**	16. hacia atrás

PARTE 2

Ejercicio No. 93

Escoja la frase de la columna de la derecha que mejor complete la frase comenzada en la columna de la izquierda.

1. **The Martínez children**	a. **highest peak in the U.S.**
2. **They prefer to sit**	b. **which comes from the Pilgrims.**
3. **There are fireworks displays**	c. **around six o'clock.**
4. **Thanksgiving is a custom**	d. **know all the movie stars.**
5. **On Memorial Day you see**	e. **at eight-fifteen sharp.**
6. **The longest river in the U.S.**	f. **gets up very early.**
7. **Mt. McKinley is the**	g. **American flags everywhere.**
8. **An early riser**	h. **in the fourteenth row.**
9. **The train almost always leaves**	i. **is the Mississippi River.**
10. **Mr. Martínez usually leaves**	j. **with bright colors and loud noises.**

Ejercicio No. 94

Complete las frases en inglés.

1. **The Mississippi is** (el río más largo de) **the United States.**

2. **Alaska is** (el estado más grande de) **the United States.**

3. **John is** (más alto que) **Peter.**

4. **I have** (la mejor) **idea.**

5. **Mexico is not** (tan grande como) **the United States.**

6. **Mary** (normalmente se levanta) **at seven o'clock.**

7. **The student** (raras veces) **studies on Friday evening.**

8. **The man** (no ve nada). **He is blind** (ciego).

9. (No hay nadie) **in the living room. Everyone is in the kitchen.**

10. **Math class** (nos aburre).

Ejercicio No. 95

Escoja la expresión correcta de la lista abajo para completar las frases. Tenga ciudado al usar la forma correcta de los verbos.

to get dressed	**to get up**	**to catch the train**
to spend the day	**to be ready**	**to have to do with**
to ring a bell	**sometimes**	**used to**
around		

1. (De vez en cuando) **I work on weekends.**

2. **The problem** (tiene que ver con) **your son.**

3. **He usually** (pasa el día) **talking on the telephone.**

4. **They have lunch** (a eso de) **one o'clock.**

5. **He always** (se levanta) **early.**

6. **The children** (se visten) **quickly.**

7. (Ella comía) **a lot.**

8. (Estoy listo) **to leave.**

9. **At eight o'clock he** (toma el tren).

10. **That name** (me suena).

Ejercicio No. 96

Lea las preguntas en inglés. Entonces dé la respuesta en inglés que corresponde a la respuesta en español que sigue.

Ejemplo: 1. **No, I do not prefer it.**

1. **Do you prefer the theater?**

2. **Are you (pl) waiting for him?**

3. **Do you see something on the floor?**

4. **Is someone home?**

5. **Do they always arrive late?**

6. **Where does the maid put the cups?**

7. **What floor does Mr. Martínez live on?**

8. **Are these exercises difficult?**

9. **What time do you get up?**

10. **What rows do Mr. and Mrs. Martínez prefer?**

1. No, no lo prefiero.

2. Sí, le estamos esperando.

3. No, no veo nada en el suelo.

4. No, no hay nadie en casa.

5. No, casi nunca llegan tarde.

6. Las pone en la mesa.

7. Vive en el décimo piso.

8. Sí, son más difíciles que los otros.

9. Me levanto a las siete en punto.

10. Prefieren la fila catorce o quince.

PARTE 3

DIÁLOGO

Practique el inglés en voz alta.

At a Department Store

We are in the bedding department of a department store.

Estamos en la sección de ropa de cama de un gran almacén.

Customer: How much does this blue and white quilt cost?

Cliente: ¿Cuánto cuesta este edredón azul y blanco?

Salesman: $150 (one hundred fifty dollars)

Dependiente: 150 dólares.

Customer: So much? It seems like too much. I'll give you $100.

Cliente: ¿Tanto? Parece demasiado. Le puedo dar 100 dólares.

Salesman: But ma'am, the quilt is on sale. We normally sell it for $200. At $150 it is a bargain. It's handmade too.

Dependiente: Pero señora, el edredón está de rebajas. Normalmente lo vendemos a 200 dólares. A $150 es una ganga. Está hecho a mano también.

Customer: It's still too much. I'll give you $100, and that's my final offer.

Salesman: I'm afraid you don't understand, ma'am. Our prices are not negotiable. This is a department store, not a flea market.

Customer: Oh, I see. So $150 is your lowest price?

Salesman: Exactly. But remember, we normally sell these quilts for $200.

Customer: It is very pretty. I'll take it then.

Salesman: Fine. That will be $162.

Customer: What? But the quilt is on sale, right?

Salesman: Yes ma'am. But that does not include the sales tax.

Customer: Oh yes, of course.

She gives the salesman one hundred sixty-two dollars and then thanks him. She is satisfied with her bargain but not with the price!

Cliente: Todavía es demasiado. Le daré $100, y eso es mi oferta final.

Dependiente: Me temo que no comprenda, señora. No se puede negociar nuestros precios. Este es un gran almacén, no un mercado.

Cliente: Oh, comprendo. ¿Así que $150 es su precio más bajo?

Dependiente: Exactamente. Pero recuerde Ud., normalmente vendemos estos edredones a $200.

Cliente: Es muy bonito. Me lo llevo entonces.

Dependiente: Bien. Son $162.

Cliente: ¿Cómo? Pero el edredón está rebajado, ¿verdad?

Dependiente: Sí, señora. Pero eso no incluye el impuesto sobre la venta.

Cliente: Ah, sí, claro.

Le da al dependiente ciento sesenta y dos dólares y entonces le da las gracias. Está satisfecha con su ganga ¡pero no con el precio!

Ejercicio No. 97—LECTURA

A Visit to the Park

It's Saturday. Mr. Martínez gets up at eight, and he looks out the window. The sky is blue. The sun is shining. He says to his wife, "Why don't we go to the park today. It's been a long time since our last visit, and it's such a nice day." "That's a good idea," says Mrs. Martínez.

At nine o'clock they get into (suben) the car, and one hour later they arrive at the park. They get out (bajan) of their car and enter the park. While they are walking through the park, Mr. Martínez sees a group of young people sitting under a tree, and they are speaking English quickly.

Mr. Martínez approaches the group and starts to speak with one of the boys in English.

"Hello. Are you from the States (los Estados Unidos)?"

"Yes, sir. We are from California. We are students and are spending the summer here. We are studying Spanish. Are you also from the States?"

Mr. Martínez laughs. "Oh no! I am Mexican, but I am studying English. I like the language a lot, but I'm afraid my accent is not very good."

"Not at all," says the boy. "You speak very clearly. Well, good luck with your English." The boy then goes back to his friends and they continue talking.

"What a nice boy!" Mr. Martínez says to his wife. And then he translates (traduce) the sentence for her since she doesn't understand English: "¡Qué muchacho más simpatico!"

What Rainy Weather!

¡Qué tiempo tan lluvioso!

1. **It is raining hard. The maid opens the door of the Martínez's house. Miss Johnson is at the door.**

2. **The maid says, "Good evening, Miss Johnson. What rainy weather! Come in, come in. You are soaking wet. Give me your raincoat. You can put the umbrella here in the umbrella stand."**

3. **"Thank you. Now I feel much better. It's pouring, but it's not so cold. Is Mr. Martínez home?"**

4. **"Yes, he's here. He's waiting for you in the living room. Oh, here he is now."**

5. **"Good evening, Miss Johnson. I'm happy to see you. I didn't think you would show up with weather like this. Come in. You can have a cup of tea to warm yourself up a bit."**

6. **"Thank you, Mr. Martínez. I am getting over a cold, so that sounds like a good idea. While we have tea we can talk about the weather and go over some weather expressions. Weather is a common topic of conversation, and right now it is very appropriate."**

1. Está lloviendo mucho. La criada abre la puerta de la casa de los Martínez. La Srta. Johnson está en la puerta.

2. La criada dice—Buenas noches, Srta. Johnson. ¡Qué tiempo tan lluvioso! Pase, pase. Está empapada. Deme su impermeable. Puede poner el paraguas aquí en el paragüero.

3. —Gracias. Ahora me siento mucho mejor. Está lloviendo a cántaros, pero no hace tanto frío. ¿Está el Sr. Martínez en casa?

4. —Sí, está. Le está esperando en la sala. Oh, aquí está.

5. —Buenas noches, Srta. Johnson. Me alegro de verle. No pensaba que vendría con este tiempo. Pase. Puede tomar una taza de té para calentarse un poco.

6. —Gracias, Sr. Martínez. Me estoy recuperando de un resfriado, así que me parece una buena idea. Y mientras tomamos el té, podemos hablar del tiempo y repasar algunas expresiones del tiempo. El tiempo es un tema de conversación común, y en este momento está muy apropiado.

7. **They go into the dining room, chatting in animated voices. They sit down, and the maid brings them a tray with two cups and saucers, a teapot with hot tea, a sugar bowl and some teaspoons. Then she leaves the room.**

8. **"Let me serve you, Miss Johnson," says Mr. Martínez. He serves her a cup of tea.**

9. **While they are having the tea, they begin to chat about the weather.**

10. **Outside it continues raining.**

7. Pasan al comedor, charlando en voces animadas. Se sientan, y la criada les trae una bandeja (charola) con dos tazas y platillos, una tetera con té caliente, un azucarero y unas cucharitas. Entonces sale del comedor.

8. —Permítame servirle, Srta. Johnson—dice el Sr. Martínez. Le sirve una taza de té.

9. Mientras toman el té, empiezan a charlar sobre el tiempo.

10. Fuera sigue lloviendo.

Pronunciación y Ortografía

rain	(réin)	**umbrella**	(ŭmbrélæ)
weather	(uéDœr)	**voice**	(vóis)
bottle	(bótœl)	**soaking**	(sóuking)

Vocabulario

A. Expresiones del tiempo

What is the weather?

¿Qué tiempo hace?

1. **It's nice (out).***

Hace buen tiempo.

2. **It's sunny.**

Hace sol.

3. **It's cold.**

Hace frío.

4. **It's cloudy.**

Está nublado.

5. **It's windy.**

Hace viento.

6. **It's hot and humid.**

Hace calor y es húmedo.

7. **It's snowing.**

Está nevando.

8. **It's raining.**

Está lloviendo.

9. **It's chilly/cool.**

Hace fresco.

*En el inglés coloquial es común usar la palabra **out** después de las expresiones del tiempo. **Out** se refiere a **outside** (fuera).
NOTA: En inglés se usa el verbo **to be—it is (it's)**—para expresar el tiempo. Del mismo modo, en inglés se dice **I am cold** (Tengo frío) y no "**I have cold.**"

10. **It's foggy.**	Es brumoso.
11. **I am cold.**	Tengo frío.
12. **I am warm/hot.**	Tengo calor/mucho calor.

B. Ropa para el tiempo inclemente

1. **boots**	1. las botas
2. **gloves**	2. los guantes
3. **overcoat**	3. el abrigo
4. **parka**	4. el anorak
5. **raincoat**	5. el impermeable
6. **rubbers**	6. los chanclos
7. **sweater**	7. el suéter
8. **umbrella**	8. el paraguas

Expresiones Importantes

1. **Come in.**	1. Pase.
2. **I'm getting over a cold.**	2. Me estoy recuperando de un resfriado.
3. **Let me serve you.**	3. Permítame servirle.
4. **It's not cold.**	4. No hace frío.
5. **It's pouring (out).**	5. Está lloviendo a cántaros.
6. **It's raining hard.**	6. Está lloviendo mucho.
7. **to be soaking wet**	7. estar empapado
8. **What rainy weather!**	8. ¡Qué tiempo tan lluvioso!

Ejercicio No. 98—COMPLETAR EL TEXTO

1. **The maid says,** (qué tiempo tan lluvioso)!

2. (Pase, pase.)

3. **You are** (empapada).

4. **Give me** (su impermeable).

5. (Me siento) **much better.**

6. (Está lloviendo a cántaros), **but it's not so cold.**

7. (Le espera a Ud.) **in the living room.**

8. **Have a cup of tea to** (calentarse un poco).

9. (Permítame) **serve you, Miss Johnson.**

10. **Mr. Martínez and Miss Johnson** (pasan al comedor).

11. **They begin to chat** (sobre el tiempo).

12. **Outside,** (sigue lloviendo).

PUNTOS GRAMATICALES

1. Los pronombres del complemento indirecto

Los pronombres del complemento indirecto son los mismos que los pronombres del complemento directo (capítulo 15): **me, you, him, her, it, us, you** y **them.** El pronombre del complemento indirecto contesta las preguntas ¿A quién? **(To whom?)** y ¿Para quién? **(For whom?).**

        c.i. c.d.
The maid brings *them a tray.*   La criada les trae una bandeja.

        c.d. c.i.
The maid brings *a tray to them.*

      c.i. c.d.
He gives *him the cup of tea.*   Le da la taza de té.

      c.d. c.i.
He gives *the cup of tea to him.*

Con algunos verbos se usa **for** con el complemento indirecto. Con estos verbos el complemento indirecto sigue el complemento directo, y no se puede omitir la palabra **for.**

      c.d. c.i.
The maid opens *the door for us.*   La criada nos abre la puerta.

2. Locuciones verbales no separables

a. El término *locución verbal* se refiere a un verbo y una preposición que juntos tienen un significado especial. Las locuciones verbales son muy comunes en el inglés hablado. La locución verbal puede ser "separable" o "no separable." Con las locuciones verbales "no separables," si hay un nombre o pronombre en el predicado tiene que seguir la preposición.

to show up = venir, presentarse
I didn't think you would show up.   No pensaba que vendría.

to get over = recuperarse de
I am getting over a cold.   Me estoy recuperando de un resfriado.

to go over = repasar
They go over the weather expressions.   Repasan las expresiones del tiempo.

b. Más locuciones verbales no separables:

to drop by = visitar (informal)
A friend dropped by this afternoon. Un amigo me visitó esta tarde.

to look after = cuidar
My wife looks after our children. Mi esposa cuida a nuestros hijos.

to call on = llamar a uno para hablar en clase
The teacher always calls on me. La profesora siempre me llama para hablar en clase.

Ejercicio No. 99

Traduzca las siguientes frases al inglés, usando correctamente el pronombre del complemento indirecto. Dé todas las respuestas posibles.

Ejemplo: 1. **I give him the money.**
I give the money to him.

1. Le doy el dinero (a Pedro).

2. Le compro el libro (a Roberto).

3. Juan me escribe una carta.

4. La criada les trae el té (a los dos señores).

5. El Sr. Martínez le abre la puerta (a su esposa).

6. Le traduzco la carta (a mi hermano).

7. La profesora me contesta la pregunta.

8. ¿Me puede dar las llaves, Sr. Martínez?

Ejercicio No. 100

Usando las locuciones verbales abajo, complete las siguientes frases. Tenga cuidado al usar la forma correcta del verbo. (Puede usarlas más de una vez.)

to show up	**to call on**	**to look after**
to get over	**to go over**	**to drop by**

1. **Sometimes Mary _____ without calling.**

2. **When my brother _____ we can leave.**

3. **The teacher always _____ me when I don't know the answer!**

4. **My mother is _____ a bad cold.**

5. **Who will _____ your dog when you are in New York?**

6. **I always _____ my notes before an exam.**

7. **Please _____ this afternoon if you have the time.**

8. **I can _____ your house while you are on vacation.**

Ejercicio No. 101—PREGUNTAS

1. **Is it nice out?**

2. **Who opens the door?**

3. **Who is soaking wet?**

4. **Where does she put the umbrella?**

5. **Did Mr. Martínez think Miss Johnson would show up?**

6. **Does Miss Johnson have a cold?**

7. **Where do they sit down?**

8. **What does the maid bring them?**

9. **Who serves Miss Johnson the tea?**

10. **What are they talking about?**

The Climate of the United States (Part 1)

El clima de los Estados Unidos (Parte 1)

1. **Mr. Martínez and his teacher are still seated in the dining room. They are talking and drinking tea. It is still raining outside.**

2. **Mr. Martínez says, "Someone explained to me that the climates in the United States and in Mexico are different. Is that true?"**

3. **"Well, I suppose so. However, the United States is such a large country that you are going to find many differences from region to region. It really depends on where you live."**

4. **"My friend was in New York last January and mentioned that it was very cold."**

5. **"Yes, he is right. In winter it is cold, especially in the northern states. But in the United States there are four seasons, so there is weather for everyone."**

6. **"Which season do you prefer?"**

1. El Sr. Martínez y su profesora todavía están sentados en el comedor. Están hablando y tomando el té. Todavía está lloviendo fuera.

2. El Sr. Martínez dice—Alguien me explicó que el clima de los Estados Unidos y de México son diferentes. ¿Es verdad?

3. —Pues, supongo que sí. Sin embargo, los Estados Unidos es un país tan grande que va a encontrar muchas diferencias de región a región. Realmente depende de donde viva.

4. —Mi amigo estuvo en Nueva York el enero pasado y mencionó que hacía mucho frío.

5. —Sí, tiene razón. En el invierno hace frío, sobre todo en los estados del norte. Pero en los Estados Unidos hay cuatro estaciones, así que hay tiempo para todos.

6. —¿Qué estación prefiere Ud.?

7. "When I was young I preferred winter, because I lived in New York and loved the snow and the cold weather. But now I prefer the spring, when it begins to be good weather but it is neither too cold nor too hot."

8. "What are the other seasons?"

9. "Well, summer, when it is very hot and sometimes humid. And in autumn it is cool, and the leaves begin to fall off the trees. But remember, Mr. Martínez, I lived in New York, so I am speaking about the weather in the Northeast."

10. "Is it not the same all around the country?"

11. "Hardly! My country is so large that there exist great temperature differences among the states, even during the same season."

12. "That can be tricky if you are planning a trip!"

13. "No, it's really not complicated. Summer is the warmest season everywhere, and winter is the coldest season. But summer in Maine, Florida, and California can be quite different."

14. "Now I am confused. I understand that there are four seasons. But then you explained that these four seasons can be different from state to state?"

15. "It seems confusing, but it's not if you keep geography in mind. It's late already. We can continue this conversation next time."

7. —Cuando era joven prefería el invierno, porque vivía en Nueva York y me encantaban la nieve y el tiempo frío. Pero ahora prefiero la primavera, cuando comienza a hacer buen tiempo pero no hace ni demasiado frío ni demasiado calor.

8. —¿Cuáles son las otras estaciones?

9. —Pues, el verano, cuando hace mucho calor y es húmedo de vez en cuando. Y en el otoño hace fresco, y las hojas comienzan a caerse de los árboles. Pero recuerde, Sr. Martínez, yo vivía en Nueva York, así que hablo del tiempo del nordeste.

10. —¿No es el mismo por todo el país?

11. —¡Qué va! Mi país es tan grande que existen grandes diferencias de temperatura entre los estados, incluso durante la misma estación.

12. —¡Eso puede ser complicado si está planeando un viaje!

13. —No, realmente no es complicado. El verano es la estación más caliente por todas partes, y el invierno es la estación más fría. Pero el verano en Maine, Florida y California puede ser bastante diferente.

14. —Ahora estoy confundido. Comprendo que hay cuatro estaciones. Pero luego explicó que esas estaciones pueden ser distintas de estado en estado.

15. —Parece complicado pero no lo es si también tiene en cuenta la geografía. Es tarde ya. Podemos continuar esta conversación la próxima vez.

Pronunciación y Ortografía

season	(síŝn)		**autumn**	(ótŭm)
region	(ríYun)		**climate**	(cláimet)
preferred	(prefœrd)		**lived**	(livd)

Vocabulario

1. Las cuatro estaciones (**The four seasons**)

spring	la primavera		**autumn***	el otoño
summer	el verano		**winter**	el invierno

*Se dice también **fall** para **autumn**.

2. Palabras relacionadas

1. **different**	diferente		**difference**	la diferencia
2. **confused**	confundido		**confusion**	la confusión
3. **prefer**	preferir		**preference**	la preferencia
4. **complicated**	complicado		**complication**	la complicación

Expresiones Importantes

1. **Hardly!**	¡Qué va!
2. **I suppose so.**	Supongo que sí.
3. **Is that true?**	¿Es verdad?
4. **It depends on . . .**	Depende de . . .
5. **Than can be tricky.**	Eso puede ser complicado.
6. **to be confused**	estar confundido
7. **to keep in mind**	tener en cuenta

Ejercicio No. 102—COMPLETAR EL TEXTO

1. (Está lloviendo) **outside.**

2. (Ud. va a encontrar) **many differences from region to region.**

3. (Depende de) **where you live.**

4. **In winter** (hace frío).

5. **I prefer** (la primavera).

6. (Qué estación) **do you prefer?**

7. **In summer** (es húmedo de vez en cuando).

8. **Summer is** (la estación más caliente).

9. **Now** (estoy confundido).

10. **That can be** (complicado) **if you are planning a trip.**

11. (Las cuatro estaciones) **can be different from state to state.**

12. **It's late** (ya).

PUNTOS GRAMATICALES

1. El tiempo pretérito **(The past tense)**

Para formar el tiempo pretérito con verbos regulares, se añade **-ed** a la forma simple del verbo. El pretérito del verbo es el mismo para todos los sujetos. A diferencia del español, la distinción entre el pretérito imperfecto (caminaba) y el pretérito indefinido (caminé) no existe en inglés.

I		Caminé/caminaba
you	**walked to the park.**	Caminaste/caminabas
he		Caminó/caminaba al parque.
she		Caminó/caminaba
it		Caminó/caminaba
we		Caminamos/caminábamos
you (pl)		Caminasteis/caminabais
they		Caminaron/caminaban

2. Reglas de ortografía

a. Cuando la forma simple del verbo termina en una consonante + *y*, cambiamos la *-y* a *-i* y luego añadimos *-ed*.

I study the lesson.	**I studied the lesson.**	Estudié la lección.
I carry the bag.	**I carried the bag.**	Llevé la bolsa.

b. Cuando el verbo termina en una vocal + *y*, no cambiamos la *-y*.

I stay at home.	**I stayed at home.**	Me quedé en casa.
They play a lot.	**They played a lot.**	Jugaron mucho.

c. Cuando el verbo termina en *-e*, sólo se añade la *-d*.

I decide to leave.	**I decided to leave.**	Decidí irme.

d. Cuando el verbo termina en una vocal + una consonante y el acento prosódico cae en la última sílaba, doblamos la consonante antes de añadir *-ed*.

They stop the car.	**They stopped the car.**	Pararon el carro.

NOTA: No se dobla la consonante en algunos verbos de dos sílabas: **opened, visited, listened, answered.**

3. El pretérito del verbo **to be**

Aunque el tiempo pretérito en inglés parezca fácil, hay muchas formas irregulares que hay que memorizar, como el verbo **to be**. El verbo **to be** tiene dos formas en el pasado: **was** y **were**.

I was here.	Yo estaba/estuve aquí.
He was here.	Él/Ella estaba/estuvo aquí.
She was here.	
It was here.	
We were here.	Nosotros/as estábamos/estuvimos aquí.
You were here.	Tu estabas/estuviste aquí.
You (pl) were here.	Vosotros/as estabais/estuvisteis aquí.
	Uds. estaban/estuvieron aquí.
They were here.	Ellos/Ellas estaban/estuvieron aquí.

Ejercicio No. 103

Cambie las siguientes frases al tiempo pretérito. Todos los verbos son verbos regulares, con la excepción de **to be**.

Ejemplo: 1. **The boy walked to school.**

1. **The boy walks to school.**

2. **She counts the money.**

3. **They are on time.**

4. **It rains a lot.**

5. **My teacher helps me.**

6. **I study too much.**

7. **The maid opens the door.**

8. **I prefer winter.**

9. **The woman drops her bag.**

10. **I smile (sonrío) at the child.**

Ejercicio No. 104

Complete las frases usando el tiempo pretérito de los verbos en la lista abajo.

learn	wait	listen	stay	answer
be	visit	play	live	explain

1. **The children _____ in the park on Saturday.**

2. **He _____ that the climates are different.**

3. **Yesterday I _____ thirty minutes for the bus.**

4. **The students _____ carefully to the explanation.**

5. **Last week our class _____ the zoo.**

6. **She _____ the question correctly.**

7. **Because he studied hard, he _____ a great deal.**

8. **I _____ not happy with the results (los resultados).**

9. **My friends _____ at home last night. They were tired.**

10. **I _____ in California for five years.**

Ejercicio No. 105

Complete las siguientes frases con la forma correcta del verbo **to be: was** o **were.**

1. **My friend _____ in New York.**

2. **It _____ cold and windy yesterday.**

3. **Mr. Martínez _____ confused.**

4. **They _____ too tired to continue.**

5. **We _____ excited about the trip.**

6. **Yesterday I _____ at home.**

7. **The class _____ interesting.**

8. **You _____ sad because she did not call.**

Ejercicio No. 106—PREGUNTAS

1. **What are the two men talking about?**

2. **Are the climates in the United States and Mexico the same?**

3. **How many seasons are there in the United States?**

4. **Was it cold in New York in January?**

5. **Which season did Miss Johnson prefer?**

6. **Which season does she prefer now?**

7. **Why does she prefer spring?**

8. **What is the weather in summer?**

9. **Is the weather the same all around the country?**

10. **Which is the warmest season?**

11. **Which is the coldest season?**

12. **Was Mr. Martínez confused by the explanation?**

The Climate of the United States (Part 2)

El clima de los Estados Unidos (Parte 2)

1. **This evening we are going to continue talking about the climate in the United States.**

2. **Last week we learned that there are four seasons which can be somewhat different from region to region.**

3. **Yes, that is what I did not understand completely.**

4. **The United States is such a big country that you are going to find that in the different states the summer is not so hot nor is the winter so cold. Let's review what we talked about a few days ago. What are the four seasons?**

5. **Winter, spring, summer, and autumn.**

6. **Good. Now, where do you believe it is the coldest in winter?**

7. **Well, I know that it often snows in the northern states in winter.**

1. Esta noche vamos a seguir hablando del clima de los Estados Unidos.

2. La semana pasada aprendimos que hay cuatro estaciones que pueden ser algo diferentes de región a región.

3. Sí, eso es lo que no entendí completamente.

4. Los Estados Unidos es un país tan grande que Ud. se dará cuenta de que en los distintos estados el verano no es tan caluroso ni el invierno tan frío. Vamos a repasar lo que discutimos hace pocos días. ¿Cuáles son las cuatro estaciones?

5. El invierno, la primavera, el verano y el otoño.

6. Bien. Ahora, ¿dónde cree Ud. que hace más frío en el invierno?

7. Pues, sé que en el invierno nieva frecuentemente en los estados del norte.

8. **Exactly! And does it snow in the southern states in winter?**

9. **Not usually. Winter is mild in the southern states like Florida or Texas.**

10. **You understood[1] our lesson after all. There are different climates present in different states during the same season. But as a general rule, it is hotter in the summer and colder in the winter.**

11. **Is it very hot in New York in the summer?**

12. **Yes, it can be very hot, and sometimes it is very humid. Last summer there was a heat wave, so it was hotter than usual.**

13. **But it must be even hotter and more humid if you go south, for example, to Washington, D.C., or to Florida, right?**

14. **Exactly! Naturally, the southern coastal states are the hottest and the most humid.**

15. **I did not intend to go to New York in the spring, but from what you explained, I think I prefer to travel then, since I don't like snow nor do I like the heat and humidity.**

16. **If you didn't make your plans yet, that sounds like a good idea. I hope everything is clear now.**

17. **Yes, it is, thank you. It was not so complicated after all.**

8. ¡Exactamente! ¿Y nieva en los estados del sur en el invierno?

9. Normalmente no. El invierno es benigno en los estados del sur, como Florida o Tejas.

10. Ud. entendió nuestra última lección al fin y al cabo. Existen climas diferentes entre los estados diferentes durante la misma estación. Pero por regla general, hace más calor en el verano y más frío en el invierno.

11. ¿Hace mucho calor en Nueva York en el verano?

12. Sí, puede hacer mucho calor, y a veces es muy húmedo. Hubo una ola de calor el verano pasado así que hacía más calor de lo normal.

13. Pero debe hacer más calor y ser más húmedo si viaja por ejemplo hacia el sur a Washington, D.C., o a Florida, ¿verdad?

14. ¡Exactamente! Naturalmente los estados costeros del sur son los más calientes y húmedos.

15. No tenía la intención de ir a Nueva York en la primavera, pero de lo que explicó, creo que prefiero viajar entonces, como no me gusta la nieve ni tampoco el calor o la humedad.

16. Si no hizo sus planes todavía, eso parece una buena idea. Espero que todo esté claro ahora.

17. Sí, lo es, gracias. Al fin y al cabo no fue tan complicado.

---

1. El verbo **understand** tiene la forma irregular en el pretérito **understood**. (Véase el capítulo 22.)

Pronunciación y Ortografía

review	(reviú)	**few**	(fiú)
believe	(bilív)	**ago**	(agó)
wave	(ueív)	**heat**	(jít)
humid	(jiúmid)	**rule**	(rul)

Vocabulario

Antónimos:

1.	**mild**	benigno	4.	**southern**	del sur
	severe	severo		**northern**	del norte
2.	**dry**	seco	5.	**often**	frecuentemente
	humid	húmedo		**rarely**	raras veces
3.	**heat wave**	la ola de calor	6.	**complicated**	complicado
	cold wave	la ola de frío		**simple**	sencillo

Expresiones Importantes

1.	**a few days ago**	hace pocos días
2.	**a heat wave**	una ola de calor
3.	**after all**	al fin y al cabo
4.	**I hope everything is clear.**	Espero que todo esté claro.
5.	**It sounds like a good idea.**	Parece una buena idea.
6.	**last summer**	el verano pasado
7.	**last week**	la semana pasada
8.	**somewhat**	algo
9.	**as a general rule**	por regla general
10.	**this evening**	esta noche

Ejercicio No. 107—COMPLETAR EL TEXTO

1. (Esta noche) **we are going to talk about climate.**

2. (La semana pasada) **we learned there are four seasons.**

3. **The seasons can be** (algo) **different from region to region.**

4. **Let's review what we talked about** (hace pocos días)**.**

5. (Nieva frecuentemente) **in the northern states.**

6. (El invierno es benigno) **in the southern states.**

7. (Ud. entendió) **our last lesson.**

8. **Sometimes** (es muy húmedo)**.**

9. **The southern coastal states** (son los más calientes)**.**

10. (No tenía la intención) **to go to New York in the spring.**

11. (Eso parece) **a good idea.**

12. **It was not so complicated** (al fin y al cabo)**.**

PUNTOS GRAMATICALES

---

1. El tiempo pretérito: el negativo

Se forma el negativo del pretérito según la siguiente fórmula:

I
you
he
she   +   **did not***   +   verbo (forma sencilla)
it
we
they

*La contracción de **did not** es **didn't.**

a. **I did not (didn't) intend to go to New York.**
No tenía la intención de ir a Nueva York.

b. **He did not (didn't) make his plans.**
Él no hizo sus planes.

c. **The children did not (didn't) study last night.**
Los niños no estudiaron anoche.

2. El tiempo pretérito: preguntas con **yes** y **no**

Estudie la forma de las preguntas y respuestas con el pretérito. Tenga cuidado con las *frases negativas;* la forma larga en estos casos usa siempre **didn't** + la forma simple del verbo, y no la forma *-ed* del verbo. Hay dos respuestas posibles: la respuesta larga y la respuesta corta, que es más común en el inglés hablado. (El único verbo que excluye esta fórmula es el verbo **to be**—ejemplo d.)

a. ***Did** Mr. Martínez **understand** everything?*	**Yes, he did. (He understood everything.)** **No, he didn't. (He didn't understand everything.)**
b. ***Did** you **intend** to go to Mexico?*	**Yes, I did. (I intended to go.)** **No, I didn't. (I didn't intend to go.)**
c. ***Did** they **live** in Mexico last year?*	**Yes, they did. (They lived in Mexico last year.)** **No, they didn't. (They didn't live in Mexico last year.)**
d. ***Were** you home last night?*	**Yes, I was. (I was home last night.)** **No, I wasn't. (I wasn't home last night.)**

3. Palabras que exigen el uso del tiempo pretérito

Las siguientes palabras indican un pasado y exigen el uso del pretérito:

YESTERDAY	LAST	AGO
yesterday morning (ayer por la mañana)	**last night** (anoche)	**five minutes ago** (hace cinco minutos)
yesterday afternoon (ayer por la tarde)	**last week** (la semana pasada)	**three days ago** (hace tres días)
yesterday evening (ayer por la tarde)	**last spring** (la primavera pasada)	**two years ago** (hace dos años)
	last Monday (el lunes pasado)	**etc.**
	etc.	

Ejercicio No. 108

Cambie las frases al tiempo pretérito, añadiendo la palabra indicada al final de cada frase.

Ejemplo: 1. **He understood the lesson yesterday.**

1. **He understands the lesson. (yesterday)**

2. **He is confused. (an hour ago)**

3. **They don't talk about the weather. (last Tuesday)**

4. **It is very hot in New York. (last summer)**

5. The teacher explains the subject carefully. (yesterday afternoon)

6. Mr. Martínez doesn't go to the party. (yesterday)

7. The students don't listen in class. (last week)

8. We are tired. (last weekend)

9. The girls visit California. (two years ago)

10. I don't believe you. (last night)

Ejercicio No. 109

Use la respuesta corta para contestar las preguntas según la indicación **yes** o **no**.

Ejemplo: 1. **Yes, I did.**

1. **Did you learn a lot yesterday? (yes)**

2. **Did it rain last week? (yes)**

3. **Was the weather nice in California? (yes)**

4. **Did Mr. Martínez learn the future tense** (el tiempo futuro)**? (no)**

5. **Did they talk about the climate of the United States? (yes)**

6. **Was Mr. Martínez confused at the end of class? (no)**

7. **Did Mrs. Martínez learn about the climate too? (no)**

8. **Did you visit your sister last spring? (yes)**

9. **Did Mr. Martínez buy his airplane ticket? (no)**

10. **Were you satisfied with your program? (yes)**

Ejercicio No. 110

Traduzca al inglés.

1. El Sr. Martínez y su profesora hablaron del clima.

2. El Sr. Martínez no estudió su lección la semana pasada.

3. La primavera pasada aprendimos mucho.

4. Mi madre me llamó hace diez minutos.

5. La muchacha terminó el libro hace dos días.

6. Ayer celebramos mi cumpleaños **(birthday).**

7. La criada no abrió la puerta.

8. Anoche no llovió.

Ejercicio No. 111—PREGUNTAS

1. **What are the four seasons in the United States?**

2. **Are the four seasons different from region to region?**

3. **Did Mr. Martínez completely understand the explanation?**

4. **Which states are the coldest in the winter?**

5. **Does it always snow in the northern states in winter?**

6. **Does it snow in the southern states?**

7. **What is the weather in Florida in winter?**

8. **What is the weather in New York in the summer?**

9. **Did Mr. Martínez intend to go to New York in the spring?**

10. **Does he like the heat and humidity?**

As American as Apple Pie

Tan americano como el pastel de manzana

1. I thought that tonight we would talk about food. Everyone knows the importance of food. And it is also important to know what food to expect when you go abroad.

2. I love to try new foods! But someone told me that there really are no typical foods in the United States, except for the hamburger.

3. I don't know who told you that! We have many foods which are considered typically American. For example, we love to have barbecues in the nice weather.

4. What food is served at an American barbecue?

5. Well, at the traditional barbecue there are hamburgers and hot dogs, although nowadays there is steak, chicken, and fish. There is also corn, potato salad, and cole slaw. And let's not forget the beer and other drinks.

1. Pensé que esta noche hablaríamos de la comida (los alimentos). Todo el mundo sabe la importancia de la comida. Y también es importante saber qué comida esperar cuando vaya al extranjero.

2. ¡Me encanta probar comida nueva! Pero alguien me dijo que realmente no hay comida típica de los Estados Unidos, salvo la hamburguesa.

3. ¡No sé quién le dijo eso! Tenemos mucha comida que se considera típica de los americanos. Por ejemplo, nos encanta hacer barbacoas cuando hace buen tiempo.

4. ¿Qué comida se sirve en una barbacoa americana?

5. Pues, en la barbacoa tradicional hay hamburguesas y perritos calientes, aunque hoy en día hay bistec, pollo y pescado. Hay también mazorca (elote), ensalada de patata (papa) y ensalada de col. Y no nos olvidemos de la cerveza y las otras bebidas.

6. **How many people go to a barbecue?**

7. **Barbecues can be for only a few people, or as many as you want.**

8. **That must be fun. But what do people eat during the winter or if it's not nice weather?**

9. **Well, for breakfast, cereal with milk is popular. Some people enjoy a heavier breakfast with eggs, bacon, and toast. Lunch is generally a light meal, like a sandwich, and dinner is the main meal. In the United States a lot of chicken is eaten, as well as all types of meat and fish.**

10. **And what about eating out?**

11. **Eating out is very common, especially in the large cities like New York where everyone is always in a hurry. There are many restaurants that offer take-out food, so you can eat at home.**

12. **And if you are still hungry, are there many kinds of desserts?**

13. **Yes, but apple pie is the most traditional and typical dessert. In fact, because of its popularity we have the expression: As American as apple pie.**

14. **I won't forget that. Nor will I forget to try all the wonderful foods you taught me.**

6. ¿Cuánta gente va a una barbacoa?

7. Las barbacoas pueden ser para sólo unas cuantas personas o las que quiera.

8. Eso debe de ser divertido. ¿Pero qué come la gente durante el invierno o si no hace buen tiempo?

9. Pues, en el desayuno es popular comer cereales con leche. A alguna gente le gusta un desayuno más pesado con huevos, tocino y tostadas. La comida (el almuerzo) es generalmente una comida ligera, como un sandwich, y la cena es la comida principal. En los Estados Unidos se come mucho pollo así como todo tipo de carne y pescado.

10. ¿Y qué me dice de comer fuera?

11. El comer fuera es muy común, sobre todo en las grandes ciudades como Nueva York donde todo el mundo siempre tiene prisa. Hay muchos restaurantes que ofrecen comida para llevar, para que pueda comer en casa.

12. Y si todavía tiene hambre, ¿hay muchas clases de postres?

13. Sí, pero el pastel de manzana es el postre más tradicional y típico. De hecho, a causa de su popularidad tenemos la expresión: Tan americano como el pastel de manzana.

14. No lo voy a olvidar. Tampoco voy a olvidar probar toda la maravillosa comida que me enseñó.

Pronunciación y Ortografía

abroad	(æbród)	**steak**	(stéík)
barbecue	(bárbekiu)	**thought**	(zot)
pie	(pái)		

Vocabulario

A. FRUIT	LA FRUTA
1. **apple**	1. la manzana
2. **banana**	2. el plátano
3. **cherry**	3. la cereza
4. **grape**	4. la uva
5. **lemon**	5. el limón
6. **lime**	6. la lima
7. **orange**	7. la naranja
8. **peach**	8. el melocotón
9. **pear**	9. la pera
10. **pineapple**	10. la piña
11. **strawberry**	11. la fresa
12. **tomato**	12. el tomate

B. MEAT AND FISH	CARNE Y PESCADO
1. **bacon**	1. el tocino
2. **chicken**	2. el pollo
3. **duck**	3. el pato
4. **fish**	4. el pescado
5. **ham**	5. el jamón
6. **hamburger**	6. la hamburguesa
7. **hot dog**	7. el perrito caliente
8. **lamb**	8. el cordero
9. **lobster**	9. la langosta
10. **meatball**	10. la albóndiga
11. **pork**	11. la carne de cerdo
12. **shrimp**	12. la gamba (el camarón)

13. **steak**	13. el bistec
14. **turkey**	14. el pavo (el guajolote)
15. **veal**	15. la ternera

C. VEGETABLES	LAS VERDURAS
1. **asparagus**	1. los espárragos
2. **beans**	2. las judías (los frijoles)
3. **broccoli**	3. el brécol
4. **cabbage**	4. la col
5. **cauliflower**	5. la coliflor
6. **coleslaw**	6. la ensalada de col
7. **corn (ear of)**	7. la mazorca (el elote)
8. **cucumber**	8. el pepino
9. **peas**	9. los guisantes (los chícharos)
10. **potato**	10. la patata (papa)
11. **sweet potato**	11. la batata (el camote)
12. **spinach**	12. las espinacas

Expresiones Importantes

1. **As American as apple pie.**	Tan americano como el pastel de manzana.
2. **I won't forget that.**	No lo voy a olvidar.
3. **nowadays**	hoy en día
4. **take-out food**	comida para llevar
5. **to be hungry**	tener hambre
6. **to eat out**	comer fuera

Ejercicio No. 112—COMPLETAR EL TEXTO

1. **It is important to know** (qué comida esperar) **when you go abroad.**

2. (Alguien me dijo) **that there are no typical foods.**

3. **We love to** (hacer barbacoas) **in the nice weather.**

4. **At the traditional barbecue there are** (hamburguesas y perritos calientes).

5. (Hoy en día) **there is steak, chicken, and fish.**

6. **Let's not forget** (la cerveza y otras bebidas).

7. (Cuánta gente) **go to a barbecue?**

8. **For breakfast,** (cereales con leche) **is popular.**

9. **Dinner is** (la comida principal).

10. (El comer fuera) **is very common.**

11. **There are many restaurants that offer** (comida para llevar).

12. (El pastel de manzana) **is the most traditional and typical dessert.**

PUNTOS GRAMATICALES

1. El tiempo pretérito—verbos irregulares

a. Algunos verbos no tienen la forma **-ed** en el pretérito. Las formas irregulares que hemos encontrado hasta ahora son:

		CORRECTO	INCORRECTO
1. **think**	pensar/creer	**thought**	*thinked*
2. **say**	decir	**said**	*sayed*
3. **tell**	decir	**told**	*telled*
4. **teach**	enseñar	**taught**	*teached*
5. **be**	ser/estar	**was/were**	*beed*

b. Más verbos irregulares:

begin	comenzar	**began**
come	venir	**came**
cost	costar	**cost**
do	hacer	**did**
drink	beber	**drank**
eat	comer	**ate**
fight	luchar	**fought**

forget	olvidar	**forgot**
go	ir	**went**
give	dar	**gave**
leave	salir	**left**
make	hacer	**made**
run	correr	**ran**
sit	sentarse	**sat**
sleep	dormir	**slept**
understand	comprender	**understood**
write	escribir	**wrote**

2. Preguntas con **how many** y **how much**

a. Se usa **how many** con nombres "contables."

How many people go to a barbecue?	¿Cuánta gente va a una barbacoa?
How many books do you have?	¿Cuántos libros tiene Ud.?

b. Se usa **how much** con nombres "no contables."

How much money does Peter have?	¿Cuánto dinero tiene Pedro?
How much milk do you take in your coffee?	¿Cuánta leche toma Ud. en su café?

3. El gerundio después de las preposiciones

El gerundio (la forma **-ing** del verbo) y no el infinitivo sigue una preposición.

What *about eating* out?	preposición (**about**) + gerundio (**eating**)
He thanked me *for helping* him.	preposición (**for**) + gerundio (**helping**)

Ejercicio No. 113

Complete las frases en inglés usando la forma correcta del verbo irregular.

1. **I don't know who** (le dijo a Ud.) **that.**

2. (Ayer comimos) **a lot.**

3. **I didn't buy the shirt because** (costó demasiado).

4. (María comprendió) **the explanation.**

5. (El tren salió) **ten minutes late.**

6. (La profesora nos enseñó) **many interesting things last week.**

7. (El muchacho hizo) **his homework (deberes) before dinner.**

8. (Mi amigo me dio) **a present for my birthday.**

9. (Todos mis amigos vinieron) **to my party last night.**

10. (La reunión comenzó) **at nine-thirty sharp.**

Ejercicio No. 114

Traduzca al inglés.

1. ¿Cuántos perros tiene la familia Martínez?

2. ¿Cuántas personas fueron a la barbacoa?

3. Los libros estaban en la mesa.

4. Anoche bebimos demasiado vino.

5. ¿Cuánto tráfico hay en la carretera hoy?

6. Las muchachas comieron pastel de manzana.

7. Susana sólo durmió tres horas anoche.

8. La barbacoa comenzó a las dos de la tarde.

Ejercicio No. 115—PREGUNTAS

1. **What does everyone know?**

2. **What did someone tell Mr. Martínez?**

3. **What do Americans love to do in nice weather?**

4. **What food is traditional at a barbecue?**

5. **Nowadays what else is served at a barbecue?**

6. **What food is popular for breakfast?**

7. **Which is the main meal?**

8. **Why is eating out common in large cities?**

9. **What do many restaurants offer?**

10. **Which dessert is the most traditional and typical?**

PARTE 1

Repaso de Vocabulario

NOMBRES

1. **autumn**	1. el otoño	20. **rain**	20. la lluvia
2. **bacon**	2. el tocino	21. **raincoat**	21. el impermeable
3. **bag**	3. la bolsa	22. **region**	22. la región
4. **barbecue**	4. la barbacoa	23. **rubbers**	23. los chanclos
5. **beer**	5. la cerveza	24. **rule**	24. la regla
6. **bottle**	6. la botella	25. **season**	25. la estación
7. **cereal**	7. los cereales	26. **snow**	26. la nieve
8. **chicken**	8. el pollo	27. **spring**	27. la primavera
9. **climate**	9. el clima	28. **sugar bowl**	28. el azucarero
10. **dessert**	10. el postre	29. **steak**	29. el bistec
11. **drink**	11. la bebida	30. **summer**	30. el verano
12. **food**	12. la comida (los alimentos)	31. **teapot**	31. la tetera
		32. **teaspoon**	32. la cucharita
13. **hamburger**	13. la hamburguesa	33. **toast**	33. la tostada
14. **heat**	14. el calor	34. **tray**	34. la bandeja (la charola)
15. **hot dog**	15. el perrito caliente		
16. **humidity**	16. la humedad	35. **umbrella**	35. el paraguas
17. **milk**	17. la leche	36. **wave**	36. la ola
18. **overcoat**	18. el abrigo	37. **weather**	37. el tiempo
19. **pie**	19. el pastel	38. **winter**	38. el invierno

VERBOS

1. **to bring**	1. llevar, traer	3. **to depend (on)**	3. depender de
2. **to call on**	2. llamar a uno para hablar en clase	4. **to drop by**	4. visitar

5. **to forget**	5. olvidar	13. **to review**	13. repasar
6. **to get over**	6. recuperarse de	14. **to serve**	14. servir
7. **to go over**	7. repasar	15. **to show up**	15. presentarse
8. **to intend (to)**	8. tener la intención de	16. **to snow**	16. nevar
9. **to look after**	9. cuidar de	17. **to suppose**	17. suponer
10. **to offer**	10. ofrecer	18. **to think**	18. pensar
11. **to pour (rain)**	11. llover a cántaros	19. **to try**	19. probar
12. **to rain**	12. llover		

ADJETIVOS

1. **appropriate**	1. apropiado	10. **main**	10. principal
2. **clear**	2. claro	11. **mild**	11. benigno
3. **complicated**	3. complicado	12. **rainy**	12. lluvioso
4. **confused**	4. confundido	13. **same**	13. mismo
5. **cool**	5. fresco	14. **simple**	14. sencillo
6. **dry**	6. seco	15. **soaking wet**	15. empapado
7. **excited**	7. emocionado	16. **traditional**	16. tradicional
8. **humid**	8. húmedo	17. **warm**	17. caliente
9. **light**	9. ligero	18. **wet**	18. mojado

ADVERBIOS

1. **especially**	1. especialmente	6. **outside**	6. fuera, afuera
2. **generally**	2. generalmente	7. **quite**	7. bastante
3. **naturally**	3. naturalmente	8. **really**	8. realmente
4. **nowadays**	4. hoy en día	9. **somewhat**	9. algo
5. **only**	5. sólo		

CONJUNCIONES

1. **nor**	1. ni	2. **since**	2. como

NEGATIVOS

1. **neither . . . nor**	1. ni . . . ni	4. **none**	4. ninguno
2. **no one**	2. nadie	5. **not yet**	5. todavía no
3. **nobody**	3. nadie	6. **nothing**	6. nada

EXPRESIONES IMPORTANTES

1. **a few days ago**	1. hace pocos días	8. **It's nice (out).**	8. Hace buen tiempo.
2. **a heat wave**	2. una ola de calor	9. **It's pouring.**	9. Llueve a cántaros.
3. **Come in.**	3. Pase.	10. **to be hungry**	10. tener hambre
4. **Hardly!**	4. ¡Qué va!	11. **to eat out**	11. comer fuera
5. **I'm confused.**	5. Estoy confundido.	12. **to keep in mind**	12. tener en cuenta
6. **I feel better.**	6. Me siento mejor.		
7. **It's cold (out).**	7. Hace frío.		

PARTE 2

Ejercicio No. 116

Escoja del Grupo II el antónimo para cada palabra del Grupo I.

I	II
1. **remember**	a. **dry**
2. **mild**	b. **clear**
3. **someone**	c. **not yet**
4. **complicated**	d. **sunny**
5. **general**	e. **severe**
6. **cloudy**	f. **forget**
7. **rainy**	g. **something**
8. **wet**	h. **warm**

9. always
10. cool
11. nothing
12. already

i. simple
j. specific
k. never
l. no one

Ejercicio No. 117

Complete las siguientes frases en inglés.

1. **When it snows** (tengo frío).

2. **When it's sunny** (tengo calor).

3. **In the summer** (hace buen tiempo).

4. **In autumn** (hace frío).

5. **In the winter** (nieva mucho).

6. **Sometimes in the spring** (llueve a cántaros).

7. **When it rains** (necesito mi paraguas).

8. **I wear** (un abrigo) **when it's cold.**

9. **When it snows I wear** (botas y guantes).

10. **I like** (todas las estaciones).

Ejercicio No. 118

Escoja las palabras de la columna de la derecha que mejor completen la frase comenzada en la columna de la izquierda.

1. **I am getting over**

2. **I don't know who**

3. **The four seasons can be**

4. **I did not intend to**

5. **Many restaurants offer**

6. **In the summer**

7. **I didn't think**

8. **Eating out is common**

9. **When I was young.**

10. **It's pouring out,**

a. **I preferred winter.**

b. **it is often humid.**

c. **in large cities.**

d. **you would show up.**

e. **but it's not cold.**

f. **told you that.**

g. **a cold.**

h. **different from region to region.**

i. **take-out food.**

j. **go to New York in the spring.**

Ejercicio No. 119

Sustituya el pretérito del verbo entre paréntesis para completar la frase.

1. **Peter** (study) **for two hours last night.**

2. **John and Mary** (come) **to the party.**

3. **The maid** (open) **the door for Miss Johnson.**

4. **We** (go) **to a barbeque yesterday.**

5. **Last night they** (eat) **pizza.**

6. **I** (be) **in a meeting when you called.**

7. **The teacher** (teach) **us many interesting things.**

8. **The children** (do) **all their homework.**

9. **She** (understand) **the explanation.**

10. **Nancy and Tom** (be) **late for class today.**

Ejercicio No. 120

Ponga las siguientes frases en el pretérito usando la palabra entre paréntesis en su nueva frase. Tenga cuidado con las formas irregulares.

Ejemplo: 1. **Did you study a lot yesterday?**

1. **Do you study a lot? (yesterday)**

2. **I live in New York. (last year)**

3. **The Martínez family doesn't eat out. (last night)**

4. **I give the dog a bone** (hueso). **(this morning)**

5. **They don't understand the lesson. (last week)**

6. **The class is interesting. (last night)**

7. **Does it rain a lot? (last week)**

8. **The children are home. (last weekend)**

9. **Mr. Martínez travels by train. (this morning)**

10. **You want to have lunch with a client. (yesterday)**

PARTE 3

DIÁLOGO

Practique el inglés en voz alta.

In a Restaurant

1. **Good evening, sir. Here is the menu.**

2. **Thank you. Are there any specials tonight?**

3. **Yes, sir. Our specialties are grilled sirloin steak and fried chicken. Both come with roasted potatoes. The sirloin steak is especially good tonight.**

4. **Very good. Does the sirloin come with any vegetable?**

5. **Only potatoes. Would you like to order a vegetable or a salad?**

6. **Yes, I want a salad to start, with oil and vinegar, please.**

7. **And to drink?**

8. **A glass of the house red wine.**

9. **Will you be having dessert later on?**

10. **Of course. I would like to try the hot apple pie. I have heard that it is very good here.**

11. **Yes, it's delicious! You have made a good choice.**

12. **After finishing dinner, Mr. Martínez says, "Waiter, the check please."**

13. **Here you are, sir. How was everything?**

14. **Delicious. Thank you very much.**

15. **Thank you, sir.**

1. Buenas noches, señor. Aquí tiene Ud. la carta.

2. Gracias. ¿Hay alguna especialidad esta noche?

3. Sí, señor. Nuestras especialidades son solomillo a la parrilla y pollo frito. Los dos vienen acompañados con patatas asadas. El solomillo está especialmente bueno esta noche.

4. Muy bien. ¿Viene acompañado el solomillo con alguna verdura?

5. Sólo patatas. ¿Le gustaría pedir una verdura o una ensalada?

6. Sí, quiero una ensalada para empezar, con aceite y vinagre, por favor.

7. ¿Y para beber?

8. Una copa de vino tinto de la casa.

9. ¿Va a tomar postre más tarde?

10. Por supuesto. Quisiera probar el pastel de manzana caliente. He oído que está muy bueno aquí.

11. Sí, ¡está muy rico! Ha hecho una buena selección.

12. Después de terminar la cena, el Sr. Martínez dice,—Camarero, la cuenta, por favor.

13. Aquí la tiene, señor. ¿Qué tal estaba todo?

14. Muy rico. Muchas gracias.

15. Gracias a Ud., señor.

Ejercicio No. 121—LECTURA

Peter Does Not Like to Study Arithmetic

One day upon returning (al volver) from school, Peter says to his mother, "I don't like to study arithmetic. It is so hard. Why do we need so many (tantos) exercises and problems nowadays? We have calculators that do everything for us!"

Mrs. Martínez looks at her son and says, "You are wrong, Peter. We use numbers every day for many things. For example, we need numbers for buying things, changing money, calculating distances, and . . . and . . ."

When Mrs. Martínez sees that Peter is not paying attention to her, she stops talking.

"By the way," continues Mrs. Martínez with a smile, "don't you like soccer either?"

"Of course, mom."

"Well, if your team won fifteen games and lost five, do you know what percentage of the games they won?"

On hearing (al oír) this, Peter opens his mouth and exclaims (exclama), "You're right, mom. Numbers, arithmetic, and mathematics are very important. I think I'm going to study much more!"

The People of the United States Are Very Diverse

La gente de los Estados Unidos es muy diversa

1. **Miss Johnson, I would like to ask you a few questions about the people of the United States. Are you ready, or would you like another coffee?**

2. **No, thank you. We can begin.**

3. **First of all, can you tell me what the people are like?[1] Are they more or less alike, or do they differ according to where they live?**

4. **I can tell you that there are very big differences among the people of the United States, not only because of geography but because of their jobs.**

5. **Could you tell me what these differences are?**

6. **Well, in the South, for example, where agriculture is the principal way of earning a living, the people are generally very friendly and are not in a hurry. Southerners also speak with a drawl, which can be difficult for foreigners to understand.**

1. Srta. Johnson, me gustaría hacerle algunas preguntas sobre la gente de los Estados Unidos. ¿Está Ud. lista, o quiere otro café?

2. No, gracias. Podemos comenzar.

3. En primer lugar, ¿me puede decir cómo es la gente? ¿Es más o menos parecida, o es distinta según donde vive?

4. Le puedo decir que hay diferencias muy grandes entre la gente de los Estados Unidos, no sólo por la geografía sino también por sus trabajos.

5. ¿Me podría decir cuáles son estas diferencias?

6. Pues, en el sur, por ejemplo, donde la agricultura es la manera principal de ganarse la vida, generalmente la gente es muy simpática y no tiene prisa. La gente del sur también habla lenta y cansinamente, lo cual puede ser difícil de comprender para los extranjeros.

7. Have you lived in the South?

8. No, I have only lived in the North. The Northeast is probably the most industrial part of the country. New York City, however, is the financial capital of the country. In New York everyone is always in a hurry. You may have heard that New Yorkers are rude and unfriendly, but like all big cities, there are many friendly people too.

9. What can you tell me about California?

10. California is not like either the South or the Northeast. It is the entertainment capital of the country, and many movie stars live there. However, California has agriculture and other industries too. The lifestyle is very relaxed, and the people are very nice.

11. From what you have said, despite many differences the people tend to be friendly.

12. Naturally. You have me as an example!

7. ¿Ha vivido Ud. en el sur?

8. No, sólo he vivido en el norte. El nordeste es probablemente la región más industrial del país. La ciudad de Nueva York, sin embargo, es la capital financiera del país. En Nueva York todo el mundo siempre tiene prisa. Quizás ha oído que los neoyorquinos son mal educados y antipáticos, pero como todas las ciudades grandes hay mucha gente simpática también.

9. ¿Qué me puede decir de California?

10. California no es como el sur ni tampoco como el nordeste. Es la capital del espectáculo del país, y muchas estrellas del cine viven allí. Sin embargo, California también tiene agricultura y otras industrias. El estilo de vida es muy relajado, y la gente es muy simpática.

11. De lo que ha dicho, a pesar de muchas diferencias, la gente suele ser simpática.

12. Naturalmente. ¡Me tiene a mí como ejemplo!

1. A diferencia del español, la palabra *gente* en inglés—**people**—es *plural*.

Pronunciación y Ortografía

relaxed	(reláexd)	friendly	(fréndli)
drawl	(drol)	foreigner	(fórenœr)
hurry	(jœrri)	rude	(rud)

Vocabulario

A. POINTS OF THE COMPASS

north

south

PUNTOS DE LA BRÚJULA

el norte

el sur

east		el este
west		el oeste

B. SINÓNIMOS

agriculture	**farming**	la agricultura
friendly	**nice**	simpático
principal	**main**	principal
talk	**speak**	hablar

Expresiones Importantes

1. **according to**	según
2. **alike**	parecido
3. **Can you tell me . . . ?**	¿Me puede decir . . . ?
4. **despite**	a pesar de
5. **First of all . . .**	En primer lugar . . .
6. **to earn a living**	ganarse la vida
7. **to be in a hurry**	tener prisa
8. **The people tend to be friendly.**	La gente suele ser simpática.
9. **What are the people like?**	¿Cómo es la gente?

Ejercicio No. 122—COMPLETAR EL TEXTO

1. **I would like to ask you (algunas) questions.**

2. **Would you like (otro) coffee?**

3. **(Me puede decir) what the people are like?**

4. **Do they differ (según) where they live?**

5. **(Hay diferencias muy grandes) among the people of the United States.**

6. **(Me podría decir) what these differences are?**

7. **In the South, agriculture is the principal way of (ganarse la vida).**

8. **The people are generally (muy simpática).**

9. (La gente del sur) **speak with a drawl.**

10. (Ha vivido Ud.) **in the South?**

11. **In New York people** (siempre tiene prisa).

12. **You may have heard that New Yorkers are** (mal educados y antipáticos).

13. (Muchas estrellas del cine) **live in California.**

14. **The lifestyle is very** (relajado).

15. (A pesar de muchas diferencias), **the people tend to be friendly.**

PUNTOS GRAMATICALES

1. El presente perfecto

a. El presente perfecto en inglés se forma como el español, con un verbo auxiliar (**"to have"**) más el participio pasado del verbo.

SINGULAR		PLURAL	
I have lived	he vivido	**we have lived**	hemos vivido
you have lived	has vivido	**you have lived**	habéis vivido
he has lived	ha vivido		han vivido
she has lived	ha vivido	**they have lived**	han vivido
it has lived	ha vivido		

b. El participio pasado de verbos regulares es la forma pretérito (**-ed**) del verbo. Sigue una lista de los participios pasados de algunos verbos comunes.

decide	**decided**	**I have/he has decided, etc.**
learn	**learned**	**I have/he has learned, etc.**
live	**lived**	**I have lived . . .**
play	**played**	**I have played . . .**
talk	**talked**	**I have talked . . .**
travel	**traveled**	**I have traveled . . .**
visit	**visited**	**I have visited . . .**
work	**worked**	**I have worked . . .**

2. Participios pasados irregulares

Muchos verbos tienen participios pasados irregulares. Estudie los siguientes verbos comunes y sus participios pasados irregulares.

VERBO	PARTICIPIO PASADO	PRESENTE PERFECTO	
be	**been**	**I have been**	He estado/sido
begin	**begun**	**I have begun**	He comenzado
come	**come**	**I have come**	He venido
do	**done**	**I have done**	He hecho
drink	**drunk**	**I have drunk**	He bebido
eat	**eaten**	**I have eaten**	He comido
forget	**forgotten**	**I have forgotten**	He olvidado
give	**given**	**I have given**	He dado
go	**gone**	**I have gone**	He ido
hear	**heard**	**I have heard**	He oído
say	**said**	**I have said**	He dicho
speak	**spoken**	**I have spoken**	He hablado
write	**written**	**I have written**	He escrito

3. Preguntas con el presente perfecto

En una pregunta el verbo auxiliar (**have/has**) siempre precede el sujeto. Estudie la forma corta de las respuestas.

Have you lived in the South?
Yes, I have.
No, I haven't.

¿Ha vivido en el sur?

Has he learned a lot?
Yes, he has.
No, he hasn't.

¿Ha aprendido mucho?

4. Pidiendo ayuda

Se usan **would you, could you, will you** y **can you** para hacer preguntas de una manera cortés.

Can you explain the lesson to me?*

¿Me puede explicar la lección?

Could you explain the lesson to me?	¿Me podría explicar la lección?
Will you explain the lesson to me?	¿Me explicará la lección?
Would you explain the lesson to me?	¿Me explicaría la lección?

*Can es la forma menos formal de pedir ayuda.

Ejercicio No. 123

Traduzca al español.

1. **I have eaten too much today.**

2. **Mr. Martínez has heard a lot about New Yorkers.**

3. **Miss Johnson has never lived in the South.**

4. **She has traveled many times to Mexico.**

5. **Has Mary written the letter yet?**

6. **They have always come to my parties.**

7. **Has your daughter been sick?**

8. **Mr. Martínez has learned a lot from Miss Johnson.**

9. **John has worked there for five years.**

10. **What have you done with the money?**

Ejercicio No. 124

Complete las frases en inglés.

1. (He estado) **very tired this week.**

2. **The children** (han ido) **to the movies.**

3. **My husband** (ha viajado) **a great deal.**

4. **What** (ha oído Ud.) **about New Yorkers?**

5. **The class** (ha comenzado ya).

6. (He aprendido) **that southerners speak with a drawl.**

7. (Hemos decidido) **to go to Florida this winter.**

8. **Peter** (me ha dado) **many presents.**

Ejercicio No. 125

Cambie las siguientes frases (1) al pretérito y (2) al presente perfecto. No cambie el sujeto.

Ejemplo: 1. **I worked in the city.**
I have worked in the city.

1. **I work in the city.**

2. **We are eating already.**

3. **The man speaks very slowly.**

4. **I hear a loud noise.**

5. **I drink wine with dinner.**

6. **They arrive on time.**

7. **The girl writes a letter.**

8. **Mrs. Martínez is sad.**

9. **Do you understand?**

10. **My mother makes dinner.**

Ejercicio No. 126—PREGUNTAS

1. **Who is going to ask a few questions?**

2. **Does Miss Johnson want another coffee?**

3. **What does Mr. Martínez want to know first?**

4. **Does Miss Johnson think the people of the United States are more or less alike?**

5. **How are the people in the South?**

6. **How do southerners speak?**

7. **Has Miss Johnson ever lived in the South?**

8. **Where are people always in a hurry?**

9. **Are all New Yorkers unfriendly?**

10. **Where do many movie stars live?**

11. **What is the lifestyle like in California?**

12. **Overall (en conjunto), do the people tend to be friendly or unfriendly?**

Life in the Suburbs

La vida en los suburbios

1. **Miss Johnson, you have told me a lot about different aspects of life in the United States, but I am also interested in knowing something about life in the suburbs. Can you tell me what life is like in the suburbs in your country?**

2. **Of course. Life in the suburbs is calmer and more relaxed than in the city. In the city there are too many people, too many cars, and too much noise. Everyone is in a hurry. In the suburbs, you don't have to put up with this.**

3. **What do the people do in their free time? Do they go to the movies or to dinner?**

4. **Well, I grew up in the suburbs, and sometimes we would go to the movies, but generally we stayed home and watched TV. We usually had dinner at home too, around six o'clock.**

5. **Where do you do your grocery shopping? Is there a market nearby?**

1. Srta. Johnson, me ha contado mucho sobre los aspectos diferentes de la vida en los Estados Unidos, pero también me interesa saber algo de la vida en los suburbios. ¿Me puede decir cómo es la vida en los suburbios en su país?

2. Por supuesto. La vida en los suburbios es más tranquila y más relajada que la vida en la ciudad. En la ciudad hay demasiada gente, demasiados coches y demasiado ruido. Todo el mundo tiene prisa. En los suburbios no tiene que aguantar esto.

3. ¿Qué hace la gente en su tiempo libre? ¿Van al cine o a cenar?

4. Pues, me crié en los suburbios y de vez en cuando íbamos al cine, pero generalmente nos quedábamos en casa mirando la televisión. Normalmente también cenábamos en casa, a eso de las seis.

5. ¿Dónde se hace la compra? ¿Hay un mercado cerca?

6. **In the suburbs you have to use your car to go everywhere. Where I grew up there was a supermarket five minutes away by car. We bought everything there: fruit, meat, cakes, even drugstore items and kitchen utensils.**

7. **That's very convenient. But where do you buy clothing? Do you have to go into the city?**

8. **Of course not. There are many types of department stores within driving distance. There are discount department stores and more expensive ones too, which sell everything we need.**

9. **That's wonderful.**

10. **And the best part is that it's easy to park. People don't push each other, and you can take your time because no one is in a hurry.**

11. **Did you enjoy growing up in the suburbs?**

12. **Very much. I got along very well with my brothers and sisters, and we played in the yard, walked to school together, etc. It is a nice way to grow up, especially for a large family like ours.**

13. **Suburban life in your country sounds very attractive for families like mine too. Can you tell me where these people who live in the suburbs work?**

14. **Certainly, but perhaps we can talk about that next time, since it's already 9:00.**

15. **Oh, it is late. I'll see you next Tuesday then, Miss Johnson.**

16. **Yes, see you then, Mr. Martínez.**

6. En los suburbios tiene que usar su coche para ir a todas partes. Donde me crié había un supermercado a cinco minutos en coche. Comprábamos todo allí: fruta, carne, tartas, incluso artículos de farmacia y utensilios de cocina.

7. Eso es muy cómodo. ¿Pero dónde se compra la ropa? ¿Hay que ir a la ciudad?

8. Claro que no. Hay muchas clases de grandes almacenes adonde se puede ir conduciendo. Hay grandes almacenes que venden artículos a precios reducidos y también otros más caros que venden todo lo que necisitamos.

9. Eso es maravilloso.

10. Y lo mejor es que es fácil aparcar. La gente no se empuja, y se puede hacer las cosas con calma porque nadie tiene prisa.

11. ¿Le gustó criarse en los suburbios?

12. Mucho. Me llevé muy bien con mis hermanos, y jugábamos en el jardín, caminábamos a la escuela juntos, etc. Es una manera agradable de criarse, sobre todo para una familia grande como la nuestra.

13. La vida suburbana en su país parece muy atractiva también para familias como la mía. ¿Me puede decir dónde trabaja esta gente que vive en los suburbios?

14. Naturalmente, pero quizás podemos hablar de eso la próxima vez, como ya son las nueve.

15. Oh, es tarde. Le veré entonces el próximo martes, Srta. Johnson.

16. Sí, hasta entonces, Sr. Martínez.

Pronunciación y Ortografía

nearby	(níærbái)	**calmer**	(cámœr)
utensils	(yuténsilŝ)	**discount**	(discáunt)
bought	(bot)	**distance**	(dístans)

Vocabulario

The suburbs	(Los suburbios)
department store	el gran almacén
discount store	la tienda que vende a precio reducido
drugstore	la farmacia
supermarket	el supermercado
to drive	conducir (manejar)
to go grocery shopping	hacer la compra
to go shopping	ir de compras
to play in the yard	jugar en el jardín
to stay home	quedarse en casa
to watch TV	mirar la televisión

Expresiones Importantes

1. **five minutes away**	a cinco minutos
2. **free time**	el tiempo libre
3. **kitchen utensils**	los utensilios de cocina
4. **That's very convenient.**	Eso es muy cómodo.
5. **the best part**	lo mejor
6. **to get along well with**	llevarse bien con
7. **to grow up**	criarse
8. **to put up with**	aguantar
9. **to take your time**	hacer las cosas con calma
10. **within driving distance**	adonde se puede ir conduciendo

Ejercicio No. 127—COMPLETAR EL TEXTO

1. **You have told me a lot about** (aspectos diferentes) **of life in the United States.**

2. (Me puede decir) **what life is like** (en los suburbios)?

3. **Life in the suburbs is** (más tranquila y más relajada).

4. **In the city** (todo el mundo tiene prisa).

5. **What do the people do in their** (tiempo libre)?

6. (Nos quedábamos en casa) **and watched TV.**

7. **You have to** (usar su coche) **to go everywhere.**

8. **There is a supermarket** (a cinco minutos) **by car.**

9. **We bought everything there, even** (artículos de farmacia).

10. **That's very** (cómodo).

11. (Hay muchas clases de) **department stores within driving distance.**

12. (Le gustó) **growing up in the suburbs?**

13. (Me llevé muy bien) **with my brothers and sisters.**

14. **It is a nice way to grow up for a large family** (como la nuestra).

PUNTOS GRAMATICALES

1. Más locuciones verbales no separables

to put up with = aguantar

In the suburbs you don't have to put up with this.	En los suburbios no tiene que aguantar esto.

to grow up = criarse

I grew up in the suburbs.	Me crié en los suburbios.

to get along well with = llevarse bien con

I got along very well with my brothers and sisters.	Me llevé muy bien con mis hermanos.

Otras locuciones verbales comunes:

to get back from = volver de

I got back from New York yesterday.   Volví de Nueva York ayer.

to get into = subir (al coche, autobús, etc.)

They got into the car and left.   Subieron al coche y se fueron.

to run into = encontrarse a o tropezarse con

I ran into Susan in the supermarket today.   Hoy me encontré a Susana en el
                                                          supermercado.

to run out (of) = quedarse sin

We are running out of money.   Nos quedamos sin dinero.

2. Los pronombres posesivos

Un adjetivo posesivo (capítulo 9) se usa delante de un nombre. Un pronombre posesivo se usa solo, sin un nombre. Compare las distintas formas de los adjetivos y los pronombres posesivos abajo.

ADJETIVO POSESIVO		PRONOMBRE POSESIVO
my	**mine**	el mío/la mía/los míos/las mías
your	**yours**	el tuyo/la tuya/los tuyos/las tuyas
		el suyo/la suya/los suyos/las suyas
		el vuestro/la vuestra/los vuestros/las vuestras
her	**hers**	el suyo/la suya/los suyos/las suyas
his	**his**	el suyo/la suya/los suyos/las suyas
our	**ours**	el nuestro/la nuestra/los nuestros/las nuestras
their	**theirs**	el suyo/la suya/los suyos/las suyas

Ejemplos:

He has a jacket like mine.   Él tiene una chaqueta como la mía.

I want a coat like yours.   Quiero un abrigo como el suyo.

They have a car like ours.   Ellos tienen un coche como el nuestro.

Our house is smaller than theirs.   Nuestra casa es más pequeña que la suya.

Ejercicio No. 128

Complete las frases usando una de las locuciones verbales de la lista abajo. Tenga cuidado al usar el tiempo correcto del verbo.

to go over	**to get along well with**	**to run into**
to get back from	**to grow up**	**to run out of**
to look after	**to show up**	**to get over**
to get into		

1. **Paul always _____ his notes before an exam.**

2. **When will you _____ your trip?**

3. **Yesterday I _____ Mrs. Parker at the bank.**

4. **Richard, please _____ the car so we can leave.**

5. **Mr. and Mrs. Martínez _____ their neighbors (vecinos).**

6. **Mrs. Martínez _____ in the country (campo).**

7. **Mary may not _____. She is not feeling well today.**

8. **Can you _____ my apartment while I am away?**

9. **On the way to Boston we _____ gas.**

10. **Karen is still tired. She is _____ the flu (gripe).**

Ejercicio No. 129

Complete las frases en inglés con el pronombre posesivo que corresponde al sujeto entre paréntesis: **mine, yours, hers, his, ours** o **theirs.**

1. **This book is _____.** (yo)

2. **These toys are _____.** (nosotros)

3. **You own (tiene) that car. It is _____.** (Ud.)

4. **His shoes are black. _____ are blue.** (ella)

5. **My house is on Main Street. _____ is on White Road.** (ellos)

6. **Those things are _____.** (nosotros)

7. **Is this pen _____.** (tú)

8. **My car is a Volkswagen. _____ is a**   (ellas)
   Mercedes.

9. **Your kitchen is very nice, but _____ is**   (yo)
   nicer.

10. **It's not mine, it's _____.**   (él)

Ejercicio No. 130—PREGUNTAS

1. **What does Mr. Martínez want to know?**

2. **What is life like in the suburbs?**

3. **Where is there too much noise?**

4. **What don't you have to put up with in the suburbs?**

5. **Where did Miss Johnson grow up?**

6. **What did she and her family generally do in the evening?**

7. **Where did they do their grocery shopping?**

8. **What did they buy at the supermarket?**

9. **What other kinds of stores are there in the suburbs?**

10. **Why can you take your time when you go shopping?**

11. **Who did Miss Johnson get along well with?**

12. **What did they do together?**

13. **What is nice for a family like hers?**

14. **What else does Mr. Martínez want to know?**

The Working Day

La jornada laboral

1. **You have explained many aspects of life in the United States to me, Miss Johnson, and I know much more about the people than I knew before. But you have not mentioned anything about working life.**

2. **You probably know that we have the reputation of working very hard. Have you heard the expression "Americans live to work"?**

3. **Yes. In fact, I read an article in yesterday's paper that mentioned the long working day in the U.S.**

4. **And what did you think about the article?**

5. **I thought that it was probably an exaggeration. Are there really people that spend three hours a day or more commuting to work?**

1. Ud. me ha explicado muchos aspectos de la vida en los Estados Unidos, Srta. Johnson, y sé mucho más de la gente de lo que sabía antes. Pero no ha mencionado nada de la vida en el trabajo.

2. Probablemente sabe que tenemos la reputación de trabajar mucho. ¿Ha oído la expresión "los americanos viven para trabajar"?

3. Sí. De hecho, leí un artículo en el periódico de ayer que mencionó la larga jornada laboral en los Estados Unidos.

4. ¿Y qué le pareció el artículo?

5. Pensé que probablemente era una exageración. ¿Hay en realidad gente que pasa tres horas diarias o más viajando al trabajo?

6. **Yes, there are. For those who live in the suburbs and work in the city, it's not unusual to spend up to three hours a day traveling between home and work.**

7. **Do they take the bus or the train?**

8. **Yes, of course. But many prefer the freedom of driving their own car.**

9. **And when they finally arrive at work, what is a typical day like?**

10. **Most offices open at 8:30 or 9:00 A.M. There is a lunch hour, which is normally taken between 11:30 A.M. and 1:30 P.M. Offices close anywhere from 5:00–6:00 P.M. But many people work overtime, including weekends. In fact, in New York City it is unusual to find many people who work only nine to five. The cost of living is so high and the competition so great that many feel compelled to work harder.**

11. **And what do you think about that?**

12. **Well, I think it's fine, as long as you still have time for yourself.**

13. **Do Americans vacation a lot in order to compensate for the long hours?**

14. **I took a vacation often because I was a teacher and had more free days. However, most companies only give two weeks of vacation to their employees.**

15. **I don't think that that is a very healthy way to live. We need to work, but we need to rest too.**

6. Sí, la hay. Para los que viven en los suburbios y trabajan en la ciudad no es raro pasar hasta tres horas diarias viajando de casa al trabajo.

7. ¿Toman el autobús o el tren?

8. Sí, por supuesto. Pero muchos prefieren la libertad de llevar su propio coche.

9. Y cuando finalmente llegan al trabajo, ¿cómo es su día típico?

10. La mayoría de las oficinas abren a las 8:30 o las 9:00 de la mañana. Hay una hora para comer, que normalmente se toma entre las 11:30 y la 1:30 de la tarde. Las oficinas cierran entre las 5:00 y las 6:00 de la tarde. Pero mucha gente hace horas extraordinarias, incluyendo los fines de semana. De hecho, en la ciudad de Nueva York es raro encontrar a mucha gente que sólo trabaja de nueve a cinco. El coste de vida es tan alto y la competencia tan grande que muchos se sienten obligados a trabajar más.

11. ¿Y qué le parece?

12. Pues, me parece bien, mientras todavía se tenga tiempo para uno mismo.

13. ¿Toman los americanos muchas vacaciones para compensar las largas horas de trabajo?

14. Me tomaba vacaciones frecuentemente porque era profesora y tenía más días libres. Sin embargo, la mayoría de las compañías sólo dan dos semanas de vacaciones a sus empleados.

15. No creo que sea una manera muy sana de vivir. Necesitamos trabajar, pero también necesitamos descansar.

16. **I agree, Mr. Martínez. However, everyone wants to get ahead. And as you know, people from around the world have come to the United States in order to find jobs, work hard, and get ahead.**

16. Estoy de acuerdo, Sr. Martínez. Sin embargo, todo el mundo quiere salir adelante. Y como Ud. sabe, gente del mundo entero ha venido a los Estados Unidos para encontrar trabajos, trabajar mucho y salir adelante.

17. **Maybe when I go to New York I can visit other cities and towns to see what differences exist in the working day.**

17. Quizás cuando vaya a Nueva York puedo visitar otras ciudades y pueblos para ver qué diferencias existen en la jornada laboral.

18. **I think that's a wonderful idea. We can talk a bit more about where you would like to visit on Thursday. See you then.**

18. Me parece una idea maravillosa. Podemos hablar un poco más sobre dónde le gustaría visitar el jueves. Hasta entonces.

19. **Thank you, Miss Johnson. See you Thursday.**

19. Gracias, Srta. Johnson. Hasta el jueves.

Pronunciación y Ortografía

knew	(niú)	**read** (presente)	(ríd)
commute	(comiút)	**read** (pasado)	(réd)
employee	(emplói or emplóii)	**vacation**	(vækéiŝhŭn)

Vocabulario

A. Antónimos

1. **differences**	las diferencias	**similarities**	las semejanzas
2. **employee**	el/la empleado/a	**employer**	el/la empleador/a
3. **hardworking**	trabajador	**lazy**	perezoso
4. **healthy**	sano	**unhealthy**	malsano
5. **to rest**	descansar	**to work**	trabajar
6. **unusual**	raro	**common**	común

B. Palabras relacionadas con el trabajo

1. **to commute**   1. viajar

2. **lunch hour**   2. la hora de comer

3. **long hours**	3. horas largas
4. **to get ahead**	4. salir adelante
5. **overtime**	5. las horas extraordinarias
6. **to work overtime**	6. hacer horas extraordinarias
7. **raise**	7. un aumento
8. **salary**	8. el sueldo
9. **vacation**	9. las vacaciones
10. **to be on vacation**	10. estar de vacaciones

Expresiones Importantes

1. **a wonderful idea**	una idea maravillosa
2. **as long as**	mientras
3. **Everyone wants to get ahead.**	Todo el mundo quiere salir adelante.
4. **I thought that . . .**	Pensé que . . .
5. **the cost of living**	el coste de vida
6. **to commute to work**	viajar al trabajo
7. **to earn money**	ganar dinero
8. **to work hard**	trabajar mucho
9. **What do you think about that?**	¿Qué le parece?
10. **working day**	la jornada laboral

Ejercicio No. 131—COMPLETAR EL TEXTO

1. (Ud. ha explicado) **many aspects of life in the United States.**

2. **We have** (la reputación) **of working very hard.**

3. **Have you heard the expression** (los americanos viven para trabajar)?

4. (Leí un artículo) **in yesterday's paper.**

5. (Pensé que) **it was probably an exaggeration.**

6. **Are there really people that spend three hours a day** (viajando al trabajo)?

7. **Many people** (hacen horas extraordinarias).

8. (El coste de vida) **is so high.**

9. (Me tomaba) **a vacation often.**

10. **I don't think that is** (una manera sana) **to live.**

11. **Everyone wants to** (salir adelante).

12. **I think that's** (una idea maravillosa).

PUNTOS GRAMATICALES

1. El tiempo pretérito: más verbos irregulares

Estudie la siguiente lista de verbos irregulares en el pretérito. Los participios pasados irregulares también son indicados.

VERBO		PASADO	PARTICIPIO PASADO
buy	comprar	**bought**	
find	encontrar	**found**	
get	obtener/recibir	**got**	**got/gotten**
have	tener	**had**	
hear	oír	**heard**	
know	saber/conocer	**knew**	**known**
pay	pagar	**paid**	
read	leer	**read**	
spend	gastar/pasar	**spent**	
take	tomar/coger	**took**	**taken**

2. El uso de **think about** y **think that**

think about + un nombre

a. **What do you think about the article?**   ¿Qué le parece el artículo?

b. **I think about my family every day.**   Pienso en mi familia todos los días.

Se usa **think about** para hablar de *las ideas* que tenemos en la mente en ese momento.

think that + una declaración

a. **I think that's a wonderful idea.**   Me parece una idea maravillosa.

b. **I think that he is smart.**   Creo que es inteligente.

Se usa **think that** para *expresar una opinión.* Se puede omitir **that** después de *think,* sobre todo en el inglés hablado.

Ejercicio No. 132

Complete las frases en inglés usando la forma correcta del verbo irregular.

1. (Ayer leí) **an interesting article in the paper.**

2. (Juan pensó que) **it was a wonderful idea.**

3. (El muchacho sabía) **the answers to all the questions.**

4. (Yo oí) **the phone ring a minute ago.**

5. (El Sr. Martínez no se tomó) **a vacation last year.**

6. **Today** (yo recibí) **a letter from my friend Paul.**

7. (Los estudiantes tenían) **an exam this morning.**

8. (Mi esposa compró) **many things at the supermarket.**

9. (El muchacho pasó la tarde) **studying.**

10. **Do you think that Mr. Martínez** (pagó demasiado) **for his English classes?**

Ejercicio No. 133

Traduzca al inglés.

1. Pensé que era una exageración.

2. La muchacha oyó un ruido fuerte.

3. El hombre no compró los zapatos.

4. El hombre tenía bastante dinero para comprar una camisa.

5. El Sr. Martínez leyó el artículo en el periódico.

6. Roberto pagó la cuenta en el restaurante.

7. ¿Cuándo salió el tren para Boston?

8. El tren salió a las tres.

9. La profesora ya sabía la expresión.

10. Me parece una idea maravillosa.

Ejercicio No. 134—PREGUNTAS

1. **What has Miss Johnson not mentioned?**

2. **What reputation do Americans have?**

3. **What did Mr. Martínez read yesterday?**

4. **What did it mention?**

5. **What did he think about the article?**

6. **What is not unusual for those who live in the suburbs and work in the city?**

7. **Do some people take the train or the bus?**

8. **What do many prefer?**

9. **When is the lunch hour taken?**

10. **How is the cost of living in New York?**

11. **Why do many people feel compelled to work hard?**

12. **How much vacation time do most Americans have?**

13. **What does Mr. Martínez think?**

14. **Does Miss Johnson disagree?**

15. **What does everyone want to do?**

What Places Do You Want to Visit, Mr. Martínez?

¿Qué lugares quiere Ud. visitar, señor Martínez?

1. **You are going to leave for New York soon, Mr. Martínez. Have you decided what places you want to visit?**

2. **I have thought a lot about my trip.**

3. **I will travel by plane to New York, where I will meet with my agent. Then I'll see the sights in the city and the surrounding area. And if time permits, I'll visit other states as well.**

4. **It's an ambitious project. You will need an entire month just to see all the sights in New York City.**

5. **I won't have that much time, of course. But I will try to see as much as I can. FIrst, I will visit the Empire State Building and St. Patrick's Cathedral. I am also going to visit the United Nations, Rockefeller Center, the Museum of Modern Art, and Central Park.**

1. Ud. va a salir pronto para Nueva York, Sr. Martínez. ¿Ha decidido qué lugares quiere visitar?

2. He pensado mucho en mi viaje.

3. Viajaré en avión a Nueva York, donde me reuniré con mi agente. Entonces veré los puntos de interés en la ciudad y los alrededores. Y si me da tiempo, visitaré también otros estados.

4. Es un proyecto ambicioso. Necesitará un mes entero sólo para ver los puntos de interés en la ciudad de Nueva York.

5. No tendré tanto tiempo, por supuesto. Pero intentaré ver tanto como pueda. Primero visitaré el edificio del Empire State y la Catedral de San Patricio. También voy a visitar las Naciones Unidas, el Centro Rockefeller, el Museo de Arte Moderno y el Parque Central.

6. From midtown I will travel south by subway towards the financial district and the World Trade Center, visiting Chinatown and Little Italy on the way. If there is still time, I'll go uptown to visit the Metropolitan Museum of Art.

7. Now I understand, Mr. Martínez. You are going to see everything! You know New York better than I do.

8. Oh no, Miss Johnson. Not really. I know New York only from the movies and reading guidebooks.

9. What would you like to visit outside the city?

10. In the surrounding area I will visit the famous beaches of Long Island and perhaps some of the suburbs.

11. And then?

12. Then I will go to Washington, D.C. I would love to visit the White House and the other impressive monuments. And if I have time, I'll go to Boston, too.

13. And when will you go to the West Coast?

14. I'm afraid I won't have time for that. So then, what do you think about my trip?

15. It sounds wonderful. Your English will improve so much that I may mistake you for an American!

16. Thank you for your confidence, Miss Johnson.

6. Desde el centro viajaré hacia el sur en metro hacia el distrito financiero y el Centro de World Trade, visitando Chinatown y Little Italy en camino. Si todavía hay tiempo, iré hacia la parte alta de la ciudad para visitar el Museo Metropolitano de Arte.

7. Ahora comprendo, Sr. Martínez. ¡Ud. va a ver todo! Conoce Nueva York mejor que yo.

8. Ah no, Srta. Johnson. No es cierto. Yo conozco Nueva York sólo de las películas y de leer las guías turísticas.

9. ¿Qué le gustaría visitar en los alrededores de la ciudad?

10. En los alrededores visitaré las playas famosas de Long Island y quizás algunos de los suburbios.

11. ¿Y entonces?

12. Entonces iré a Washington, D.C. Me encantaría visitar la Casa Blanca y los otros monumentos impresionantes. Y si tengo tiempo, también iré a Boston.

13. ¿Y cuándo irá a la costa oeste?

14. Me temo que no tendré tiempo para eso. Así pues, ¿qué le parece mi viaje?

15. Me parece maravilloso. ¡Su inglés mejorará tanto que posiblemente le tomo por americano!

16. Gracias por su confianza, Srta. Johnson.

Pronunciación y Ortografía

sights	(sáits)	**museum**	(miusíum)
cathedral	(cazídral)	**guidebook**	(gáidbúc)
beach	(bich)	**beautiful**	(biútiful)

Vocabulario

A. **Rockefeller Center:** un complejo de 19 edificios que contiene restaurantes, tiendas, jardines y una pista de hielo en el invierno. Una de sus mayores atracciones es el enorme árbol de Navidad que se exhibe durante la temporada navideña.

World Trade Center: un complejo de edificios que incluye las dos torres famosas. Estas "torres gemelas" son los edificios más altos de Nueva York. Se puede subir al tejado del 2 World Trade Center para vistas panorámicas de la ciudad.

B. Vocabulario para el turista

1. **financial district** — distrito financiero
2. **guidebook** — la guía turística
3. **monument** — el monumento
4. **museum** — el museo
5. **sights** — los puntos de interés
6. **subway** — el metro
7. **surrounding area** — los alrededores
8. **downtown** — la parte baja de la ciudad
9. **midtown** — el centro
10. **uptown** — la parte alta de la ciudad

C. Expresiones que indican el futuro

1. **tomorrow** — mañana
2. **tomorrow morning** — mañana por la mañana
3. **the day after tomorrow** — pasado mañana
4. **next time** — la próxima vez
5. **next week** — la próxima semana

6. **next Tuesday**	el próximo martes
7. **next year**	el próximo año
8. **next winter**	el próximo invierno

Expresiones Importantes

1. **as much as I can**	tanto como pueda
2. **better than I**	mejor que yo
3. **if I have time**	si tengo tiempo
4. **if time permits**	si me da tiempo
5. **on the way**	en camino
6. **the surrounding area**	los alrededores
7. **to meet with**	reunirse con
8. **to see the sights**	ver los puntos de interés

Ejercicio No. 135—COMPLETAR EL TEXTO

1. (Ud. va a salir) **for New York soon.**

2. (Ha decidido) **what places you want to visit?**

3. (Viajaré) **by plane.**

4. **Then** (veré) **the sights in the city.**

5. (Ud. necesitará) **an entire month to see all the sights.**

6. (No tendré) **that much time.**

7. (Desde el centro) **I will travel south.**

8. **If there is still time,** (iré hacia la parte alta de la ciudad).

9. **You know New York** (mejor que yo).

10. (En los alrededores) **I will visit the famous beaches of Long Island.**

11. (Me encantaría) **to visit the White House.**

12. (Gracias por su confianza), **Miss Johnson.**

PUNTOS GRAMATICALES

1. El tiempo futuro: **will**

a. En inglés se usa la palabra **will** con la forma simple del verbo para expresar el futuro. Fíjese en el siguiente ejemplo:

SINGULAR		PLURAL	
I will eat	comeré	we will eat	comeremos
you will eat	comerás	you will eat	comeréis
he will eat	comerá	they will eat	comerán
she will eat	comerá		
it will eat	comerá		

b. Contracciones

I will eat	I'll eat	we will eat	we'll eat
you will eat	you'll eat	you will eat	you'll eat
he will eat	he'll eat	they will eat	they'll eat
she will eat	she'll eat		
it will eat	it'll eat		

*La contracción negativa: will + not = won't para todos los sujetos:
I won't eat
you won't eat, etc.

c. Preguntas con **will**

WILL	+ SUJETO	+ VERBO	RESPUESTAS
Will	he	come tomorrow?	Yes, he'll come. Yes, he will. No, he won't come. No, he won't.
Will	you	study tonight?	Yes, I'll study Yes, I will. No, I won't study. No, I won't.
When will	the train	arrive?	At 8:00 P.M.

2. El tiempo futuro: **to be going to**

Como mencionamos en el capítulo 7, la construcción **to be going to** se usa también para expresar el futuro. Abajo, (a) y (b) tienen básicamente el mismo significado.

a. **I am going to eat.**   Voy a comer.

b. **I will eat.**   Comeré.

Ejercicio No. 136

Traduzca al español.

1. **We will visit New York.**

2. **I will speak with my agent.**

3. **I won't have much time.**

4. **I will go to the financial district.**

5. **They will learn a lot of English.**

6. **The boy won't go to the park.**

7. **The Martínez family is going to walk to the park.**

8. **When will you leave?**

9. **What are the boys going to do this afternoon?**

10. **When will they arrive?**

Ejercicio No. 137

Usando las palabras entre paréntesis, conteste las siguientes preguntas.

Ejemplo: 1. **I will buy a book.**

1. **What will you buy? (a book)**

2. **How much will it cost? (twenty dollars)**

3. **Where will you go this summer? (to the beach)**

4. **What is Mr. Martínez going to study tonight? (his English lesson)**

5. **When will the plane arrive? (at one o'clock)**

6. **When will Peter return from the movies? (at nine o'clock)**

7. **What will he see in New York? (all the sights)**

8. **When will she call you? (tomorrow afternoon)**

9. **Who is going to have dinner with you? (Mary)**

10. **When will they buy a house? (next year)**

Ejercicio No. 138

Traduzca al inglés.

1. No viajaré.

2. ¿Trabajará Ud.?

3. ¿Estudiarán los niños?

4. ¿Irán Uds.?

5. Ella no hablará.

6. Tendré tiempo.

7. Ellos no escribirán.

8. Ud. no comprenderá.

9. La muchacha no escuchará.

10. Ellos estarán aquí.

11. Él vendrá.

12. Saldremos mañana.

13. ¿Verá Ud. a Juan?

14. Ella no comerá.

Ejercicio No. 139—PREGUNTAS

1. **Who is going to leave soon for New York?**

2. **What has he thought a lot about?**

3. **Who will he meet in New York?**

4. **Then what will he do?**

5. **What will he visit first?**

6. **Will he go downtown?**

7. **Will he go uptown?**

8. **How does he know about New York?**

9. **What will he visit outside the city?**

10. **What would he love to visit in Washington, D.C.?**

11. **Why won't he travel to the West Coast?**

12. **Why does Miss Johnson say she may mistake him for an American?**

PARTE 1

Repaso de Vocabulario

NOMBRES

1. **agriculture**	1. la agricultura	21. **guidebook**	21. la guía turística
2. **article**	2. el artículo	22. **job**	22. el trabajo
3. **aspect**	3. el aspecto	23. **lifestyle**	23. el estilo de vida
4. **beach**	4. la playa	24. **monument**	24. el monumento
5. **capital**	5. la capital	25. **noise**	25. el ruido
6. **cathedral**	6. la catedral	26. **north**	26. el norte
7. **clothing**	7. la ropa	27. **pace**	27. el ritmo
8. **coast**	8. la costa	28. **project**	28. el proyecto
9. **competition**	9. la competencia	29. **reputation**	29. la reputación
10. **difference**	10. la diferencia	30. **sights**	30. los puntos de interés
11. **drugstore**	11. la farmacia		
12. **east**	12. el este	31. **south**	31. el sur
13. **employee**	13. el/la empleado/a	32. **suburb**	32. el suburbio
14. **employer**	14. el/la empleador/a	33. **supermarket**	33. el supermercado
15. **example**	15. el ejemplo	34. **television**	34. la televisión
16. **exaggeration**	16. la exageración	35. **town**	35. el pueblo
17. **expression**	17. la expresión	36. **vacation**	36. las vacaciones
18. **foreigner**	18. el/la extranjero/a	37. **way**	37. la manera
19. **freedom**	19. la libertad	38. **west**	38. el oeste
20. **geography**	20. la geografía	39. **weekend**	39. el fin de semana
		40. **yard**	40. el jardín

VERBOS

1. **to close**	1. cerrar	12. **to mistake s.o. for**	12. tomar a alguien por
2. **to commute**	2. viajar al trabajo	13. **to park**	13. aparcar (estacionar)
3. **to decide**	3. decidir		
4. **to differ**	4. ser distinto	14. **to permit**	14. permitir
5. **to earn**	5. ganar	15. **to push**	15. empujar
6. **to enjoy**	6. gustar	16. **to put up with**	16. aguantar
7. **to exist**	7. existir	17. **to try**	17. intentar
8. **to get ahead**	8. salir adelante	18. **to vacation**	18. tomarse vacaciones
9. **to grow up**	9. criarse		
10. **to improve**	10. mejorar	19. **to watch**	19. mirar
11. **to meet with**	11. reunirse con		

ADJETIVOS

1. **ambitious**	1. ambicioso	10. **nice**	10. agradable/ simpático
2. **calm**	2. tranquilo		
3. **convenient**	3. cómodo	11. **popular**	11. popular
4. **entire**	4. entero	12. **principal**	12. principal
5. **fast**	5. rápido	13. **relaxing**	13. relajante
6. **friendly**	6. simpático	14. **rude**	14. mal educado
7. **free**	7. libre	15. **unfriendly**	15. antipático
8. **healthy**	8. sano	16. **unusual**	16. raro
9. **impressive**	9. impresionante		

ADVERBIOS

1. **as long as**	mientras
2. **nearby**	cerca
3. **so then**	así pues

PREPOSICIONES

1. **according to**	según
2. **among**	entre
3. **because of**	por/a causa de
4. **despite**	a pesar de
5. **within**	en/a menos de

EXPRESIONES IMPORTANTES

1. **Can you tell me . . . ?**	¿Me puede decir . . . ?
2. **if I have time**	si tengo tiempo
3. **five minutes away**	a cinco minutos
4. **on the way**	en camino
5. **to be on vacation**	estar de vacaciones
6. **to earn a living**	ganarse la vida
7. **to get along well with**	llevarse bien con
8. **to take your time**	hacer las cosas con calma
9. **to work overtime**	hacer horas extraordinarias
10. **What do you think about it?**	¿Qué le parece?

PARTE 2

Ejercicio No. 140

Cambie las siguientes frases al presente perfecto.

Ejemplo: 1. **My parents have lived in California.**

1. **My parents live in California.**

2. **The students understand the lesson.**

3. **Mr. Martínez forgets his meeting.**

4. **His friend writes him a letter.**

5. **She eats too much.**

6. **The girl is sad.**

7. **The children do their homework.**

8. **The salesclerk gives me the change.**

9. **What does he say?**

10. **Do you travel a lot?**

Ejercicio No. 141

Complete las frases en inglés usando el pronombre posesivo correcto.

Ejemplo: 1. **He has a shirt like mine.**

1. **He has a shirt like** (la mía).

2. **My bicycle is newer than** (la tuya).

3. **That sweater is not mine, it's** (el suyo—de él).

4. **Mary has a notebook** (cuaderno) **just like** (el suyo—de Ud.).

5. **Our dog always plays with** (el suyo—de ellos).

6. **My hair is long, but** (el suyo—de ella) **is longer.**

7. **Did you put your books next to** (los míos)?

8. **The Martínez family is larger than** (la nuestra).

Ejercicio No. 142

Escoja la frase de la columna de la derecha que mejor complete la frase comenzada en la columna de la izquierda.

Ejemplo: (1-f) **Most of my friends grew up in the city.**

1. **Most of my friends grew up**	a. **and we left.**
2. **I will call you when I**	b. **in the supermarket this morning.**
3. **He got into the car**	c. **with my husband.**
4. **You should go to the bank before**	d. **looks after the house.**
5. **I ran into an old friend**	e. **a bad cold.**
6. **My brother gets along well**	f. **in the city.**
7. **I won't put up with your**	g. **didn't show up.**
8. **Miss Johnson is getting over**	h. **get back from my trip.**
9. **John was sad when Susan**	i. **bad behavior (comportamiento).**
10. **When we go away, the maid**	j. **you run out of money.**

Ejercicio No. 143

Cambie las siguientes frases al pretérito. ¡Tenga cuidado con los verbos irregulares!

Ejemplo: 1. **Mrs. Martínez went to her friend's house.**

1. **Mrs. Martínez goes to her friend's house.**

2. **The gentleman pays the bill.**

3. **Mr. Martínez takes English classes.**

4. **The children spend a lot of time in the park.**

5. **He has the flu.**

6. **Lisa buys interesting books.**

7. **The children leave on time.**

8. **Paul writes to his grandfather.**

9. **They eat dinner at 8:00 in the evening.**

10. **What do you want?**

Ejercicio No. 144

Conteste las preguntas en inglés usando las palabras entre paréntesis y el tiempo futuro.

1. **What will he bring to the party?**   **(a bottle of wine)**

2. **When will this class end?**   **(in twenty minutes)**

3. **How will you go to Boston?**   **(by train)**

4. **When will you (pl) help me?**   **(tomorrow evening)**

5. **Who will go with Peter?**   **(I)**

6. **Will Mary and John come to the meeting?**   **(yes)**

7. **Will Tom come to the meeting?**   **(no)**

8. **Who won't listen?**   **(my mother)**

9. **What will they have for dinner?**   **(pizza)**

10. **When will Mr. Martínez go to New York?**   **(soon)**

PARTE 3

DIÁLOGO 1

Practique el inglés en voz alta.

On the Bus

1. **Excuse me, sir, where do I get off for the post office? (for the library)? (for the train station)?, etc.**

2. **Get off at the corner of Lexington Avenue and 43rd Street.**

3. **Is it far from here?**

4. **No, sir, only five more stops.**

5. **When will we get there?**

6. **In about five minutes.**

7. **Thank you very much.**

En el autobús

1. Perdóneme, señor, ¿dónde bajo para la oficina de correos? (para la biblioteca)? (para la estación de ferrocarril)?, etc.

2. Baje Ud. en la esquina de la Avenida Lexington y la calle 43.

3. ¿Está lejos de aquí?

4. No, señor, sólo cinco paradas más.

5. ¿Cuándo llegaremos?

6. En unos cinco minutos.

7. Muchas gracias.

DIÁLOGO 2

The Mail

1. **Mr. Martínez, no doubt you have a lot of mail. Is there a mailbox in your building?**

2. **Naturally. There is one on each floor where we can mail our letters. But we send all packages to the post office.**

3. **Who takes them there?**

4. **The secretary. She also buys us the many stamps that we need—air mail stamps, special delivery, etc.**

5. **Where is the closest post office?**

6. **It's only one block from here.**

El correo

1. Sr. Martínez, sin duda Ud. tiene mucho correo. ¿Hay un buzón en su edificio?

2. Naturalmente. Hay uno en cada planta donde podemos echar nuestras cartas. Pero enviamos a correos todos los paquetes postales.

3. ¿Quién los lleva allí?

4. La secretaria. Ella también nos compra los sellos (estampillas) que necesitamos—sellos de correo aéreo, de entrega inmediata, etc.

5. ¿Donde está la oficina de correos más cercana?

6. Está sólo a una manzana (cuadra) de aquí.

Ejercicio 145—LECTURA

Mrs. Martínez's Birthday

March 22 is Mrs. Martínez's birthday. This year she turned 35 years old. In order to celebrate this day, the Martínez family went out to dinner. They went to an elegant restaurant in the city.

When they entered the restaurant, they saw a beautiful basket full of red roses in the center of the table reserved for them. Naturally, Mrs. Martínez was very surprised, and she gave her husband many hugs and kisses.

After a delicious dinner, Susan, the younger daughter, said in a low voice to her brother and sister: "Now," and each of the children took out from under the table a pretty box. They were gifts for their mother. Susan gave her a silk scarf; Peter, a shirt; and Mary, a bracelet.

The following week Mr. Martínez figured out the bill for that day, which was as follows:

Dinner	$750
Tip	$ 75
Flowers	$150
Presents	$375
	$1350

"What a coincidence," said Mr. Martínez. "One thousand three hundred fifty pesos for thirty-five years!"

Mr. Martínez Writes a Letter

El señor Martínez escribe una carta

1. Mr. Martínez and Miss Johnson are seated in the living room. Mr. Martínez has two letters in his hand: a copy of his letter to his agent and the answer which has just arrived.

2. "Miss Johnson, I am going to read you my letter to my agent in New York, Mr. Clark."

3. "I would like to hear it."

4. Mr. Martínez reads the following letter:
   100 Central Avenue
   Mexico, D.F., Mexico
   March 2, 1996

Mr. John Clark
220 Park Avenue, Suite 118
New York, NY 10017

1. El Sr. Martínez y la Srta. Johnson están sentados en la sala. El Sr. Martínez tiene dos cartas en la mano: una copia de su carta a su agente y la respuesta que acaba de llegar.

2. —Srta. Johnson, le voy a leer mi carta a mi agente en Nueve York, el Sr. Clark.

3. —Me gustaría oírla.

4. El Sr. Martínez lee la siguiente carta:
   100 Central Avenue
   México, D.F., México
   2 de marzo de 1996

Sr. John Clark
220 Park Avenue, Suite 118
New York, NY 10017

Dear Sir:

I am pleased to inform you that next month I will be in New York. I will leave Mexico City on April 5th and will arrive at John F. Kennedy Airport at 2:00 P.M. I intend to stay in your country for one month. It will be a business trip as well as a vacation. I will stay two weeks in New York City. I hope to visit Washington, D.C., and Boston during my stay.

While I am in New York I hope to take advantage of the opportunity to meet you personally, for I have greatly appreciated your excellent services for our company.

I chose to write to you beforehand in the hope of arranging an appointment, as I know you are busy and travel a lot. Please let me know if this would be possible.

In anticipation of my trip, I have been studying English for the last six months. My teacher, Miss Johnson, has taught me a great deal. The other day she brought me many maps and brochures of New York City, which I will bring with me. She also lent me a restaurant guide. I am well prepared to explore your city.

I hope to hear from you soon and look forward to finally meeting you.

Sincerely yours,
Pablo Martínez

5. "Wonderful, Mr. Martínez. There is not one single error in the whole letter."

6. "Well, I must confess something to you. I have a book entitled *Commercial Correspondence* which helps me a great deal with things like headings, salutations, closing

Estimado señor:

Tengo el gusto de informarle que estaré en Nueva York el próximo mes. Saldré de México D.F. el 5 de abril y llegaré al aeropuerto de John F. Kennedy a las 2:00 de la tarde. Tengo la intención de quedarme un mes en su país. Será un viaje de negocios así como vacaciones. Me quedaré dos semanas en la ciudad de Nueva York. Durante mi estancia espero visitar Washington, D.C., y Boston.

Mientras estoy en Nueva York, espero aprovechar la oportunidad de conocerle a Ud. personalmente, ya que aprecio mucho sus excelentes servicios prestados a nuestra compañía.

Decidí escribirle de antemano con la esperanza de fijar una cita, ya que sé que está muy ocupado y que viaja mucho. Por favor, avíseme si fuera posible.

Pensando en mi viaje, he estado estudiando inglés los últimos seis meses. Mi profesora, la Srta. Johnson, me ha enseñado mucho. El otro día me trajo muchos planos y folletos de la ciudad de Nueva York que llevaré conmigo. También me prestó una guía de restaurantes. Estoy bien preparado para explorar su ciudad.

En espera de sus gratas noticias y de finalmente conocerle,

le saluda atentamente,
Pablo Martínez

5. —Estupendo, Sr. Martínez. No hay ni un solo error en toda la carta.

6. —Pues, le tengo que confesar algo. Tengo un libro titulado *Correspondencia comercial* que me ayuda mucho con cosas como encabezamientos, saludos, despedidas y expresiones de cortesía.

formulas, and expressions of courtesy. But of course I owe you the most sincere thanks."

7. "You are very kind. And now I would like to hear the response which you have just received from Mr. Clark."

8. "Certainly."

(Continued in chapter 28)

Pero desde luego le debo a Ud. mis gracias más sinceras.

7. —Ud. es muy amable. Y ahora me gustaría oír la respuesta que acaba de recibir del Sr. Clark.

8. —Por supuesto.

(Continuado en el capítulo 28)

Pronunciación y Ortografía

departure	(dipárchœr)	**airport**	(éarport)
pleased	(plíŝd)	**advantage**	(adváenteY)
appointment	(æpóintment)	**brochure**	(broŝhúœr)
error	(érrœr)	**response**	(respóns)

Vocabulario

A. Sinónimos

1. **a great deal**	**a lot**	mucho
2. **answer**	**response**	la respuesta
3. **certainly**	**of course**	desde luego
4. **kind**	**nice**	amable

B. Palabras relacionadas

1. **hand**	la mano		5. **to/on the left**	a la izquierda
2. **the right hand**	la mano derecha		6. **beforehand**	de antemano
3. **the left hand**	la mano izquierda		7. **handmade**	hecho a mano
4. **to/on the right**	a la derecha			

Expresiones Importantes

1. **Dear Sir**   Estimado señor

2. **during my stay**   durante mi estancia

3. **in anticipation of**   pensando en

4. **let me know**   avíseme

5. **the other day**   el otro día

6. **to arrange an appointment**   fijar una cita

7. **to take advantage of**   aprovechar

8. **Yours truly**   le saluda atentamente

Ejercicio No. 146—COMPLETAR EL TEXTO

1. **Mr. Martínez has two letters** (en la mano).

2. (Le voy a leer) **my letter to my agent.**

3. (Me gustaría) **hear it.**

4. **I am pleased to inform you that** (estaré en Nueva York).

5. (Saldré) **Mexico City on April 5th.**

6. **I will arrive** (al aeropuerto) **at 2:00 P.M.**

7. **I hope to visit Boston** (durante mi estancia).

8. **I hope to** (aprovechar la oportunidad) **to meet you personally.**

9. **I chose to write to you** (de antemano).

10. **I know you are** (muy ocupado).

11. **Please** (avíseme) **if this would be possible.**

12. **My teacher** (me ha enseñado) **a great deal.**

13. (Me trajo) **many maps and brochures.**

14. (Ud. es muy amable.)

15. (Por supuesto.)

PUNTOS GRAMATICALES

1. Los saludos: Cartas comerciales

El saludo que se usa depende del nivel de formalidad que el escritor considere apropiado para la carta. Los saludos clásicos en orden de formalidad decreciente son:

My dear Sir/Madam:	Muy señor mío/señora mía:
Dear Sir/Madam:	Estimado señor/Estimada señora:
Dear Mr. Clark:	Estimado Sr. Clark:
Dear John:	Querido Juan:

Si el destinatario es una compañía o un grupo, los saludos son:

Dear Sirs:	Estimados señores:
Gentlemen:	Estimados señores:
To whom it may concern:	A quien pueda interesar:

2. Las despedidas: Cartas comerciales

La despedida que se usa debe estar de acuerdo con el saludo, y los dos deben tener el mismo tono que la parte principal de la carta. Las despedidas clásicas que corresponden a los saludos ya mencionados con sus traducciones más cercanas son:

SALUDO:	DESPEDIDA:	
My dear Sir/Madam:	**Yours respectfully,** **Respectfully yours,**	le saluda atentamente,
Dear Sir/Madam:	**Yours truly,** **Very truly yours,**	le saluda atentamente,
Dear Mr. Clark:	**Sincerely,** **Sincerely yours,**	le saluda atentamente,

3. El tiempo pretérito: más verbos irregulares

VERBO		PRETÉRITO IRREGULAR
bring	traer/llevar	**brought**
choose	elegir/decidir	**chose**
fly	volar	**flew**
lend	prestar	**lent**
meet	conocer	**met**
run	correr	**ran**
sell	vender	**sold**
sing	cantar	**sang**
steal	robar	**stole**
swim	nadar	**swam**

Ejercicio No. 147

Complete las siguientes frases en inglés:

1. **My sister** (me trajo) **the newspaper.**

2. **Mr. Martínez** (conoció) **Mr. Clark in New York.**

3. (El niño robó) **the candy from the store.**

4. (Quién te prestó) **that book?**

5. **Yesterday** (nadé) **for thirty minutes.**

6. **The man** (me vendió) **a watch** (reloj).

7. (La muchacha decidió) **not to go to the party.**

8. **I am tired** (porque corrí) **all the way here.**

9. (Cantamos mucho) **at the Christmas party.**

10. **The airplane** (voló sobre) **our house.**

Ejercicio No. 148

Traduzca al español:

1. **Mr. Martínez met Miss Johnson six months ago.**

2. **He knew how to speak a little English.**

3. **He began to study English with Miss Johnson.**

4. **She came to his house Tuesday and Thursday evenings.**

5. **He always did his homework.**

6. **Miss Johnson brought him many interesting articles.**

7. **Mr. Martínez spent six months studying English with Miss Johnson.**

8. **He learned a lot from her.**

9. **After the six months with Miss Johnson he spoke much better.**

10. **He is now ready to leave for New York.**

Ejercicio No. 149—PREGUNTAS

1. **Where are Mr. Martínez and his teacher seated?**

2. **What does he have in his hand?**

3. **What is he going to read to Miss Johnson?**

4. **To whom did he write the letter?**

5. **What is the date of the letter?**

6. **What greeting does Mr. Martínez use?**

7. **When will he arrive in New York?**

8. **How long will he stay in the United States?**

9. **Where does he hope to go?**

10. **Whom does he want to meet personally?**

11. **Does Mr. Martínez already have an appointment with Mr. Clark?**

12. **Has Mr. Martínez learned a lot from Miss Johnson?**

13. **What did she bring him for his trip?**

14. **What did she lend him?**

Mr. Martínez Receives a Letter

El señor Martínez recibe una carta

Mr. Martínez wrote a letter to his agent in New York. In the last chapter he read a copy of that letter to Miss Johnson. Mr. Martínez has just received an answer from his agent. He has it in his hand and is reading it.

1. **Dear Mr. Martínez:**

2. **Thank you very much for your letter of March 2nd in which you inform me of your visit to New York.**

3. **I am pleased to inform you that I will be in New York for the entire month of April, and I, too, look forward to meeting you and helping you in any way I can.**

4. **I will be very happy to pick you up at the airport at 2:00 P.M. on April 5th. I hope to be able to make your stay in New York both pleasant and productive.**

El Sr. Martínez escribió una carta a su agente en Nueva York. En el último capítulo leyó una copia de esa carta a la Srta. Johnson. El Sr. Martínez acaba de recibir una respuesta de su agente. La tiene en la mano y la está leyendo.

1. Estimado Sr. Martínez:

2. Muchas gracias por su carta del 2 de marzo en que me informa de su viaje a Nueva York.

3. Tengo el gusto de informarle que estaré en Nueva York todo el mes de abril, y yo también espero la oportunidad de conocerle a Ud. y ayudarle de cualquier manera que pueda.

4. Estaré encantado de recogerle al aeropuerto a las 2:00 de la tarde el 5 de abril. Espero poder hacer que su estancia en Nueva York sea agradable y productiva a la vez.

5. **I will be happy to speak with you in English. As you have been studying for six months, you surely speak it very well. Without a doubt you write it extremely well.**

6. **Do not hesitate to call me if you have any questions. I look forward to meeting you next month.**
   Sincerely yours,
   John Clark

7. **"It's a very nice letter," says Miss Johnson. "How long have you known Mr. Clark?"**

8. **"I have known him since last year, but only from letters and faxes. It's a pleasure to work with him."**

9. **"No doubt you will find that he is also very nice on a personal level. And the best part is that you will be able to get to know him in English!"**

10. **"That's right. I hope I don't forget everything I have learned since last fall."**

11. **"You have nothing to worry about, Mr. Martínez. Next Tuesday is our last class before you leave. Why don't we meet in your office?"**

12. **"Fine, and let's review everything I have learned. Will you give me some final advice too?"**

13. **"Gladly."**

5. Con mucho gusto hablaré con Ud. en inglés. Como ha estado estudiando desde hace seis meses, seguramente lo habla muy bien. Sin duda lo escribe sumamente bien.

6. No dude en llamarme si tiene alguna pregunta. Espero la oportunidad de conocerle el mes que viene.
   Le saluda atentamente,
   John Clark

7. —Es una carta muy amable—dice la Srta. Johnson—. ¿Hace cuánto tiempo que conoce al Sr. Clark?

8. —Le conozco desde el año pasado, pero sólo de cartas y faxes. Es un placer trabajar con él.

9. —Sin duda Ud. verá que también es muy simpático a nivel personal. ¡Y lo mejor es que le podrá conocer en inglés!

10. —Eso es cierto. Espero que no olvide todo lo que he aprendido desde el otoño pasado.

11. —No tiene porqué preocuparse, Sr. Martínez. El próximo martes es nuestra última clase antes de que salga. ¿Por qué no nos reunimos en su oficina?

12. —Bien, y repasemos todo lo que he aprendido. ¿Me dará también algunos últimos consejos?

13. —Con mucho gusto.

Pronunciación y Ortografía

entire	(entáɪær)	**doubt**	(dáut)
pleasant	(pléŝant)	**hesitate**	(jéŝiteit)
since	(sins)	**nice**	(náis)

Vocabulario

Sinónimos:

1. **entire**   whole   entero

2. **I am happy to**   **I am pleased to**   Tengo el gusto de

3. **to inform**   **to tell**   informar

4. **nice**   **pleasant**   amable

Expresiones Importantes

1. **Do not hesitate to call me.**   No dude en llamarme.

2. **Gladly.**   Con mucho gusto.

3. **I am pleased to inform you . . .**   Tengo el gusto de informarle . . .

4. **I look forward to meeting you.**   Espero la oportunidad de conocerle.

5. **I will be very happy to . . .**   Tendré mucho gusto en . . .

6. **in his hand**   en la mano

7. **it's a pleasure**   es un placer

8. **since last year**   desde el año pasado

9. **to get to know**   conocer

10. **to give advice**   dar consejos

11. **to have just . . .**   acabar de . . .

12. **to pick someone up**   recoger a uno

13. **without a doubt**   sin duda

14. **You have nothing to worry about.**   No tiene porqué preocuparse.

Ejercicio No. 150—COMPLETAR EL TEXTO

1. **Mr. Martínez** (acaba de recibir) **an answer from his agent.**

2. **He has it** (en la mano).

3. (Tengo el gusto de) **inform you that I will be in New York.**

4. (Espero la oportunidad de conocerle) **and helping you in any way I can.**

5. (Sin duda) **you write it extremely well.**

6. (No dude en llamarme) **if you have any questions.**

7. **I have only known him** (desde el año pasado).

8. (Es un placer) **to work with him.**

9. **You will be able to** (conocerle) **in English.**

10. (No tiene porqué preocuparse.)

11. **Will you give me** (algunos últimos consejos)?

12. (Con mucho gusto.)

PUNTOS GRAMATICALES

1. Los saludos y despedidas: Cartas informales

El saludo que se usa en las cartas a amigos es **Dear: Dear John** (Querido Juan), **Dear Mary** (Querida María), etc. Las despedidas tradicionales que se usan son:

From,	Un saludo,*
Sincerely,	Sinceramente,
Love,	Con cariño,

*Literalmente, from = *de* en español.

2. El uso de **Let's** y **Why don't**

Let's (do something) y **Why don't we (do something)** tienen el mismo significado. Las dos expresiones se usan para hacer sugerencias de actividades para Ud. y para mí. Fíjese en los siguientes ejemplos:

It's nice out. Let's go to the park.	Hace buen tiempo. ¿Vámonos al parque?
It's nice out. Why don't we go to the park.	Hace buen tiempo. ¿Por qué no vamos al parque?

Se usa **Why don't you** para hacer una sugerencia amable o dar un consejo a otra persona.

I have a headache.	Tengo un dolor de cabeza.
Why don't you take an aspirin?	¿Por qué no toma una aspirina?
That's a good idea.	Es una buena idea.

3. For y since

a. For + una duración de tiempo

El uso del presente perfecto en una frase con **for** + una duración de tiempo significa que la acción comenzó en el pasado y continúa en el presente. El uso del tiempo pretérito significa que la acción comenzó y terminó en el pasado. Estudie los siguientes ejemplos:

I have been here for two hours.	He estado aquí (por) dos horas.
for fifteen minutes.	(por) quince minutos.
for three years, etc.	(por) tres años, etc.
He has studied English for six months.	Estudia inglés desde hace seis meses.
They have worked here for one year.	Trabajan aquí desde hace un año.

b. Since + un tiempo específico

La palabra **since** expresa la idea de que una actividad comenzó en un tiempo específico en el pasado y continúa en el presente. Se usa siempre el presente perfecto con **since**.

I have been here since ten o'clock.	He estado aquí desde las diez.
since last week.	desde la semana pasada.
since Sunday.	desde el domingo.
since March, etc.	desde marzo, etc.
I have studied English since 1993.	He estudiado inglés desde 1993.
He has lived in New York since last October.	Ha vivido en Nueva York desde el octubre pasado.

Ejercicio No. 151

Complete las frases en inglés.

1. **Mr. Martínez will stay in the United States** (un mes).

2. **He has studied English** (desde hace seis meses).

3. **He has studied English** (desde el octubre pasado).

4. **What has he studied** (desde entonces)?

5. **He has lived in Mexico** (desde hace muchos años).

6. **I have had this book** (desde la semana pasada).

7. **I have had this book** (desde hace siete días).

8. **Miss Johnson has taught English** (desde 1990).

9. **Miss Johnson has taught English** (desde hace seis años).

10. **I have been studying this lesson** (una hora).

Ejercicio No. 152

Complete la frase **Mr. Martínez has studied English . . .** usando **since** o **for** con las expresiones abajo.

Mr. Martínez has studied English . . .

1. _____ six months.

2. _____ last October.

3. _____ 8:00.

4. _____ two days.

5. _____ yesterday.

6. _____ the beginning of the year.

7. _____ thirty minutes.

8. _____ about three hours.

9. _____ last Tuesday.

10. _____ 1993.

Ejercicio No. 153—PREGUNTAS

1. **What has Mr. Martínez just received?**

2. **When will Mr. Clark be in New York?**

3. **Where will he pick up Mr. Martínez?**

4. **In what language will Mr. Martínez speak with him?**

5. **What is Mr. Clark looking forward to?**

6. **How long have the two men known each other?**

7. **Do they know each other personally?**

8. **Does Mr. Martínez have anything to worry about?**

9. **When is their last class?**

10. **What will Miss Johnson give him in their last class?**

Miss Johnson's Advice

Los consejos de la señorita Johnson

1. **Mr. Martínez and Miss Johnson are seated in Mr. Martínez's office. The window is open, and you can hear the noises of the street below.**

2. **"I'm happy that I'm going to New York," says Mr. Martínez.**

3. **"I know exactly how you feel. I would love to go too and see my family and friends," answers Miss Johnson.**

4. **"What a pity that you can't go. Can I do anything for you while I'm there?"**

5. **"I'm afraid not, but thank you for offering."**

6. **"Could you at least give me some final words of advice? Is life in the United States very different from life in Mexico?"**

1. El Sr. Martínez y la Srta. Johnson están sentados en la oficina del Sr. Martínez. La ventana está abierta, y se puede oír los ruidos de la calle abajo.

2. —Me alegro de ir a Nueva York—dice el Sr. Martínez.

3. —Sé exactamente como se siente. Me encantaría ir también a ver a mi familia y a mis amigos—contesta la Srta. Johnson.

4. —Qué pena que no pueda ir. ¿Le puedo hacer algún favor mientras estoy allí?

5. —Me temo que no, pero gracias por ofrecerse.

6. —¿Me podría dar, por lo menos, algunos últimos consejos? ¿Es muy distinta la vida en los Estados Unidos de la vida en México?

7. "Yes, Mr. Martínez, there are many different customs. But you have already learned about many of these differences. In New York it may seem that people are not always courteous. People are always rushing from one place to another, and there is less time for idle chit-chat."

8. "I have noticed," answers Mr. Martínez. "Mr. Clark is very nice; however, he gets right to the point. He does not seem to have time to talk about matters that are not work related."

9. "Yes, that is typical of life in New York. Many people don't take the time to get to know one another because there is too much work to be done. You should not take this personally, Mr. Martínez."

10. "I'm sure I can get used to that. I just hope that, busy as he is, Mr. Clark doesn't forget to come to the airport. He has promised that he would pick me up. He has never broken a promise before, but I am nervous anyway."

11. "I'm sure he is a reliable man."

12. "Just in case, may I take the books and maps that you have lent me to New York? I have read them already, but I would like to have this information with me."

13. "Of course, Mr. Martínez, although you won't have any problems."

7. —Sí, Sr. Martínez, hay muchas costumbres diferentes. Pero ya ha aprendido muchas de estas diferencias. En Nueva York puede parecer que la gente no sea siempre cortés. La gente siempre corre de un lugar a otro, y hay menos tiempo para charla frívola.

8. —Me he dado cuenta de eso—contesta el Sr. Martínez—. El Sr. Clark es muy simpático; sin embargo, va directamente al grano. Parece que no tiene tiempo para hablar de asuntos que no sean relacionados con el trabajo.

9. —Sí, eso es típico de la vida en Nueva York. Mucha gente no toma el tiempo de conocerse porque hay demasiado trabajo que hacer. No lo debería tomar personalmente, Sr. Martínez.

10. —Estoy seguro de que me puedo acostumbrar. Sólo espero que el Sr. Clark, ocupado como está, no se olvide de venir al aeropuerto. Ha prometido que me recogería. Nunca ha faltado a una promesa antes, pero estoy nervioso de todas formas.

11. —Estoy segura que es un hombre de confianza.

12. —Por si acaso, ¿puedo llevar a Nueva York los libros y los planos que me ha prestado? Ya los he leído, pero me gustaría tener esta información conmigo.

13. —Claro, Sr. Martínez, aunque no va a tener ningún problema.

14. "Thank you, Miss Johnson. I have enjoyed our conversations very much, and I will miss our classes. I will write to you from New York—in English, of course!"

14. —Gracias, Srta. Johnson. He disfrutado mucho de nuestras conversaciones, y echaré de menos nuestras clases. Le escribiré desde Nueva York—¡en inglés, por supuesto!

15. "I would like that. Well, I should say goodbye to you then. Have a wonderful trip, Mr. Martínez, and good luck with your English."

15. —Me gustaría. Pues, debería despedirme de Ud., entonces. Que tenga un viaje estupendo, Sr. Martínez, y buena suerte con su inglés.

16. "Thank you for everything, Miss Johnson."

16. —Gracias por todo, Srta. Johnson.

They shake hands.

Se dan la mano.

Pronunciación y Ortografía

advice	(ædváis)	courteous	(cǿrtiŭs)
afraid	(afréid)	idle	(áidœl)
nervous	(nǿrvŭs)	reliable	(reláiæbœl)

Vocabulario

Sinónimos:

1. courteous — polite — cortés
2. I'm afraid not. — Unfortunately not. — Me temo que no.
3. to be happy to — to be glad to — alegrarse de
4. to be in a hurry — to rush — tener prisa

Expresiones Importantes

1. a reliable man — un hombre de confianza
2. at least — por lo menos
3. I will miss our classes. — Echaré de menos nuestras clases.
4. I'm afraid not. — Me temo que no.
5. idle chit-chat — la charla frívola
6. Thank you for everything. — Gracias por todo.

7. **to break a promise**		faltar a una promesa
8. **to get right to the point**		ir directamente al grano
9. **to get used to**		acostumbrarse a
10. **to say goodbye**		despedirse
11. **to shake hands**		darse la mano
12. **What a pity.**		Qué pena.

Ejercicio No. 154—COMPLETAR EL TEXTO

1. (Me alegro de que) **I'm going to New York.**

2. (Qué pena) **that you can't go.**

3. **Could you** (por lo menos) **give me some final words of advice?**

4. **There are many** (costumbres diferentes).

5. **People are always rushing** (de un lugar a otro).

6. **There is less time for** (charla frívola).

7. **Mr. Clark is very nice; however,** (va directamente al grano).

8. **Many people don't take the time to** (conocerse).

9. **You should not** (tomarlo personalmente).

10. **I'm sure he is** (un hombre de confianza).

11. **Well, I should** (despedirme de Ud.).

12. (Gracias por todo.)

PUNTOS GRAMATICALES

1. Pidiendo permiso

Se usan **may I, could I** y **can I** para hacer preguntas de una manera cortés. Los siguientes ejemplos tienen básicamente el mismo significado.

May I speak with John?	¿Puedo hablar con Juan?
Could I speak with John?	¿Podría hablar con Juan?
Can I speak with John?*	¿Puedo hablar con Juan?

*NOTA: **Can I** es menos formal que **may I** y **could I**.

2. Más participios pasados irregulares:

VERBO	PARTICIPIO PASADO	PRESENTE PERFECTO	
break	broken	I have broken	He roto
get	gotten	I have gotten, got	He recibido
give	given	I have given	He dado
know	known	I have known	He sabido/conocido
lend	lent	I have lent	He prestado
make	made	I have made	He hecho
read	read	I have read	He leído
run	run	I have run	He corrido
teach	taught	I have taught	He enseñado
understand	understood	I have understood	He comprendido

Ejercicio No. 155

Forme una pregunta cortés usando **May I, Could I** o **Can I** según la situación indicada.

Ejemplo: 1. **Can I see your book?**

1. **Your sister has a book. You want to see it.**

2. **You are at your friend's house. You want to use the telephone.**

3. **You are talking to your boss (jefe). You want to come to work a little late tomorrow.**

4. **You are talking to your teacher. You want to leave early today.**

5. **You are in a restaurant. You have finished eating and you want the waitress to bring you the check.**

6. **You are a salesperson in a store. A customer (cliente) walks toward you. What do you say?**

7. **Paul has a computer. You want to use it.**

8. **You are talking to your mother. You want to go to the movies with Bob tonight.**

Ejercicio No. 156

Traduzca al inglés:

1. He leído ese libro.

2. La madre ha hecho un postre delicioso.

3. La profesora le ha prestado (a él) el plano.

4. El muchacho ha roto la silla.

5. Ella le ha enseñado al Sr. Martínez muchas cosas.

6. Le he dado (a Ud.) muchas oportunidades.

7. El Sr. Martínez ha recibido muchas cartas esta semana.

8. Le conozco (a Ud.) desde el año pasado.

Ejercicio No. 157

Cambie las siguientes frases (1) al pretérito y (2) al presente perfecto.

Ejemplo: 1. **He knew his neighbor for two years.**
He has known his neighbor for two years.

1. **He knows his neighbor for two years.**

2. **Susan understands the lesson.**

3. **I lend my books to Peter.**

4. **I run to school every day.**

5. **The maid makes the beds.**

6. **The teacher gives us the instructions.**

7. **Our office gets a lot of mail.**

8. **He reads the newspaper.**

9. **The children break their toys (juguetes).**

10. **My friend teaches history.**

Ejercicio No. 158—PREGUNTAS

1. **Where are Mr. Martínez and Miss Johnson?**

2. **What can they hear?**

3. **Who is happy to be going to New York?**

4. **Why does Miss Johnson want to go too?**

5. **Is life in the United States the same as in Mexico?**

6. **Are people always courteous?**

7. **Why don't people have time to chit-chat?**

8. **Does Mr. Clark talk about things other than work?**

9. **Does Mr. Martínez think he can get used to this?**

10. **Is Mr. Martínez nervous?**

11. **Has Mr. Clark ever broken a promise before?**

12. **What does Miss Johnson say?**

13. **What does Mr. Martínez want to take with him to New York?**

14. **What will he miss?**

15. **Who will write to whom?**

Mr. Martínez Leaves for New York

El señor Martínez sale para Nueva York

1. Mr. Martínez has been studying English for six months. He has spent many hours conversing with Miss Johnson in order to be well prepared for his trip. He has learned the necessary grammar and has read a great deal about New York and the United States. He now speaks quite well.

2. Mr. Martínez has obtained his ticket for the flight, his passport, and his visa. He has written to his agent in New York, Mr. Clark, letting him know the arrival time of his plane in New York. Mr. Clark has promised to meet him there. Although he has flown before, he has become quite nervous in anticipation of his trip.

3. His family is not going with him because the children have to go to school, and his wife has to stay home in order to take care of them. Besides, traveling with small children is not only difficult but quite expensive too.

1. Hace seis meses que el Sr. Martínez estudia el inglés. Ha pasado muchas horas conversando con la Srta. Johnson para estar bien preparado para su viaje. Ha aprendido la gramática necesaria y ha leído mucho sobre Nueva York y los Estados Unidos. Ahora habla inglés bastante bien.

2. El Sr. Martínez ha conseguido su billete para el vuelo, su pasaporte y su visado. Ha escrito a su agente en Nueva York, el Sr. Clark, haciéndole saber la hora de llegada de su avión en Nueva York. El Sr. Clark ha prometido encontrarle allí. Aunque ha viajado en avión antes, se ha puesto muy nervioso pensando en su viaje.

3. Su familia no le va a acompañar porque los hijos tienen que ir a clase, y su esposa tiene que quedarse en casa para cuidar de ellos. Además, el viajar con niños pequeños no es solamente difícil sino también bastante caro.

4. Finally the departure day arrives. Mr. Martínez's plane leaves at eight in the morning. He has to be at the airport one hour before in order to check in and check the luggage.

4. Por fin llega el día de la salida. El avión del Sr. Martínez sale a las ocho de la mañana. Tiene que estar en el aeropuerto una hora antes para mostrar su billete y facturar las maletas.

5. At six in the morning, the whole family is ready to leave for the airport. Mr. Martínez has put his suitcases in the car. He has also hidden his money and traveler's checks in a safe place. They all get into the car and leave. They arrive at the airport at about seven.

5. A las seis de la mañana la familia entera está lista para salir para el aeropuerto. El Sr. Martínez ha puesto sus maletas en el coche. También ha escondido su dinero y los cheques de viaje en un lugar seguro. Todos suben al coche y se van. Llegan al aeropuerto a eso de las siete.

6. Mr. Martínez gives his ticket and his passport to the agent. Everything is in order, and the plane is on time.

6. El Sr. Martínez da su billete y su pasaporte al agente. Todo está en orden y el avión sale a tiempo.

7. Then Mr. Martínez says goodbye to his wife and children, who wish him a good trip. As he is boarding, he waves goodbye to his family. At eight sharp the plane takes off.

7. Entonces el Sr. Martínez se despide de su esposa y de sus hijos que le desean un buen viaje. Cuando está embarcando, dice adiós con la mano. A las ocho en punto el avión despega.

8. Mr. Martínez is on his way.

8. El Sr. Martínez está en camino.

Pronunciación y Ortografía

necessary	(néseseri)	goodbye	(gudbái)
leave	(lív)	wife	(uáif)
whole	(jóul)	hidden	(jídn)

Vocabulario

A. Antónimos

1. the arrival	la llegada	the departure	la salida
2. to arrive	llegar	to leave/depart	salir
3. to arrive on time	llegar a tiempo	to arrive late	llegar con retraso
4. to greet	saludar	to say goodbye	despedirse
5. to take off (airplane)	despegar	to land	aterrizar

B. Vocabulario del viajero

1. **carry on (bag)**	la bolsa de mano	8. **itinerary**	el itinerario
2. **boarding pass**	la tarjeta de embarque	9. **to pack**	hacer la maleta
3. **to board**	embarcar	10. **passport**	el pasaporte
4. **to check (luggage)**	facturar	11. **suitcase**	la maleta
5. **to check in**	mostrar el billete	12. **ticket**	el billete (boleto)
6. **credit card**	la tarjeta de crédito	13. **traveler's check**	el cheque de viaje
7. **customs**	la aduana	14. **visa**	el visado

Expresiones Importantes

1. **besides**	además
2. **to be in order**	estar en orden
3. **to become nervous**	ponerse nervioso
4. **letting him know**	haciéndole saber
5. **not only . . . but**	no solamente . . . sino
6. **to stay home**	quedarse en casa
7. **on time**	a tiempo
8. **to wave goodbye**	decir adiós con la mano

Ejercicio No. 159—COMPLETAR EL TEXTO

1. (Ha pasado) **many hours conversing with Miss Johnson.**

2. **He has learned** (la gramática necesaria).

3. (Ha escrito) **to his agent in New York.**

4. **Although** (ha viajado en avión) **before, he has become quite nervous.**

5. (Por fin) **the departure day arrives.**

6. **His family** (no le va a acompañar).

7. **His wife has to** (quedarse en casa) **in order to take care of the children.**

8. **The entire family** (está lista) **to leave for the airport.**

9. **Mr. Martínez has put** (sus maletas) **in the car.**

10. (Todo está en orden.)

11. **Mr. Martínez** (se despide de) **his wife and children.**

12. **As he is boarding,** (dice adiós con la mano) **to his family.**

13. **At eight sharp** (el avión despega).

14. **Mr. Martínez** (está en camino).

PUNTOS GRAMATICALES

1. El uso de **in order to**

In order to expresa un objetivo y contesta la pregunta ¿por qué? En (c) frecuentemente se omite **in order**; (a), (b) y (c) tienen el mismo significado.

Why did Mrs. Martínez stay home?

a) **She stayed home** *because* **she had to take care of the children.**
b) **She stayed home** *in order to* **take care of the children.**
c) **She stayed home** *to* **take care of the children.**

2. Más participios pasados irregulares

VERBO		PARTICIPIO PASADO
become	ponerse/hacerse	**become**
fall	caer	**fallen**
feel	sentirse	**felt**
fly	viajar en avión/volar	**flown**
forbid	prohibir	**forbidden**
grow	crecer	**grown**
hide	esconder	**hidden**
leave	salir	**left**
put	poner	**put**
send	enviar	**sent**

Ejercicio No. 160

Añada **in order to** a las frases cuando sea posible. Tenga en cuenta que **in order to** tiene que expresar un objetivo.

EJemplo: 1. **Mrs. Martínez went to the store in order to buy milk.**

1. **Mrs. Martínez went to the store to buy milk.**

2. **Mr. Martínez arrived early to check in.**

3. **I have to go to the bank.**

4. **I have to go to the bank to get money.**

5. **He studied hard to be well prepared.**

6. **Nancy and Paul have decided to go to Spain.**

7. **I hope to see you again.**

8. **I must leave now to arrive on time.**

9. **Don't forget to pay the bills** (facturas).

10. **He wrote to me to tell me his arrival time.**

Ejercicio No. 161

Complete las frases con el participio pasado correcto del verbo entre paréntesis.

1. **Mr. Martínez has _____ his money.**   **(hide)**

2. **He has already _____ the suitcases in the car.**   **(put)**

3. **During the last week he has _____ very nervous.**   **(become)**

4. **He has never _____ so nervous before.**   **(feel)**

5. **The child has never _____ in an airplane before.**   **(fly)**

6. **The plane has _____ on time.**   **(leave)**

7. **My mother has _____ me to smoke.**   **(forbid)**

8. **Your children have _____ so much since last year!**   **(grow)**

9. **Mom, come quickly! John has _____ off his bicycle!**   **(fall)**

10. **Have you _____ the package to Peter yet?**   **(send)**

Ejercicio No. 162—PREGUNTAS

1. How long has Mr. Martínez been studying English?

2. With whom has he spent many hours conversing?

3. What has he learned?

4. How does he speak English now?

5. What has he obtained?

6. To whom has he written?

7. What has Mr. Clark promised?

8. What time does Mr. Martínez's plane leave?

9. Why must he be at the airport one hour earlier?

10. Is his family going with him?

11. Why does Mrs. Martínez have to stay home?

12. What has Mr. Martínez hidden in a safe place?

13. Are there any problems when Mr. Martínez checks in?

14. Who waves goodbye to whom?

15. What time does the plane take off?

PARTE 1

Repaso de Vocabulario

NOMBRES

1. **advice**	1. el consejo	12. **level**	12. el nivel
2. **airport**	2. el aeropuerto	13. **matter**	13. el asunto
3. **appointment**	3. la cita	14. **passport**	14. el pasaporte
4. **brochure**	4. el folleto	15. **pity**	15. la pena
5. **chit-chat**	5. la charla	16. **pleasure**	16. el placer
6. **company**	6. la compañía	17. **promise**	17. la promesa
7. **copy**	7. la copia	18. **response**	18. la respuesta
8. **departure**	8. la salida	19. **service**	19. el servicio
9. **doubt**	9. la duda	20. **stay**	20. la estancia
10. **fax**	10. el fax	21. **traveler's check**	21. el cheque de viaje
11. **grammar**	11. la gramática		

VERBOS

1. **to appreciate**	1. apreciar	11. **to hide**	11. esconder
2. **to become**	2. ponerse/hacerse	12. **to inform**	12. informar
3. **to board (plane)**	3. embarcar	13. **to lend**	13. prestar
4. **to break**	4. romper	14. **to miss**	14. echar de menos
5. **to check (luggage)**	5. facturar	15. **to notice**	15. darse cuenta de
		16. **to obtain**	16. conseguir
6. **to choose**	6. decidir, elegir	17. **to owe**	17. deber
7. **to confess**	7. confesar	18. **to promise**	18. prometer
8. **to converse**	8. conversar	19. **to take off**	19. despegar
9. **to explore**	9. explorar	20. **to wish**	20. desear
10. **to feel**	10. sentirse		

ADJETIVOS

1. **busy**	1. ocupado	6. **pleasant**	6. agradable
2. **courteous**	2. cortés	7. **productive**	7. productivo
3. **final**	3. último	8. **reliable**	8. de confianza
4. **less**	4. menos	9. **sincere**	9. sincero
5. **nervous**	5. nervioso	10. **whole**	10. entero

ADVERBIOS

1. **anyway**	1. de cualquier manera	4. **extremely**	4. sumamente
2. **beforehand**	2. de antemano	5. **finally**	5. finalmente
3. **exactly**	3. exactamente	6. **gladly**	6. con mucho gusto
		7. **personally**	7. personalmente

EXPRESIONES IMPORTANTES

1. **at least**	por lo menos
2. **to be pleased to**	tener el gusto de
3. **to become nervous**	ponerse nervioso
4. **to break a promise**	faltar a una promesa
5. **to get right to the point**	ir directamente al grano
6. **to get to know (someone)**	conocer (a alguien)
7. **to get used to**	acostumbrarse a
8. **Let me know.**	Avíseme.
9. **to look forward to**	esperar la oportunidad de
10. **on time**	a tiempo
11. **to pick (someone) up**	recoger (a alguien)
12. **to say goodbye to**	despedirse de
13. **to shake hands**	darse la mano

14. **to stay home**	quedarse en casa
15. **to take advantage of**	aprovechar
16. **to wave goodbye**	decir adiós con la mano
17. **What a pity.**	Qué pena.
18. **without a doubt**	sin duda

PARTE 2

Ejercicio No. 163

Escoja las palabras de la columna de la derecha que mejor completen la frase comenzada en la columna de la izquierda.

1. **I hope to take advantage of**	a. **meeting you personally.**
2. **Let's review**	b. **in anticipation of his trip.**
3. **She has to stay home in order to**	c. **hear from you soon.**
4. **He has never broken**	d. **if this would be possible.**
5. **I look forward to**	e. **to worry about.**
6. **Please let me know**	f. **everything I have learned.**
7. **He has become quite nervous**	g. **a promise before.**
8. **I will be very happy**	h. **the opportunity to meet you.**
9. **You have nothing**	i. **to pick you up.**
10. **I hope to**	j. **take care of the children.**

Ejercicio No. 164

Escoja la expresión correcta de la Columna II para completar las frases de la Columna I. Tenga cuidado al usar la forma correcta del verbo.

I	II
1. (Ella prestó) **the book to the child.**	a. **to stay home**
2. (Tengo el gusto de) **inform you that I will be in New York.**	b. **in order to**
3. (Echaré de menos) **our classes.**	c. **to lend**

4. **Mary (se quedará en casa) because she's sick.**

  d. **to be pleased to**

5. **Could you (por lo menos) give me some advice?**

  e. **since**

6. **Mr. Martínez (se despidió de) his family.**

  f. **to miss**

7. **He now speaks English (bastante bien).**

  g. **for**

8. **He arrived early (para) check in.**

  h. **quite well**

9. **I have known him (desde) last year.**

  i. **at least**

10. **Mr. Martínez has studied English (desde hace) six months.**

  j. **to say goodbye to**

Ejercicio No. 165

Complete las frases en inglés.

1. **John (decidió) to stay home.**

2. **Susan (me prestó) her book.**

3. **Mr. Martínez (salió) for the airport at six o'clock.**

4. **Before leaving, (él puso) his suitcases in the car.**

5. **Christine (trajo) a gift to the party.**

6. **Peter and Robert (hicieron) many errors on the quiz.**

7. **Our neighbors (nos vendieron) their computer.**

8. **The girl (se sentía) nervous before the exam.**

9. **(Comprendí) what you said yesterday.**

10. **(Conocí a mi esposo) two years ago.**

Ejercicio No. 166

Complete las frases con el participio pasado del verbo entre paréntesis.

1. **The children have (grow) a lot since last year.**

2. **Where have you (hide) my present (regalo)?**

3. **Have you ever (fly) in an airplane?**

4. **Mr. Martínez has (become) quite nervous.**

5. **Miss Johnson has (teach) him a lot about the United States.**

6. **We have (know) about the problem for a while.**

7. **Kate's boyfriend has already (send) her two birthday presents.**

8. **Have you (read) this magazine already?**

9. **Has he (get) the check yet?**

10. **The books have (fall) off the table.**

PARTE 3

DIÁLOGO 1

Practique el inglés en voz alta.

At the Airport

1. **Good afternoon, Mr. Clark. Are you waiting for someone?**

2. **Yes, I am waiting for Mr. Martínez from Mexico. He is the head of a company that I represent in New York.**

3. **Do you know him personally?**

4. **No, only from correspondence. But I have his photograph, so I think I'll recognize him.**

5. **When does his flight arrive from Mexico?**

6. **It should arrive at two o'clock.**

7. **Is it late?**

8. **No, it is on time. Ah! I think it is arriving now. Yes, it's landing.**

9. **Excuse me, sir. I am going to greet Mr. Martínez.**

En el aeropuerto

1. Buenas tardes, Sr. Clark. ¿Está esperando a alguien?

2. Sí, estoy esperando al Sr. Martínez de México. Es el jefe de una compañía que represento en Nueva York.

3. ¿Le conoce Ud. personalmente?

4. No, sólo de correspondencia. Pero tengo su foto, así que creo que le reconoceré.

5. ¿Cuándo llega su vuelo de México?

6. Debe de llegar a las dos.

7. ¿Llega con retraso?

8. No, llega a tiempo. ¡Ah! Creo que ya está llegando. Sí, está aterrizando.

9. Perdóneme, señor. Voy a saludar al Sr. Martínez.

DIÁLOGO 2

1. **Welcome to New York, Mr. Martínez. How was your trip?**	1. Bienvenido a Nueva York, Sr. Martínez. ¿Cómo fue su viaje?
2. **Wonderful! I am happy to be in New York. I have waited a long time for this moment.**	2. ¡Estupendo! Me alegro de estar en Nueva York. He esperado este momento por mucho tiempo.
3. **And here you are! I am sure you will be very happy here.**	3. ¡Y aquí está! Estoy seguro de que Ud. estará muy contento aquí.

Ejercicio No. 167—LECTURA

Mr. Martínez Goes to the Movies

Last week Mr. Martínez went to the movies. He prefers to go to the theater, because most movies don't interest him. But last week the movie theater near his house was showing (exhibía) the movie *A Trip through the United States*. It is a movie about the history and geography of the United States, and it had received very good reviews. Naturally, Mr. Martínez wanted to see this movie.

Mr. Martínez went to the eight o'clock showing. Almost all the seats were taken, so he had to sit in the third row. Mr. Martínez did not like this, because the movements on the screen hurt his eyes. Fortunately, he was able to change seats after fifteen minutes, and he moved to the thirteenth row.

Mr. Martínez enjoyed the movie a lot, and he also learned a lot about the customs of the United States.

When he arrived home that night, he said to his wife: "I am so happy I saw the movie. I understood almost everything. I now feel well prepared for my trip."

Practice Makes Perfect

La práctica hace la perfección

Prólogo

El Sr. Martínez está ahora en Nueva York y escribe diez cartas a la Srta. Johnson. Le cuenta sobre algunos de los lugares que visita y sobre algunas de sus experiencias e impresiones.

En sus cartas hay muchas referencias a cosas que ha estudiado con ella, así que se repite mucho el vocabulario de los capítulos 3 a 30.

Lea de nuevo los textos y los diálogos de los capítulos anteriores antes de continuar con el capítulo 31 para repasar el vocabulario y las expresiones importantes. Ud. podrá hacer esto fácil y rápidamente, sin referirse a la traducción española.

Debería practicar su pronunciación. Lea en voz alta los diálogos y los textos de los capítulos anteriores siempre que pueda.

Mr. Martínez Arrives in New York

El Sr. Martínez llega a Nueva York

The First Letter from the United States

New York, April 8, 1996

Dear Miss Johnson:

1. **When the plane landed in New York, I went through customs and picked up my luggage. Then I went to look for Mr. Clark.**

2. **Suddenly, a tall man approached me and said, "Excuse me, are you Mr. Martínez?"**

3. **"Yes, I am," I answered. "And you must be Mr. Clark. It's nice to finally meet you." We shook hands.**

4. **"Likewise," answered Mr. Clark.**

5. **You will remember, Miss Johnson, that Mr. Clark is the agent of our company in New York.**

6. **We went outside together and Mr. Clark hailed a cab. He said to the driver, "The American Hotel, please."**

7. **Although there was a lot of traffic, the driver raced towards New York at full speed, zig-zagging in between cars and trucks.**

8. **When we entered the city, Mr. Clark pointed out to me the famous buildings that we passed. I took out the maps that you lent me to see where I was.**

Nueva York, 8 de abril de 1996

Querida Srta. Johnson:

1. Cuando aterrizó el avión en Nueva York, pasé por la aduana y recogí mi equipaje. Entonces fui a buscar al Sr. Clark.

2. De repente, un señor alto se acercó a mí y dijo—Perdóneme, ¿es Ud. el Sr. Martínez?

3. —Sí, soy yo—contesté yo—. Y Ud. tiene que ser el Sr. Clark. Encantado de conocerle finalmente. Nos dimos la mano.

4. —Igualmente—respondió el Sr. Clark.

5. Ud. recordará, Srta. Johnson, que el Sr. Clark es el agente de nuestra compañía en Nueva York.

6. Salimos juntos a la calle y el Sr. Clark llamó un taxi. Dijo al taxista—El Hotel Americano, por favor.

7. Aunque había mucho tráfico, el taxista iba corriendo a toda velocidad hacia Nueva York, zigzagueando entre coches y camiones.

8. Cuando entramos en la ciudad, el Sr. Clark me señaló los edificios famosos que pasábamos. Saqué los planos que me prestó para ver dónde estaba.

9. **At last we arrived at the hote, safe and sound, and I put away the maps. The taxi dropped us off at the door, and Mr. Clark accompanied me inside.**

10. **I went to the reception desk and said to the clerk, "Good afternoon, sir. Do you have a room reserved for Martínez?"**

11. **"Certainly. We have reserved a nice room on the tenth floor for you. It faces the back, so it should be quiet."**

12. **"Very good, thank you. And my suitcases?"**

13. **"The bellboy will take them up right away. You speak English very well. Have you been in New York very long?"**

14. **"I have just arrived," I said, somewhat proud.**

15. **"Are you on vacation?" asked the clerk.**

16. **"I am here on business as well as vacation."**

17. **Mr. Clark and I chatted a while longer and then we said goodbye. He promised to call me up the next day to arrange a meeting.**

18. **I took the elevator up to the tenth floor and I found my room. It is very comfortable. I think that I'm going to be very happy in this country.**

> **Sincerely yours,**
> **Pablo Martínez**

9. Por fin llegamos al hotel, sanos y salvos, y guardé los planos. El taxi nos dejó en la puerta, y el Sr. Clark me acompañó dentro.

10. Fui a recepción y dije al recepcionista—Buenas tardes, señor. ¿Tiene Ud. una habitación reservada para Martínez?

11. —Naturalmente. Hemos reservado para Ud. una habitación agradable en el décimo piso. Da a la parte de atrás, así que dèbe de ser tranquila.

12. —Muy bien, gracias. ¿Y mis maletas?

13. —El botones se las subirá inmediatamente. Ud. habla inglés muy bien. ¿Hace mucho tiempo que está en Nueva York?

14. —Acabo de llegar—contesté yo, algo orgulloso.

15. —¿Está Ud. de vacaciones?—preguntó el recepcionista.

16. —Estoy aquí de viaje de negocios así como vacaciones.

17. El Sr. Clark y yo charlamos un rato más y entonces nos despedimos. Me prometió llamar por teléfono al día siguiente para fijar una cita.

18. Subí en el ascensor al décimo piso y encontré mi habitación. Es muy cómoda. Creo que voy a estar muy contento en este país.

> Le saluda atentamente,
> Pablo Martínez

Vocabulario

Antónimos

1. **he arrived**	él llegó	4. **he took out**	él sacó
he left	él salió	**he put away**	él guardó
2. **he asked**	él preguntó	5. **he went outside**	él salió
he answered	él contestó	**he went inside**	él entró
3. **he picked me up**	él me recogió		
he dropped me off	él me dejó		

Expresiones Importantes

1. **at full speed**	a toda velocidad
2. **at last**	por fin
3. **It's nice to meet you.**	Encantado de conocerle.
4. **likewise**	igualmente
5. **right away**	inmediatamente
6. **safe and sound**	sano y salvo
7. **suddenly**	de repente
8. **to face**	dar a
9. **to go through customs**	pasar por la aduana
10. **to hail a cab (taxi)**	llamar un taxi
11. **to look for**	buscar
12. **to race**	ir corriendo

Ejercicio No. 168—COMPLETAR EL TEXTO

1. **I went to** (buscar) **Mr. Clark.**

2. (De repente) **a tall man approached me.**

3. (Perdóneme), **are you Mr. Martínez?**

4. (Encantado de conocerle finalmente), **I said.**

5. (Igualmente), **answered Mr. Clark.**

6. **We went outside together and Mr. Clark** (llamó un taxi).

7. **The driver raced towards New York** (a toda velocidad).

8. (El Sr. Clark me señaló) **the famous buildings that we passed.**

9. (Saqué) **the maps you lent me.**

10. (Por fin) **we arrived at the hotel.**

11. **The taxi** (nos dejó) **at the door.**

12. **The room** (da a la parte de atrás).

13. **The bellboy will take them up** (inmediatamente).

14. (Está Ud. de vacaciones?), **asked the clerk.**

15. **I took the elevator up to the tenth floor and** (encontré mi habitación).

PUNTOS GRAMATICALES

1. **Introductions**

a. **I want to introduce you to Mr. Clark, my agent in New York.**

b. **It's nice to meet you.**

c. **It's nice to meet you too,**
       or
   Likewise.
   (They shake hands.)

Presentaciones

a. Quiero presentarle al Sr. Clark, mi agente en Nueva York.

b. Encantado de conocerle.

c. Encantado de conocerle a Ud. también,
       o
   Igualmente.
   (Se dan la mano.)

2. Locuciones verbales separables

a. Hasta ahora sólo hemos estudiado las locuciones verbales de tipo *no* separable. Con las locuciones verbales separables, un nombre puede situarse entre el verbo y la preposición *o* después de la preposición. Fíjese en los ejemplos abajo y las dos posibilidades que existen con varias de las locuciones.

to point out = señalar, indicar
Mr. Clark pointed *out* the buildings to me.   El Sr. Clark me señaló los edificios.
Mr. Clark pointed the buildings *out* to me.

to take out = sacar
I took *out* the maps.   Saqué los planos.
I took the maps *out.*

to put away = guardar
Mr. Martínez put *away* the maps.   El Sr. Martínez guardó los planos.
Mr. Martínez put the maps *away*.

to drop off = dejar algo/a alguien en un sitio
The taxi dropped us* *off* at the door.   El taxi nos dejó en la puerta.

to call up = llamar por teléfono
Mr. Clark promised to call me* *up* the next   El Sr. Clark me prometió llamar por teléfono al
day.   día siguiente.

to make up = inventar, crear
Mary made *up* an excuse for being late.   María inventó una escusa por llegar tarde.
Mary made it* *up*.   María la inventó.

*Con las locuciones verbales separables, un pronombre se sitúa siempre entre el verbo y la preposición.

b. Más locuciones verbales separables

to call off = cancelar
Mr. Clark called *off* the meeting.   El Sr. Clark canceló la reunión (mitin).
Mr. Clark called the meeting *off*.

to hand in = entregar
John handed *in* his assignment on time.   Juan entregó su tarea a tiempo.
John handed his assignment *in* on time.

to have on = llevar   El Sr. Clark lleva un traje.
Mr. Clark has *on* a suit.
Mr. Clark has a suit *on*.

Ejercicio No. 169

Traduzca al inglés, usando los verbos indicados en el tiempo pretérito.

Ejemplo: 1. **they believed**

1. **(to believe)**   ellos creyeron   7. **(to begin)**   la clase comenzó

2. **(to stop)**   la lluvia paró   8. **(to sleep)**   el niño durmió

3. **(to leave)**   nosotros salimos   9. **(to be)**   Ud. estaba contento

4. **(to take)**   tomé el libro   10. **(to hear)**   oí el ruido

5. **(to say)**   ella no dijo   11. **(to ask)**   ellos preguntaron

6. **(to say)**   ella dijo   12. **(to find)**   Ud. lo encontró

13. **(to come)**   él vino

14. **(to give)**   él me dio

15. **(to forget)**   nosotros olvidamos

16. **(to drink)**   ¿bebió ella?

Ejercicio No. 170

Complete las siguientes frases usando las locuciones verbales abajo. Tenga cuidado al usar la forma correcta del verbo.

to drop off   **to have on**   **to call off**

to point out   **to take out**   **to call up**

to hand in   **to put away**   **to pick up**

to make up

1. What did Mr. Clark _____ _____ when you met him?

2. I _____ him _____ an hour ago, but he wasn't home.

3. Peter always _____ _____ excuses when he is late for school.

4. Steve _____ me _____ at the airport this morning.

5. My teacher _____ _____ my mistakes.

6. Mr. Clark _____ Mr. Martínez _____ at 2:00.

7. I _____ my final paper _____ this afternoon.

8. Mr. Martínez _____ the meeting _____ because he was busy.

9. Did you _____ the dishes _____?

10. Will you _____ my bag _____ of the drawer (cajón)?

Ejercicio No. 171—PREGUNTAS

1. Who approached Mr. Martínez suddenly?

2. What did this man say?

3. What did Mr. Martínez respond?

4. What did Mr. Clark do when they went outside?

5. Was there much traffic?

6. How was the taxi driver driving?

7. What did Mr. Clark point out?

8. How did they arrive at the hotel?

9. Where did the taxi drop them off?

10. Where does Mr. Martínez's room face?

11. What did Mr. Clark promise to do?

12. Where did Mr. Martínez take the elevator?

A Visit to the Clark Family
Una visita a la familia Clark

Second Letter from New York

Dear Miss Johnson:

1. **Last Monday Mr. Clark called me up. He wanted to invite me to his house the following day. Naturally I agreed to go. He asked me to come at four o'clock, and I promised to be on time.**

2. **I decided to take a taxi so I wouldn't be late. At four o'clock sharp we stopped in front of a beautiful white house with a large porch.**

3. **I rang the bell and heard rapid footsteps. Mr. Clark opened the door and invited me in. "Hello, Mr. Martínez. It's nice to see you again. Please come in."**

4. **I said to him, "Thank you for inviting me. Your house is charming. It reminds me of houses I have seen in the movies."**

5. **"There are many houses like this here, especially in the Northeast. The style is called colonial."**

Querida Srta. Johnson:

1. El lunes pasado el Sr. Clark me llamó por teléfono. Quiso invitarme a su casa al día siguiente. Naturalmente quedé en ir. Me pidió que fuera a las cuatro, y le prometí llegar a tiempo.

2. Decidí tomar un taxi para no llegar tarde. A las cuatro en punto paramos delante de una hermosa casa blanca con un porche grande.

3. Toqué el timbre y oí pasos rápidos. El Sr. Clark abrió la puerta y me invitó a entrar.—Hola, Sr. Martínez. Me alegro de verle de nuevo. Por favor, pase.

4. Le dije—Gracias por invitarme. Su casa es encantadora. Me recuerda casas que he visto en las películas.

5. —Hay muchas casas como ésta aquí, sobre todo en el noreste. El estilo se llama colonial.

6. I looked at the large porch and the white house with its black shutters. I especially enjoyed looking at the beautiful yard full of trees and flowers.

7. When I finished admiring the surroundings, we entered a big living room. Mr. Clark introduced me to his wife and to his two sons.

8. The boys told me that they go to high school. The older one wants to become a doctor. The younger one wants to be a lawyer.

9. After a while, the boys went to do their homework.

10. Mrs. Clark asked me if I would rather have tea or coffee, and I told her that I would rather have coffee. She left the room, and Mr. Clark and I chatted about life in the United States.

11. He told me that it is worth the trouble to visit other cities, as each one is unique and offers another view of the country.

12. I answered that I enjoy seeing new places and that I was considering visiting Washington, D.C., and Boston.

13. After a very interesting and pleasant hour and a half, I thanked the Clarks for their hospitality and returned home, that is to say, to my hotel.

Sincerely yours,
Pablo Martínez

6. Miré el porche grande y la casa blanca con sus postigos negros. Sobre todo me gustó mirar el hermoso jardín lleno de árboles y flores.

7. Cuando terminé de admirar los alrededores, entramos en una sala grande. El Sr. Clark me presentó a su esposa y a sus dos hijos.

8. Los muchachos me dijeron que asisten a una escuela secundaria. El mayor quiere hacerse médico. El menor quiere ser abogado.

9. Después de un rato los muchachos fueron a hacer sus deberes.

10. La Sra. Clark me preguntó si prefería tomar té o café y le dije que prefería tomar café. Salió del cuarto, y el Sr. Clark y yo charlamos de la vida en los Estados Unidos.

11. Me dijo que vale la pena visitar otras ciudades, ya que cada una es única y ofrece otra impresión del país.

12. Contesté que disfruto al ver lugares nuevos y que estaba considerando visitar Washington, D.C., y Boston.

13. Después de una hora y media muy interesante y agradable, les di las gracias a los Srs. Clark por su hospitalidad y volví a casa, es decir, a mi hotel.

Le saluda atentamente,
Pablo Martínez

Vocabulario

SOME PROFESSIONS		ALGUNAS PROFESIONES	
1. **actor**	el actor	8. **nurse**	la/el enfermera (o)
2. **actress**	la actriz	9. **salesman**	el/la vendedor (a)/ comerciante
3. **banker**	el banquero	10. **teacher**	el/la maestro(a)
4. **businessman**	el hombre de negocios	11. **scientist**	el/la científico(a)
5. **doctor**	el/la médico(a)	12. **waiter**	el camarero (el mesero)
6. **engineer**	el/la ingeniero(a)	13. **waitress**	la camarera (la mesera)
7. **lawyer**	el/la abogado(a)	14. **writer**	el/la escritor(a)

Expresiones Importantes

1. **after a while**	después de un rato
2. **it is worth the trouble**	vale la pena
3. **I would rather**	prefería/preferiría
4. **that is to say**	es decir
5. **to agree to come**	quedar en venir
6. **to become**	hacerse
7. **He became a doctor.**	Se hizo médico.
8. **to go to high school**	asistir a la escuela secundaria

Ejercicio No. 172—COMPLETAR EL TEXTO

1. **Last Monday Mr. Clark** (me llamó por teléfono).

2. **He wanted** (invitarme a su casa) **the following day.**

3. **Naturally** (quedé en ir).

4. (Decidí tomar) **a taxi.**

5. **Mr. Clark opened the door** (y me invitó a entrar).

6. (Me recuerda casas) **I have seen in the movies.**

7. (Terminé de admirar) **the surroundings.**

8. **Mr. Clark** (me presentó) **to his wife and his two sons.**

9. **The older one wants** (hacerse) **a doctor.**

10. (Después de un rato), **the boys went to do their homework.**

11. **Mrs. Clark asked me if** (prefería tomar) **tea or coffee.**

12. **He told me that** (vale la pena visitar) **other cities.**

13. **I said that** (estaba considerando visitar) **Washington, D.C., and Boston.**

14. (Les di las gracias a los Srs. Clark) **for their hospitality.**

15. **I returned home,** (es decir), **to my hotel.**

PUNTOS GRAMATICALES

---

1. Verbos comunes seguidos por infinitivos

Algunos verbos van seguidos inmediatamente por un infinitivo y no un gerundio. Fíjese en los siguientes ejemplos y aprenda de memoria los verbos que entran en esta categoría.

a. **He wanted to invite me.**   Quiso invitarme.
   (*Incorrecto:* **He wanted inviting me.**)

b. **I agreed to go.**   Quedé en ir.
   (*Incorrecto:* **I agreed going.**)

c. **I decided to take a taxi.**   Decidí tomar un taxi.
   (*Incorrecto:* **I decided taking a taxi.**)

d. **I promise to be on time.**   Prometo llegar a tiempo.
   (*Incorrecto:* **I promise being on time.**)

Los verbos más comunes que entran en esta categoría son:

to agree to	quedar en	**to offer to**	ofrecer
to decide	decidir	**to plan**	tener la intención de
to hope	esperar	**to promise**	prometer
to learn	aprender	**to wait**	esperar
to need	necesitar	**to want**	querer

2. Verbos comunes seguidos por gerundios

Algunos verbos van seguidos inmediatamente por un gerundio (la forma **-ing** del verbo) y no el infinitivo. Fíjese en los siguientes ejemplos y aprenda de memoria los verbos abajo que entran en esta categoría.

a. **I enjoy seeing new places.**   Disfruto al ver lugares nuevos.
    (*Incorrecto:* **I enjoy to see new places.**)

b. **I considered visiting Boston.**   Consideré visitar Boston.
    (*Incorrecto:* **I considered to visit Boston.**)

c. **I finished admiring the yard.**   Terminé de admirar el jardín.
    (*Incorrecto:* **I finished to admire the yard.**)

Algunos de los verbos más comunes que entran en esta categoría son:

to complete	completar	**to mention**	mencionar/hablar de
to consider	considerar	**to practice**	practicar
to discuss	hablar de	**to quit**	dejar de
to enjoy	disfrutar de	**to recommend**	recomendar
to finish	terminar	**to suggest**	sugerir

3. Would rather expresa una preferencia:

Would you rather have tea or coffee?   ¿Prefiere Ud. tomar té o café?

I would rather have coffee.   Prefiero tomar café.

Ejercicio No. 173

Complete las frases con la forma correcta (gerundio o infinitivo) de los verbos entre paréntesis.

1. **Mr. Martínez hopes (learn) _____ a lot of English while in New York.**

2. **Do you plan (go) _____ to the concert?**

3. **You must practice (use) _____ your English every day.**

4. **What have you decided (do) _____?**

5. **He enjoyed (see) _____ all the different sights.**

6. **Did you ever consider (live) _____ in the United States?**

7. **Mr. Clark offered (help) _____ Mr. Martínez while he was in New York.**

8. **He suggested (visit)** _____ **other cities.**

9. **Mr. Clark completed (write)** _____ **the letter at midnight.**

10. **After his long trip, Mr. Martínez will surely want (return)** _____ **to Mexico.**

Ejercicio No. 174

Traduzca al inglés.

1. El Sr. Clark quedó en llamarme mañana.

2. María terminó de estudiar a las ocho.

3. Necesito estudiar más para poder pasar el examen.

4. Yo preferiría visitar Nueva York a Boston.

5. La muchacha aprendió a tocar el piano.

6. La Sra. Clark dejó de fumar el año pasado.

7. ¿Preferiría Ud. viajar en avión o en tren?

8. El otro día hablamos de cenar juntos.

9. El estudiante prometió llegar a clase a tiempo.

10. Ayer la maestra habló de tener un examen la próxima semana.

Ejercicio No. 175—PREGUNTAS

1. **Who called Mr. Martínez up?**

2. **What did Mr. Clark want?**

3. **What did Mr. Martínez promise?**

4. **What time did he arrive at Mr. Clark's home?**

5. **Who opened the door?**

6. **What did Mr. Martínez say is charming?**

7. **What did he especially enjoy looking at?**

8. **How many sons does Mr. Clark have?**

9. **Who wants to be a lawyer?**

10. **Where did the boys go after a while?**

11. **Would Mr. Martínez rather have tea or coffee?**

12. **What did the two men chat about?**

13. **What did Mr. Clark tell Mr. Martínez?**

14. **What was Mr. Martínez considering?**

15. **For what did he thank the Clarks?**

A Pleasant Walk

Un paseo agradable

Third Letter from New York

Dear Miss Johnson:

1. **New York City is so exciting! I didn't have appointments today, so I decided to explore this wonderful city. As the weather was nice, I decided to go by foot.**

2. **I wanted to visit midtown, but I had to ask for directions first. I went to the reception desk, and a very nice young man gave me a city map and pointed out the route to the Empire State Building with his finger. The people who work here are very nice.**

3. **I set out at ten o'clock with the whole day ahead of me. I had no trouble finding the Empire State Building—you can't miss it! I went up to the observatory and saw the entire city. I liked watching the cars and people below, moving about like ants.**

Querida Srta. Johnson:

1. ¡La Ciudad de Nueva York es tan emocionante! Hoy no tenía reuniones, así que decidí explorar esta maravillosa ciudad. Como hacía buen tiempo, decidí ir a pie.

2. Quería visitar el centro, perp primero tuve que pedir direcciones. Fui a recepción, y un joven simpático me dio un plano de la ciudad e indicó con el dedo el camino al edificio del Empire State. La gente que trabaja aquí es muy amable.

3. Me puse en camino a las diez con el día entero por delante. No tuve ningún problema en encontrar el edificio del Empire State—¡no tiene pérdida! Subí al observatorio y vi la ciudad entera. Me gustó ver los coches y la gente abajo, moviéndose como hormigas.

4. **Then I walked up Fifth Avenue to Rockefeller Center and St. Patrick's Cathedral. They are both impressive. I loved sitting in St. Patrick's Cathedral and admiring the beautiful architecture.**

5. **Just as I left the cathedral, it started raining. I did not have an umbrella, but I did not want to go back. I continued on to Central Park despite the rain.**

6. **I got to Central Park and it continued to rain, but I was determined to see New York. I strolled through the park until it started to rain so hard that I had to turn back.**

7. **I left the park and decided to return to the hotel by subway. I would have preferred to walk, but I was soaking wet. The subway that I had to take to my hotel was only two blocks away.**

8. **I arrived at the hotel wet and tired. The young man who had given me the map laughed and waved to me as I went to the elevator.**

9. **The people whom I met were so friendly and considerate. And despite the rainy weather, it was a very pleasant walk.**

   Sincerely yours,
   Pablo Martínez

4. Entonces, subí la Quinta Avenida hasta el Centro Rockefeller y la Catedral de San Patricio. Los dos son impresionantes. Me encantó sentarme en la Catedral de San Patricio y admirar la hermosa arquitectura.

5. Justo al salir de la catedral comenzó a llover. No tenía paraguas, pero no quise retroceder. A pesar de la lluvia, seguí hasta el Parque Central.

6. Llegué al Parque Central y seguía lloviendo, pero estaba decidido a ver Nueva York. Me paseé por el parque hasta que comenzó a llover tan fuerte que tuve que volver.

7. Salí del parque y decidí volver al hotel en metro. Hubiera preferido andar, pero estaba empapado. El metro que tenía que tomar para ir a mi hotel estaba a sólo dos manzanas (cuadras).

8. Llegué al hotel, mojado y cansado. El joven que me había dado el plano se reía y me saludó con la mano cuando fui al ascensor.

9. La gente a quien conocí era tan amable y atenta. Y a pesar del tiempo lluvioso, fue un paseo muy agradable.

   Le saluda atentamente,
   Pablo Martínez

Vocabulario

Palabras relacionadas

1. **to walk** andar
   to take a walk dar un paseo
   to stroll pasearse

2. **to leave** salir
   to set out ponerse en camino
   to set off ponerse en camino

3. **to return** volvet
   to turn back retroceder
   to go back volver/retroceder

4. **to arrive** llegar
   to get to llegar

Expresiones Importantes

1. **by foot** a pie

2. **by subway** en metro

3. **I had no trouble . . .** No tuve ningún problema . . .

4. **I was determined.** Estaba decidido.

5. **Just as I left . . .** Justo al salir . . .

6. **to wave to someone** saludar a alguien con la mano

7. **with the whole day ahead of me** con el día entero por delante

8. **You can't miss it.** No tiene pérdida.

Ejercicio No. 176—COMPLETAR EL TEXTO

1. **New York City is** (tan emocionante)!

2. **As the weather was nice, I decided** (ir a pie).

3. **I had** (pedir direcciones).

4. (La gente que trabaja aquí) **are so nice.**

5. (Me puse en camino) **at ten o'clock.**

6. (No tuve ningún problema) **finding the Empire State Building.**

7. (No tiene pérdida.)

8. (Subí al observatorio) **and saw the entire city.**

9. (Me gustó ver) **the cars and people below.**

10. **Just as I left the cathedral,** (comenzó a llover).

11. **I did not have** (un paraguas).

12. (Llegué al Parque Central) **and it continued to rain.**

13. (Hubiera preferido andar), **but I was soaking wet.**

14. **I arrived at the hotel** (mojado y cansado.)

15. **The young man** (me saludó con la mano).

PUNTOS GRAMATICALES

1. Verbos comunes seguidos por gerundios *o* infinitivos

Con los verbos mencionados abajo, se puede usar *un gerundio o un infinitivo sin cambiar el significado de la frase.* Fíjese en los ejemplos y estudie la lista de verbos que entran en esta categoría.

a. **I liked watching** the cars below.   Me gustó mirar los coches abajo.
   I liked to watch the cars below.

b. **It started raining.**   Comenzó a llover.
   It started to rain.

c. **I preferred walking.**   Preferí andar.
   I preferred to walk.

Los otros verbos que entran en esta categoría son:

to begin	comenzar/empezar
to continue	continuar
to hate	odiar
to love	encantar

2. Los pronombres relativos

a. **Who, which, that**—*que*—se usan como pronombres relativos del sujeto.

The people who work here are nice.	La gente que trabaja aquí es amable.
The book which is on the table is big.	El libro que está en la mesa es grande.
The subway that I take is nearby.	El metro que tomo está cerca.

Who se refiere sólo a personas.

Which se refiere sólo a objetos.

That se refiere a personas o a objetos.

Tenga cuidado con **that** y **which**. Son intercambiables cuando se refieren a objetos, pero sólo **that** es correcto para referirse a personas.

b. **Whom, that, which**—*quien, quienes, a quien, a quienes, que*—se usan como pronombres relativos del complemento directo.

The people whom **I met were friendly.**	La gente a quien conocí era amable.
I used *the map that* **you lent me.**	Usé el plano que me prestó.
The map which **he gave me is good.**	El plano que me dio es bueno.

c. **Whose**—*cuyo, cuya, etc.*—es el adjetivo posesivo relativo.

The young man whose map **I used was nice.**	El joven cuyo plano usé era amable.
The woman whose picture **is in the paper is my wife.**	La mujer cuya foto está en el periódico es mi esposa.

3. **By** y **with**

Se usa **by** con medios de transporte y comunicación:

by foot	a pie	**by mail**	por correo
by subway	en metro	**by telephone**	por teléfono
by plane	en avión	**by fax, etc.**	por fax, etc.
by taxi, etc.	en taxi, etc.		

Se usa **with** con instrumentos o partes del cuerpo:
He pointed out the route **with his finger.**
I cut the meat **with a knife.**

Ejercicio No. 177

Complete las frases con la forma correcta (gerundio o infinitivo) de los verbos entre paréntesis. Dé todas las posibilidades.

1. **Mr. Martínez likes (eat) _____ in restaurants.**

2. **Did you want (listen) _____ to music?**

3. **Mr. Clark continued (help) _____ Mr. Martínez while he was in New York.**

4. **It started (snow) _____ late last night.**

5. **I considered (accept) _____ his kind offer.**

6. **Mrs. Martínez loves (play) _____ the piano.**

7. **The children hate (go) _____ to school.**

8. **The receptionist promised (give) _____ him directions.**

9. **Mary prefers (study) _____ in the evening.**

10. **The baby began (cry) _____ when the mother left the room.**

Ejercicio No. 178

Complete cada frase con el pronombre relativo correcto—**who, whom, that, which** o **whose**. Dé todas las posibilidades.

1. **The tourists** (que) **visit New York enjoy themselves.**

2. **The people** (a quien) **I met on the street were friendly.**

3. **The bus** (que) **goes downtown is late.**

4. **The woman** (cuya) **bag I found was very happy.**

5. **That restaurant** (que) **you recommended was excellent.**

6. **The man** (que) **called me on the phone was Mr. Clark.**

7. **The street** (cuyo) **name I didn't know was hard to find.**

8. **The women** (a quienes) **you saw at the Empire State Building were tourists.**

9. **That car** (cuya) **door is open is mine.**

10. **The taxi driver** (que) **took me to Mr. Clark's house drove fast.**

Ejercicio No. 179—PREGUNTAS

1. **What does Mr. Martínez say about New York City?**

2. **Does he have any appointments today?**

3. **What does he decide to do?**

4. **How does he decide to go?**

5. **What area does he want to visit?**

6. **Who shows him the route to the Empire State Building?**

7. **What time does Mr. Martínez set out from the hotel?**

8. **Does he have trouble finding the Empire State Building?**

9. **Where did he love sitting?**

10. **What did he do when it started raining?**

11. **Did the rain stop when he got to Central Park?**

12. **What did he do when it started to rain so hard?**

13. **How did he return to the hotel?**

14. **What would he have preferred to do?**

15. **How did he arrive at the hotel?**

A Trip to Washington, D.C.

Una excursión a Washington, D.C.

Fourth Letter from New York

Dear Miss Johnson:

1. **Guess where I spent the last two days. In Washington, D.C.! I was planning the next day's itinerary and about to go to bed when Mr. Clark called. A friend of his was driving to Washington the next afternoon. If I wanted to see the city, it would be no trouble for him to give me a ride.**

2. **What luck! I knew it was important to see other cities, and I jumped at the chance. I did not have any appointments until Wednesday, so I would have two days to see the city.**

3. **Mr. Clark's friend, Mr. Bradley, was very good company. As he was driving, he was telling me about Washington and what I shouldn't miss.**

Querida Srta. Johnson:

1. Adivine dónde pasé los últimos dos días. ¡En Washington, D.C.! Estaba planeando el itinerario del día siguiente y a punto de acostarme cuando llamó el Sr. Clark. Un amigo suyo iba en coche a Washington la próxima tarde. Si quería ver la ciudad, no le costaría nada llevarme.

2. ¡Qué suerte! Sabía que era importante ver otras ciudades, y aproveché la oportunidad. No tenía ninguna cita hasta el miércoles, así que tendría dos días para ver la ciudad.

3. El amigo del Sr. Clark, el Sr. Bradley, me hizo mucha compañía. Mientras conducía (manejaba) me contaba sobre Washington y lo que no debería perderme.

4. I set out bright and early the next day for the White House. I was surprised to see that there was already a long line, and many people were complaining. I was about to leave when I noticed the line begin to move. I decided to stand in line, and in less than thirty minutes I was inside. And I wasn't disappointed!

5. I couldn't believe my eyes! What a beautiful home! I was listening carefully to the guide, but I was also hoping to catch a glimpse of the President.

6. My next stop was the Washington Monument. Again I had to wait in line. While I was waiting, I was studying the city map. Soon I was at the top looking down. My head was spinning! It was a spectacular view and it was worth the wait.

7. There was still time left before dinner, so I strolled through the beautiful open spaces of the city. How different it was from New York!

8. I spent the next day visiting the museums. When I arrived I was happy to see that there were no people waiting in line.

9. There was still so much left to see, and my train was leaving in less than two hours. I was about to change my plans and stay one more day when I remembered my appointment the next morning.

10. Nevertheless, I was happy for my short time in such a beautiful and unique city. If only I had seen the President! Maybe next time.

> Your friend,
> **Pablo Martínez**

4. Al día siguiente salí muy de mañana para la Casa Blanca. Me sorprendió ver que ya había una cola larga y mucha gente se estaba quejando. Estaba a punto de irme cuando me di cuenta de que la cola empezó a moverse. Decidí hacer cola, y en menos de treinta minutos estaba dentro. ¡Y no me decepcionó!

5. ¡No podía dar crédito a mis ojos! ¡Qué casa más hermosa! Escuchaba con atención al guía, pero también esperaba ver al Presidente.

6. Mi próxima visita fue el Monumento de Washington. Otra vez tuve que hacer cola. Mientras esperaba, estudiaba el plano de la ciudad. Pronto estuve arriba de todo, mirando hacia abajo. ¡Me daba vueltas la cabeza! Era una vista espectacular y valía la pena esperar.

7. Todavía quedaba tiempo antes de cenar, así que me paseé por los hermosos espacios abiertos de la ciudad. ¡Qué diferente era de Nueva York!

8. Pasé el día siguiente visitando los museos. Cuando llegué me alegré de ver que no había gente haciendo cola.

9. Todavía quedaba mucho por ver, y mi tren salía en menos de dos horas. Estaba a punto de cambiar mis planes y quedarme un día más cuando recordé mi cita la próxima mañana.

10. Sin embargo, me alegré mucho por mi corta estancia en una ciudad tan hermosa y única. ¡Ojalá hubiera visto al Presidente! Quizás la próxima vez.

> Su amigo,
> **Pablo Martínez**

Vocabulario

THE BODY	EL CUERPO
1. **arm**	1. el brazo
2. **back**	2. la espalda
3. **body**	3. el cuerpo
4. **ear**	4. la oreja
5. **eye**	5. el ojo
6. **finger**	6. el dedo
7. **foot**	7. el pie
8. **hand**	8. la mano
9. **head**	9. la cabeza
10. **heart**	10. el corazón
11. **leg**	11. la pierna
12. **lips**	12. los labios
13. **mouth**	13. la boca
14. **nose**	14. la nariz
15. **stomach**	15. el estómago
16. **toe**	16. el dedo del pie

Expresiones Importantes

1. **bright and early**	muy de mañana
2. **He was very good company.**	Me hizo mucha compañía.
3. **I couldn't believe my eyes!**	¡No podía dar crédito a mis ojos!
4. **I jumped at the chance.**	Aproveché la oportunidad.
5. **My head was spinning.**	Me daba vueltas la cabeza.
6. **to be shocked**	estar sorprendido
7. **to catch a glimpse of**	ver
8. **to give someone a ride**	llevar a uno

9. **to stand in line**   hacer cola

10. **What luck!**   ¡Qué suerte!

Ejercicio No. 180—COMPLETAR EL TEXTO

1. (Adivine) **where I spent the last two days.**

2. (Estaba a punto de acostarme) **when Mr. Clark called.**

3. (¡Qué suerte!)

4. **I knew it was important** (ver otras ciudades).

5. **Mr. Bradley** (me hizo mucha compañía).

6. (Salí) **bright and early the next morning.**

7. **There was already** (una cola larga).

8. **I decided** (hacer cola).

9. (Mientras esperaba) **I was studying the map.**

10. **It was** (una vista espectacular).

11. (Me paseé por) **the beautiful open spaces of the city.**

12. (Qué diferente era) **from New York.**

13. (Pasé el día siguiente) **visiting the museums.**

14. **I was about to change my plans and** (quedarme un día más).

15. (Ojalá) **I had seen the President!**

PUNTOS GRAMATICALES

1. El tiempo imperfecto progresivo (**The Past Progressive**)

Ud. ha aprendido ya dos tiempos que indican el tiempo pasado: el tiempo pretérito (**the past tense**) y el tiempo presente perfecto (**the present perfect tense**). Estos dos tiempos nos dicen *qué pasó o qué ha pasado.*

Mientras el pretérito se usa con actividades o situaciones que comenzaron y terminaron en un tiempo específico en el pasado (ayer, anoche, etc.), el tiempo imperfecto progresivo (**past progressive**) nos dice qué estaba pasando o qué pasaba.

a. **I was studying when he called.**   Estaba estudiando (estudiaba) cuando llamó.

b. **While I was waiting I was studying the map.**   Mientras estaba esperando (esperaba), estudiaba el plano.

En ejemplo (a), **was studying** es el imperfecto progresivo: **he called** (el pretérito) interrumpe el acto de estudiar en un momento preciso.

En ejemplo (b), **was waiting** y **was studying** son dos acciones que están ocurriendo en el pasado al mismo tiempo.

NOTA: En español se expresa esta idea del pasado con el imperfecto o el imperfecto progresivo.

Se forma el imperfecto progresivo (**past progressive**) con el pretérito del verbo **to be** más el gerundio. Estudie el siguiente ejemplo:

I was working.	Yo trabajaba/ Yo estaba trabajando.	**We were working.**	Nosotros trabajábamos/ Nosotros estábamos trabajando.
You were working.	Tú trabajabas/ Tú estabas trabajando.	**You were working.**	Vosotros trabajábais/ Vosotros estabais trabajando. Uds. trabajaban/ Uds. estaban trabajando.
He, she, it was working.	Él, ella trabajaba/ Él, ella estaba trabajando.		
		They were working.	Ellos, ellas trabajaban/ Ellos, ellas estaban trabajando.

2. to be about to

El modismo **to be about to** expresa una actividad que pasará en el futuro inmediato. **To be about to** = estar a punto de

I was about to leave.   Estaba a punto de salir.

Ejercicio No. 181

Traduzca los siguientes verbos al tiempo correcto—el pretérito **(the past tense)** o el imperfecto progresivo **(the past progressive tense).**

1. **(to say)**	ella decía	6. **(to sleep)**	él durmió
2. **(to read)**	ellos leyeron	7. **(to play)**	los niños jugaban
3. **(to begin)**	la clase comenzó	8. **(to hope)**	yo esperaba
4. **(to be)**	nosotros estábamos	9. **(to wait)**	Juan esperaba
5. **(to stay)**	ella se quedaba	10. **(to visit)**	Ud. visitó

Ejercicio No. 182

Todas las frases indican una acción que estaba pasando (el imperfecto progresivo) y otra acción que la interrumpe en un momento preciso. Traduzca los verbos entre paréntesis usando el tiempo correcto.

1. **While (yo comía), he entered the room.**

2. **When (estábamos estudiando), the doorbell rang.**

3. **When (él estaba enfermo), we visited him.**

4. **When (ellos estaban caminando), they got lost.**

5. **The children (estaban durmiendo) when I arrived home.**

6. **(Nosotros vivíamos) in Mexico when we met him.**

7. **(Yo iba) to the market when I saw Mr. Clark.**

8. **(Ud. estaba leyendo) when I called.**

9. **(Ella trabajaba) in the garden when it began to rain.**

10. **When (María estaba hablando), her mother didn't hear her.**

Ejercicio No. 183—PREGUNTAS

1. **What was Mr. Martínez planning?**

2. **What was he about to do?**

3. **Who was driving to Washington?**

4. **What did Mr. Martínez know?**

5. **How many days would he have to see Washington?**

6. **What was Mr. Bradley telling Mr. Martínez?**

7. **When did Mr. Martínez visit the White House?**

8. **Why was he shocked?**

9. **Who was he hoping to see?**

10. **What was Mr. Martínez doing while he was waiting?**

11. **How did he spend the next day?**

12. **What was he happy to see?**

13. **When was his train leaving?**

14. **Why didn't he change his plans?**

15. **Who did he wish he had seen?**

A Boat Tour

Una salida en barco

Fifth Letter from New York

Dear Miss Johnson:

1. **When I returned to New York after my trip to Washington, D.C., I felt like I was at home. New York has become my home away from home.**

2. **Anyway, this afternoon I had some unexpected free time, as my appointment ended early. There are still so many things to see. It will take a long time to see this city—it's so big!**

3. **I was running out of time, and I didn't want to miss anything. The nice young man from my hotel recommended that I take a boat tour around Manhattan. The tours circle the entire island, so you are able to see many things.**

4. **When I arrived at the pier, I went to the ticket window. I asked the woman, "How long will the tour take?"**

Querida Srta. Johnson:

1. Cuando volví a Nueva York después de mi viaje a Washington, D.C., me sentía como en casa. Nueva York se ha convertido en mi segunda casa.

2. De todos modos, como mi reunión terminó temprano, esta tarde he tenido un poco de tiempo libre inesperado. Todavía quedan tantas cosas por ver. Hará falta mucho tiempo para ver esta ciudad—¡es tan grande!

3. Me estaba quedando sin tiempo, y no quería perderme nada. El joven simpático de mi hotel recomendó que hiciera una excursión en barco alrededor de Manhattan. Las excursiones dan la vuelta entera a la isla, así que se puede ver muchas cosas.

4. Cuando llegué al muelle, fui a la taquilla (boletería). Le pregunté a la mujer—¿Cuánto durará la excursión?

5. The woman answered, "It takes three and a half hours, but it is worth it."

6. It seemed like a lot of time, but I knew I was not going to regret it.

7. The tour was very enjoyable. The views of the city were incredible. I saw the World Trade Center, the Statue of Liberty, the United Nations, and much more.

8. If I have time before I leave, I will visit many of the places that I saw from the boat. And if I still have time, maybe I will take the boat tour again.

9. I asked you how long it would take to see New York. I now know that it takes a long time—more than the few weeks I have.

10. Besides all the places that I haven't visited, there is also the shopping that I haven't done. I can't forget to buy souvenirs for my wife and children!

Your friend,
Pablo Martínez

5. La mujer contestó—Dura tres horas y media, pero merece la pena.

6. Parecía mucho tiempo, pero sabía que no me iba a arrepentir.

7. La excursión fue muy divertida. Las vistas de la ciudad eran increíbles. Vi el Centro de World Trade, la Estatua de la Libertad, las Naciones Unidas, y mucho más.

8. Si tengo tiempo antes de irme, visitaré muchos de los sitios que vi desde el barco. Y si aún me queda tiempo, quizás haré la excursión otra vez.

9. Yo le pregunté a Ud. cuánto tiempo se necesita para ver Nueva York. Ahora sé que hace falta mucho tiempo—más que las pocas semanas que tengo.

10. Además de los sitios que no he visitado, también hay las compras que no he hecho. ¡No se me puede olvidar comprar recuerdos a mi esposa y mis hijos!

Su amigo,
Pablo Martínez

Expresiones Importantes

1. **besides**	además
2. **free time**	el tiempo libre
3. **home away from home**	la segunda casa
4. **If I have time . . .**	Si tengo tiempo . . .
5. **It is worth it (worthwhile).**	Merece la pena.
6. **to regret something**	arrepentirse de algo
7. **to run out of time**	quedarse sin tiempo
8. **souvenirs**	los recuerdos

Ejercicio No. 184—COMPLETAR EL TEXTO

1. **New York has become my** (segunda casa).

2. (De todos modos), **this afternoon I had some unexpected free time.**

3. **I didn't want to** (perder nada).

4. (Cuando llegué al muelle), **I went to the ticket window.**

5. **It takes three and a half hours, but** (merece la pena).

6. (Sabía que) **I was not going to regret it.**

7. (Las vistas de la ciudad) **were incredible.**

8. (Si tengo tiempo) **before I leave, I will visit many of the places.**

9. **I asked you** (cuánto tiempo) **it would take to see New York.**

10. **I can't forget** (comprar recuerdos) **for my wife and children.**

PUNTOS GRAMATICALES

1. Frases condicionales con **if**: situaciones verdaderas en el presente/futuro

En inglés se usa la palabra **if** para formar frases condicionales. Hay varios tipos de frases condicionales—las que hablan de situaciones verdaderas en el presente/futuro, las que hablan de situaciones irreales en el presente/futuro, y las que se refieren a situaciones irreales en el pasado. El tiempo del verbo en la *"cláusula si"* depende de cuáles de estas condiciones estén presentes en la frase. Aquí sólo vamos a hablar de las frases con **if** que son *verdaderas en el presente o el futuro*.

SITUACIÓN	CLÁUSULA SI	CLÁUSULA RESULTADO
verdadera	el tiempo presente/futuro	**will/can** + forma simple del verbo

a. **If I have time, I will take the boat tour again.**
   Si tengo tiempo, haré la excursión en barco otra vez.

b. **If I don't buy souvenirs, *I will regret* it.**
   Si no compro recuerdos, me arrepentiré.

c. **We can go to the park *if the weather is* nice.**
   Podemos ir al parque si hace buen tiempo.

2. Expresando duración de tiempo: **How long** y **it takes**

How long pide información sobre la duración de tiempo (cuánto tiempo). En inglés se usa la expresión **it takes** (y otros tiempos verbales también) para expresar la duración de tiempo. Fíjese en la fórmula abajo y estudie los ejemplos.

Fórmula: **It + takes +** (alguien) + expresión de tiempo + infinitivo

PREGUNTA	RESPUESTA
a. **How long does it take (you) to drive to Washington, D.C.?** (¿Cuánto tiempo se tarda en viajar en coche a Washington, D.C.?)	**It takes four hours to drive to Washington, D.C.**
b. **How long did it take you to write the letter?** (¿Cuánto tardó Ud. en escribir la carta?)	**It took me one hour to write the letter.**
c. **How long will the meeting take?** (¿Cuánto tiempo durará la reunión?)	**The meeting will take two hours.**

Ejercicio No. 185

Complete las frases con la forma correcta en inglés de los verbos entre paréntesis.

1. **If Mr. Martínez** (tener) _____ **time, he** (escribir) _____ **another letter.**

2. **If the book** (ser) _____ **good, I** (leer) _____ **it.**

3. **I** (comprar) _____ **souvenirs for my family if I** (tener) _____ **money.**

4. **He** (llamar) _____ **his wife again if she** (no estar) _____ **home.**

5. **If they** (estudiar) _____ **hard, they** (pasar) _____ **the exam.**

6. **We** (ver) _____ **Peter if we** (llegar) _____ **on time.**

7. **I** (contestar) _____ **the telephone if it** (sonar) _____ .

8. **If she** (comer) _____ **too much, she** (no dormir) _____ **well.**

9. **If you** (necesitar) _____ **money, I** (prestar) _____ **you some.**

10. **If you** (no ver) _____ **him at the party, you** (poder llamar) _____ **him at home.**

Ejercicio No. 186

Forme frases usando la expresión **it + take** para expresar la duración de tiempo.

Ejemplo: 1. **It takes fifteen minutes for me to walk to class.**

1. **How long does it take you to walk to class? (fifteen minutes)**

2. **How long did it take you to finish the paper? (two hours)**

3. **How long did it take Mr. Martínez to write his letter? (forty-five minutes)**

4. **How long does it take Miss Johnson to read the letter? (five minutes)**

5. **How long did your trip take? (two weeks)**

6. **How long does it take the children to finish their homework? (one hour)**

7. **How long did it take Mary to get over the flu? (ten days)**

8. **How long does it take him to get to work? (about forty minutes)**

9. **How long did it take Mr. Martínez to pack his suitcase? (two hours)**

10. **How long did it take you to learn English? (one year)**

Ejercicio No. 187—PREGUNTAS

1. **How did Mr. Martínez feel when he returned to New York?**

2. **Why did he have unexpected free time?**

3. **Why will it take so long to see New York?**

4. **What didn't Mr. Martínez want to miss?**

5. **What did the young man recommend he do?**

6. **Who did Mr. Martínez speak to at the pier?**

7. **How long will the tour take?**

8. **What was enjoyable?**

9. **What was incredible?**

10. **What will Mr. Martínez do if he still has time?**

11. **What hasn't he done yet?**

12. **For whom will he buy souvenirs?**

PARTE 1

Repaso de Vocabulario

NOMBRES

1. **ant**	1. la hormiga	18. **line**	18. la cola
2. **architecture**	2. la arquitectura	19. **meeting**	19. la reunión (el mitin)
3. **bellboy**	3. el botones		
4. **block**	4. la manzana	20. **museum**	20. el museo
5. **boat**	5. el barco	21. **pier**	21. el muelle
6. **cab (taxicab)**	6. el taxi	22. **porch**	22. el porche
7. **customs**	7. la aduana	23. **president**	23. el presidente
8. **doctor**	8. el médico	24. **shutter**	24. el postigo
9. **elevator**	9. el ascensor	25. **souvenir**	25. el recuerdo
10. **eye**	10. el ojo	26. **speed**	26. la velocidad
11. **finger**	11. el dedo	27. **subway**	27. el metro
12. **footstep**	12. el paso	28. **taxi driver**	28. el taxista
13. **guide**	13. el/la guía	29. **tour**	29. la excursión/la visita
14. **head**	14. la cabeza	30. **truck**	30. el camión
15. **hospitality**	15. la hospitalidad	31. **view**	31. la perspectiva/la vista
16. **itinerary**	16. el itinerario		
17. **lawyer**	17. el abogado	32. **walk**	32. el paseo

VERBOS

1. **to accompany**	1. acompañar	15. **to pick up**	15. recoger
2. **to admire**	2. admirar	16. **to plan**	16. planear
3. **to approach**	3. acercarse	17. **to point out**	17. señalar
4. **to circle**	4. dar la vuelta	18. **to put away**	18. guardar
5. **to complain**	5. quejarse	19. **to race**	19. ir corriendo
6. **to consider**	6. considerar	20. **to recommend**	20. recomendar
7. **to drop off**	7. dejar algo/a	21. **to regret**	21. arrepentirse
8. **to face**	8. dar a	22. **to remind**	22. recordar algo a una persona
9. **to hail (cab)**	9. llamar		
10. **to introduce**	10. presentar	23. **to stroll**	23. pasearse
11. **to land**	11. aterrizar	24. **to take out**	24. sacar
12. **to look for**	12. buscar	25. **to thank**	25. dar las gracias
13. **to laugh**	13. reírse	26. **to wave**	26. saludar a alguien con la mano
14. **to miss**	14. perder		
		27. **to zig-zag**	27. zigzaguear

ADJETIVOS

1. **charming**	1. encantador	8. **safe**	8. salvo
2. **considerate**	2. atento	9. **shocked**	9. asustado
3. **enjoyable**	3. divertido	10. **sound (healthy)**	10. sano
4. **exciting**	4. emocionante	11. **spectacular**	11. espectacular
5. **handsome**	5. guapo	12. **tired**	12. cansado
6. **incredible**	6. increíble	13. **together**	13. junto
7. **quiet**	7. tranquilo	14. **unique**	14. único

ADVERBIOS

1. **at last**	1. por fin	4. **inside**	4. dentro/adentro
2. **besides**	2. además de	5. **suddenly**	5. de repente
3. **carefully**	3. con atención	6. **then**	6. entonces

CONJUNCIONES

1. **before**	1. antes de que
2. **while**	2. mientras

EXPRESIONES IMPORTANTES

1. **after a while**	después de un rato
2. **bright and early**	muy de mañana
3. **to catch a glimpse of**	ver
4. **to give someone a ride**	llevar a uno
5. **to hail a cab**	llamar un taxi
6. **It's worth the trouble.**	Vale la pena.
7. **to jump at the chance**	aprovechar la oportunidad
8. **Just as I left . . .**	Justo al salir . . .
9. **to run out of time**	quedarse sin tiempo
10. **safe and sound**	sano y salvo
11. **to stand in line**	hacer cola
12. **that is to say**	es decir

PARTE 2

Ejercicio No. 188

Escoja las palabras de la columna de la derecha que mejor completen la frase comenzada en la columna de la izquierda.

1. **I took out the maps**
2. **The people who work here.**
3. **He has a coat on**
4. **If I have time,**
5. **It takes me one hour to**
6. **The map that I had**
7. **The taxi dropped us**
8. **If it rains,**
9. **The young man whom**
10. **Mr. Clark pointed the buildings**

a. **I will drop by his house.**
b. **off at the door.**
c. **read the newspaper.**
d. **I met was friendly.**
e. **we can go tomorrow.**
f. **are very helpful.**
g. **that you lent me.**
h. **out to me.**
i. **was very good.**
j. **because it is cold.**

Ejercicio No. 189

Complete las frases con la forma correcta (gerundio o infinitivo) de los verbos entre paréntesis. Si existen dos posibilidades, dé las dos respuestas.

1. **He will consider (visit) _____ other cities.**
2. **I don't like (shop) _____ on Saturdays.**
3. **You must practice (speak) _____ English every day.**
4. **If it continues (snow) _____, we will have to cancel the party.**
5. **Paul offered (help) _____ me with the project.**
6. **He promised (call) _____ me up tomorrow.**
7. **Do you want (go) _____ with me?**
8. **I hate (work) _____ on weekends.**
9. **If you quit (smoke) _____, you will feel better.**
10. **The young boys plan (attend) _____ college.**

Ejercicio No. 190

Complete cada frase en inglés. Entonces léala tres veces en voz alta.

1. (Yo estaba planeando) **the itinerary when Mr. Clark called.**

2. (Mientras él conducía), **he was telling me about Washington, D.C.**

3. **When John came home,** (María estaba leyendo).

4. **Peter** (estaba esperando) **a phone call all morning.**

5. **The man** (me interrumpió) **when I was talking.**

6. **Mrs. Martínez** (estaba saliendo) **when the phone rang.**

7. **We were strolling through the park when** (comenzó a llover).

8. **The people** (se estaba quejando) **about the long line.**

9. **Yesterday the children** (estaban jugando) **in the yard all day.**

10. **Mr. Martínez** (iba a cenar) **with Mr. Clark last night, but he did not.**

Ejercicio No. 191

Escoja el tiempo del verbo entre paréntesis que mejor complete la frase. Traduzca cada frase al español.

1. **Yesterday** _____ **a package. (I was receiving, I received, I receive)**

2. **Tomorrow** _____ **at home. (I stay, I will stay, I stayed)**

3. **Last night we** _____ **dinner at 7:00. (were having, had, have)**

4. **The teacher spoke and the students** _____ **. (listened, were listening, listen)**

5. **The children** _____ **when I came home. (studied, study, were studying)**

6. _____ **for New York tomorrow? (Did you leave, Were you leaving, Will you leave)**

7. **Mary** _____ **to music when I called. (listens, will listen, was listening)**

8. **Next year they** _____ **to Europe. (travel, were traveling, will travel)**

9. **I** _____ **last week. (will arrive, arrived, arrive)**

10. **What is he saying? We** _____ **hear him. (couldn't, can't, won't)**

PARTE 3

DIÁLOGO

At the Gas Station

Mr. Martínez goes to the gas station to fill up the tank, and a young man approaches the car to serve him.

El Sr. Martínez va a la gasolinera para llenar el depósito (tanque), y un joven se acerca al coche para servirle.

"Good morning," says the young man.

—Buenos días—dice el joven.

"Good morning," answers Mr. Martínez. "Fill it up, please."

—Buenos días—contesta el Sr. Martínez—. Me lo llena, por favor.

"Regular or super?"

—¿Regular o super?

"Regular. Can you please check the oil, water, and the air in the tires?"

—Regular. ¿Puede comprobar (chequear) el aceite, el agua y la presión del aire en las ruedas (llantas) por favor?

"Certainly," the employee replies.

—Desde luego—contesta el empleado.

The young man fills the tank, checks the oil, the water, and the air pressure in the tires.

El joven llena el depósito, revisa el aceite, el agua, y la presión en las llantas.

"Everything is all right," he says to our tourist.

—Todo está bien—le dice a nuestro turista.

"Thank you. How much is it?"

—Gracias. ¿Cuánto es?

"Twenty-two dollars."

—Veintidós dólares.

Mr. Martínez gives him two twenty-dollar bills. The young man gives him back eighteen dollars in change. Mr. Martínez counts the change and sees that everything is in order.

El Sr. Martínez le da dos billetes de veinte. El joven le devuelve dieciocho dólares de cambio. El Sr. Martínez cuenta el cambio y ve que todo está en orden.

"Thank you very much," he says to the employee.

—Muchas gracias—le dice al empleado.

"You're welcome, and have a nice day," answers the young man.

—De nada, y que tenga un buen día—contesta el joven.

Ejercicio No. 192—LECTURA 1

An Excursion to South Street Seaport

One day Mr. Martínez invited Mr. Clark's sons to go with him on an excursion to South Street Seaport. The seaport is located in lower Manhattan, very close to the Twin Towers. When Mr. Martínez took the boat trip around the city, he saw the seaport. It looked like such a fun and interesting place to visit. The two boys were excited about the trip, since they did not go into the city very often.

Mr. Martínez met Mr. Clark and his sons as they got off the train. Although it was Saturday, Mr. Clark had to go to work. Mr. Martínez promised to take good care of the boys, and they all agreed to meet again later in the afternoon.

Shortly afterwards, they arrived at South Street Seaport. It was a busy place, with many stores, restaurants, and vendors. They went into many stores, strolled around the port, and watched the boats. It was a wonderful day to be outside.

After entering dozens of stores, the oldest boy said, "I'm hungry. Why don't we have lunch."

"That's a good idea," responded Mr. Martínez. "There are so many restaurants here. What do you feel like eating?"

"Restaurants? You are in New York City. You have to eat a hot dog on the street!"

They all bought hot dogs with mustard and sauerkraut.

"And what would you like to drink?" asked Mr. Martínez.

"Cokes, of course," responded the boys in unison.

It was a wonderful lunch, and Mr. Martínez was just as pleased as the boys. They will remember their New York experience and their hot dogs for a long time.

Ejercicio No. 193—LECTURA 2

Fifth Avenue

We are walking along Fifth Avenue. It is a long and beautiful avenue which borders Central Park and leads all the way downtown.

There are many people on the avenue. All the tourists come here. The sidewalks are lined with luxury shops where you can buy all sorts of beautiful things if you have money: jewels, china, leather goods, designer clothing, and books. There are also many famous luxury hotels along this avenue.

We walk along the avenue until we reach the famous Plaza Hotel. In the lobby there is a lovely courtyard. We decide to take a break. "Let's have something to drink here." "That's a wonderful idea."

Shopping

De compras

Prólogo

En los capítulos 36–40 no hay una traducción paralela de los textos. Sin embargo, en la sección de Vocabulario que sigue cada texto, Ud. encontrará todas las palabras y expresiones nuevas que aparecen. También puede consultar el Diccionario inglés/español en el Apéndice para las palabras que pudiera haber olvidado.

Por eso, Ud. no debería tener ninguna dificultad en leer y comprender los textos. Para comprobar su comprensión hay una serie de preguntas en español en la sección Comprensión de la Lectura en vez de las preguntas habituales en inglés. Ud. puede contestar estas preguntas en español y comprobar sus respuestas en la sección de Respuestas en el Apéndice.

Dear Miss Johnson:

In our conversations we spoke about many things, including the variety of stores and department stores. I learned this firsthand this morning, which I dedicated to shopping.

New York is, without a doubt, a shopper's paradise. Unfortunately, I chose to go shopping on Saturday, the busiest day of the week. The sidewalks and stores were crowded with eager shoppers. The city was as lively as I had ever seen it. But the atmosphere was exciting, and I loved watching the people hurry in and out of the stores.

I passed all kinds of stores—shoe stores, toy stores, stationery stores, and jewelry stores. The store windows were full of temptations. It was overwhelming. I decided to go to one of the department stores you had told me about, thinking it would be easier to find all the gifts I needed behind just one door.

Once inside I realized my mistake. I have never seen such a large selection of perfumes, purses, wallets, scarves, and clothing. And that was only on the first floor. There were seven other floors still waiting for me! Even if I had the entire day to shop, I thought, I would not be able to see everything.

After almost four hours I was exhausted and about to collapse. But I did not leave empty-handed. For my wife I bought a beautiful sweater and some perfume. For my children I bought T-shirts, blue jeans, and watches.

I knew that if I bought anything else, I would have to buy another suitcase just to take it home! So, I found the door as quickly as I could. When I reached the street, I realized that I was not only tired but hungry too. I was ready to eat something and to rest. I went into one of the many coffee shops I had passed earlier and sat down near the window. While I was eating, I was watching the people pass by. As tired as I was, I felt happy and satisfied. There is still so much for me to do and see here, but at least I have finished my shopping!

Your friend,
Pablo Martínez

Vocabulario

1.	**atmosphere**	el ambiente
2.	**to collapse**	caerse
3.	**crowd**	la muchedumbre
4.	**eager**	deseoso
5.	**empty-handed**	con las manos vacías
6.	**exhausted**	agotado
7.	**firsthand**	de primera mano
8.	**floor (of a store)**	la planta
9.	**lively**	animado
10.	**mistake**	el error
11.	**overwhelming**	agobiante
12.	**paradise**	el paraíso
13.	**satisfied**	satisfecho
14.	**shoppers**	los compradores
15.	**to go shopping**	ir de compras
16.	**sidewalk**	la acera
17.	**store window**	el escaparate
18.	**temptations**	las tentaciones

	CLOTHING AND GIFTS	ROPA Y REGALOS
1.	**belt**	el cinturón
2.	**blouse**	la blusa
3.	**coat**	el abrigo
4.	**jeans**	los vaqueros (jeans)
5.	**pants**	los pantalones
6.	**perfume**	el perfume
7.	**purse**	el bolso
8.	**scarf**	el pañuelo
9.	**shirt**	la camisa
10.	**shoes**	los zapatos
11.	**socks**	los calcetines
12.	**sweater**	el jersey (suéter)
13.	**T-shirt**	la camiseta
14.	**wallet**	la cartera
15.	**watch**	el reloj

STORES	TIENDAS		
1. **coffee shop**	el café	4. **shoe store**	la zapatería
2. **department store**	el gran almacén	5. **stationery store**	la papelería
3. **jewelry store**	la joyería	6. **toy store**	la juguetería

Ejercicio No. 194—COMPRENSIÓN DE LA LECTURA

Conteste las preguntas en español.

1. ¿De qué hablaron en sus conversaciones?

2. ¿Qué es Nueva York sin duda?

3. ¿Qué día fue de compras?

4. ¿Cómo era el ambiente?

5. ¿Qué clase de tiendas había?

6. ¿De qué están llenos los escaparates?

7. ¿Dónde decidió hacer sus compras finalmente?

8. ¿De qué se dio cuenta cuando entró?

9. ¿Qué es lo que vio en la primera planta?

10. ¿Cuántas plantas más había en el gran almacén?

11. ¿Cómo se sentía después de casi cuatro horas de compras?

12. ¿Qué les compró a su esposa y a sus hijos?

13. ¿De qué se dio cuenta cuando estaba en la calle?

14. ¿Dónde se sentó?

15. ¿Cómo se sentía después de su día de compras?

Ejercicio No. 195—COMPLETAR EL TEXTO

1. **In our conversations** (hablamos de muchas cosas).

2. **New York is** (sin duda) **a shopper's paradise.**

3. (Las aceras y las tiendas) **were crowded with eager shoppers.**

4. **The city was** (tan animada como) **I had ever seen it.**

5. (Me encantó mirar la gente) **hurry in and out of the stores.**

6. **I passed** (toda clase de tienda).

7. **Once inside** (me di cuenta de mi error).

8. **I have never seen such a large selection of** (perfumes, bolsos, carteras, pañuelos y ropa).

9. **After almost four hours** (estaba agotado).

10. **I knew that if I bought anything else,** (tendría que comprar) **another suitcase.**

11. **I found the door** (tan rápidamente como pude).

12. **I was ready to eat something** (y descansar).

13. **I went into** (uno de los muchos cafés) **I had passed earlier.**

14. **I sat down** (cerca de la ventana).

15. (Mientras comía, miraba la gente) **pass by.**

PUNTOS GRAMATICALES

1. Frases condicionales con **if**: situaciones irreales en el presente/futuro

En las frases condicionales con **if** que hablan de una situación irreal en el presente/futuro, hay que usar las siguientes formas de los verbos:

SITUACIÓN	CLÁUSULA SI	CLÁUSULA RESULTADO
irreal	el pretérito	**would/could** + forma simple del verbo

a. **If I had the entire day, I would not be able to see everything.**
   Si tuviera el día entero, no podría ver todo.
   (situación verdadera: No tengo el día entero.)

b. **If the weather were* nice, I would go to the park.**
   Si hiciera buen tiempo, iría al parque.
   (situación verdadera: No hace buen tiempo.)

*Si el verbo **to be** aparece en la "cláusula si" se usa la forma subjuntiva—**were**—y *no* el pretérito.

c. **If we had more time, we would buy more souvenirs.**
   Si tuviéramos más tiempo, compraríamos más recuerdos.
   (situación verdadera: No tenemos más tiempo.)

NOTA: En español se usa el pretérito subjuntivo (en la *cláusula si*) + el condicional (en la *cláusula resultado*) para expresar esta idea.

2. Comparaciones de igualdad: **as** + adverbio + **as**

En en capítulo 17 estudiamos las comparaciones de igualdad con la fórmula **as** + adjetivo + **as.** Esta misma fórmula se aplica con adverbios.

I left as quickly as I could.   Salí tan rápidamente como pude.

I work as diligently as John.   Trabajo tan diligentemente como Juan.

Véase el capítulo 17 para un repaso completo del comparativo y del superlativo.

Ejercicio No. 196

Complete las frases con la forma correcta en inglés de los verbos entre paréntesis.

1. **I am not going to buy a new car. If I (buy) _____ a new car, I (drive) _____ to Boston to see my friend.**

2. **Mr. Martínez doesn't have more time. If Mr. Martínez (have) _____ more time, he (visit) _____ California.**

3. **Susan doesn't study enough. If Susan (study) _____ enough, she (receive) _____ better grades.**

4. Paul doesn't eat breakfast. If Paul (eat) _____ breakfast, he (have) _____ more energy.

5. Mrs. Martínez cooks dinner every night. If Mrs. Martínez (cook, not) _____ dinner every night, she (have) _____ more time for herself.

6. Mr. Martínez doesn't need money. If Mr. Martínez (need) _____ money, I (lend) _____ him some.

7. I know you don't want to go shopping. But if you (want) _____ to go shopping, I (go) _____ with you.

8. The children have to go to school tomorrow. If they (have, not) _____ to go to school tomorrow, they (stay) _____ home and watch TV.

9. It is so cold out today. If it (be, not) _____ so cold out today, we (go) _____ for a walk.

10. You don't understand me. If you (understand) _____ me, you (know) _____ how I feel.

A Car Trip

Una excursión en coche

Dear Miss Johnson:

Yesterday I called Mr. Clark's sons and I asked them, "Would you like to spend tomorrow afternoon at the beach with me?" They both said yes immediately.

I wanted to be back in the city early in order to go to a concert in the evening, so I left my hotel very early the next morning. I picked up the car from the agency where I had rented it, and I went to pick up the boys.

I had brought food for us to have a picnic after we arrived at the beach, but the boys decided not to wait. The boys were eating and laughing as we drove along. We passed through several small towns until we reached the highway. Because it was early, there were very few cars on the road. It was peaceful and relaxing.

As I was driving, I suddenly heard a noise that I recognized immediately. "What happened?" asked the boys.

I stopped the car and got out. "We have a flat tire," I answered.

I wanted to change the tire, and the boys were eager to help me. I opened the trunk to look for the jack, but I could not find one. There was no jack in the car!

Every now and then a car would race by us. Despite our signals, nobody stopped. We sat down next to a small tree on the side of the highway to wait.

A minute later we saw a large truck approaching us. It stopped behind our car, and the driver got out. "I see you have a flat tire," he said. "Can I give you a hand?"

"Indeed," I responded. "We have a flat tire, and we need a jack." The driver lent us his jack and helped us change the tire. Luckily, there was a spare tire in the trunk.

I thanked the driver and offered him twenty dollars, but he wouldn't accept it. We shook hands, and he got back into his truck and left.

We continued on to the beach. By the time we arrived at the beach, the boys had already finished the food. We weren't able to have a picnic, but we did have a wonderful afternoon on the beach. It was a beautiful spring day, and the sun was bright and warm. The boys had brought games and even a kite.

After a few hours, we got back into the car and returned home. I dropped the boys off at their home, tired and happy, and then I returned the rental car. Despite a little car trouble, we had had a wonderful day.

Your friend,
Pablo Martínez

Vocabulario

A.

agency	la agencia	**picnic**	la merienda
concert	el concierto	**to reach**	llegar
games	los juegos	**to rent**	alquilar
highway	la carretera	**rental car**	el coche de alquiler
kite	la cometa	**road**	la carretera
luckily	afortunadamente	**signals**	la señales
peaceful	tranquilo	**truck driver**	el camionero

B. Vocabulario del coche

blinkers	los intermitentes	**jack**	el gato
brakes	los frenos	**license plate**	la matricula
bumper	el parachoques	**rearview mirror**	el retrovisor
flat tire	el pinchazo	**spare tire**	la rueda de recambio
gas station	la gasolinera	**steering wheel**	el volante
headlights	los faros	**trunk**	el maletero
hood	el capó	**windshield**	el parabrisas

Expresiones Importantes

car trouble	problemas con el coche
every now and then	de vez en cuando
to change the tire	cambiar la rueda (llanta)
to give (someone) a hand	echar una mano a alguien
to have a picnic	merendar/comer en el campo
to race by	pasar a toda velocidad
What happened?	¿Qué pasó?

Ejercicio No. 197—COMPRENSIÓN DE LA LECTURA

Conteste las preguntas en español.

1. ¿A dónde quería ir el Sr. Martínez?

2. ¿A quiénes invitó a acompañarle?

3. ¿Por qué quería volver temprano a la ciudad?

4. ¿Dónde recogió el Sr. Martínez el coche?

5. ¿Qué había traído?

6. ¿Qué estaban haciendo los niños?

7. ¿Había muchos coches en la carretera?

8. ¿Qué oyó el Sr. Martínez cuando estaba conduciendo?

9. ¿Qué vio cuando bajó del coche?

10. ¿Por qué no podían cambiar la rueda?

11. ¿Quién paró para ayudarles?

12. ¿Qué quería darle al camionero el Sr. Martínez?

13. ¿Por qué no merendaron en la playa?

14. ¿Qué habían traído a la playa los niños?

15. ¿Cómo se sentían cuando llegaron a casa?

Ejercicio No. 198—COMPLETAR EL TEXTO

1. **Would you like to spend tomorrow afternoon** (en la playa conmigo)?

2. **I wanted to be back early** (para ir a un concierto).

3. (Recogí el coche) **from the agency.**

4. **The boys** (estaban comiendo y riéndose) **as we drove along.**

5. (Pasamos por) **several small towns.**

6. **Because it was early** (había muy pocos coches) **on the road.**

7. **As I was driving** (oí de repente) **a noise.**

8. "(¿Qué pasó?)" **asked the boys.**

9. (Paré el coche) **and got out.**

10. **We have** (un pinchazo).

11. (Abrí el maletero) **to look for the jack.**

12. **Despite our signals,** (no paró nadie).

13. **The driver** (nos prestó su gato) **and helped us change the tire.**

14. **Luckily, there was** (una rueda de recambio) **in the trunk.**

15. (Nos dimos la mano), **and he got back into his truck and left.**

PUNTOS GRAMATICALES

1. El pretérito pluscuamperfecto (**The Past Perfect**)

En inglés se forma el pretérito pluscuamperfecto (**the past perfect**) con el pasado de **have** = **had** + participio pasado. Como el pretérito pluscuamperfecto en español, **the past perfect** describe una acción o actividad que ocurrió *antes de* otra acción o actividad en el pasado.

   Verbos ejemplares: **to study, to work, to eat**

SINGULAR

I had studied (worked, eaten).	Yo había estudiado (trabajado, comido).
You had studied (worked, eaten).	Tú habías estudiado (trabajado, comido). Ud. había estudiado (trabajado, comido).
He, she, it had studied (worked, eaten).	Él/ella había estudiado (trabajado, comido).

PLURAL

We had studied (worked, eaten).	Nosotros habíamos estudiado (trabajado, comido).
You had studied (worked, eaten).	Vosotros habíais estudiado (trabajado, comido). Uds. habían estudiado (trabajado, comido).
They had studied (worked, eaten).	Ellos habían estudiado (trabajado, comido).
a. **I had already eaten when he arrived.**	Ya había comido cuando él llegó.
b. **The train had already left when I got to the station.**	El tren ya había salido cuando llegué a la estación.
c. **The boys had eaten all the food.**	Los niños habían comido toda la comida.

Ejercicio No. 199

Complete las siguientes frases con el participio pasado correcto del verbo entre paréntesis. Traduzca la frase.

Ejemplo: 1. **We had learned English in the United States.**
Habíamos aprendido inglés en los Estados Unidos.

1. **We had _____ (learn) English in the United States.**

2. **Had you _____ (read) the article already?**

3. **The children hadn't _____ (sleep) well until last night.**

4. **They had _____ (go) to the movie theater.**

5. **She hadn't _____ (say) anything.**

6. **I had already _____ (see) that movie.**

7. **After only one week, he had _____ (spend) all his money.**

8. **Had he _____ (mention) the party to you?**

9. **The children had _____ (finish) all their homework.**

10. **His teacher had _____ (lend) him many brochures.**

Ejercicio No. 200

Cambie las frases del pretérito al pretérito pluscuamperfecto **(past perfect)**. Entonces traduzca la frase nueva.

Ejemplo: 1. **Paul had eaten dinner.**
           Pablo había cenado.

1. **Paul ate dinner.**

2. **Mr. Martínez learned the necessary grammar.**

3. **Did he write a letter to his friend?**

4. **He read many guidebooks.**

5. **Mr. Martínez forgot his umbrella.**

6. **Mr. Clark called him in the morning.**

7. **The students didn't study enough for the exam.**

8. **They reserved a room for Mr. Martínez.**

9. **I remembered to buy souvenirs.**

10. **We went to the beach.**

Mr. Martínez Buys a Lottery Ticket

El señor Martínez compra un billete de lotería

Dear Miss Johnson:

I am not a gambler, Miss Johnson. At least up until last week I had never been a gambler. What happened? I'm going to tell you now.

All my life I have lived in Mexico, and I have never bought a lottery ticket. And they are sold on every street corner! Well, you know better than I do that lottery tickets are sold all over this city too. Sometimes I wish I did play. After all, who doesn't want to be rich? Anyway, when I arrived in New York, I noticed long lines at the newsstands. Everyone was buying lottery tickets! I later found out that the pot was twenty million dollars! I thought about winning even a portion of the prize. I would travel all around the United States and take my family with me. The children would learn to speak English fluently. I would spend time in the important cities of other regions, and therefore I would have a much better understanding of this country and its people. I would speak with as many people as possible in order to better understand the life and culture of the United States. I would buy my wife and children whatever they wanted. I wish I could really do these things, I thought. Before I realized what I was doing, I was in line waiting to buy a ticket.

The gentleman gave me my ticket, and I looked at the number. My lucky number seven appeared twice. A voice within me said, "This is it. This is your lucky day!"

And so I became a gambler.

The next morning I bought the newspaper and looked for the winning numbers. Suddenly I saw a number with two sevens. I had won! While I was looking for my ticket I was planning all the trips I would take with my family.

Finally, I found the ticket. Yes, I had two sevens, but all of the other numbers were different. Oh well, it doesn't matter.

But from that moment on, I was a gambler. After all, I had had fun dreaming.

Your friend,
Pablo Martínez

Vocabulario

corner	la esquina	**lucky**	afortunado
to dream	soñar	**newsstand**	el quiosco
to find out	enterarse	**pot**	el premio
fluently	con soltura	**portion**	la parte
gambler	el jugador	**prize**	el premio
lottery	la lotería	**to win**	ganar
lottery tickets	el billete de lotería		

Expresiones Importantes

From that moment on . . .	A partir de ese momento . . .
I became a gambler.	Me hice jugador.
It doesn't matter.	No importa.

Ejercicio No. 201—COMPRENSIÓN DE LA LECTURA

Conteste las preguntas en español.

1. ¿Qué tipo de hombre nunca había sido el Sr. Martínez?

2. ¿Dónde venden los billetes de lotería en México?

3. ¿Qué es lo que notó cuando llegó a Nueva York?

4. ¿De qué se enteró el Sr. Martínez?

5. ¿A dónde viajaría después de ganar el premio?

6. ¿Qué aprenderían sus hijos?

7. ¿Qué compraría a su esposa y sus hijos?

8. ¿Qué notó el Sr. Martínez cuando vio su billete?

9. ¿Qué hizo la mañana siguiente?

10. ¿Qué creía cuando vio el número con dos sietes?

11. ¿Qué soñaba mientras buscaba el billete?

12. ¿Ganó el Sr. Martínez el premio?

13. ¿Qué expresión usa el Sr. Martínez para decirnos que no lo tomó muy en serio?

14. ¿Qué fue el Sr. Martínez a partir de ese momento?

Ejercicio No. 202—COMPLETAR EL TEXTO

1. **Up until last week** (nunca había sido jugador).

2. **They are sold** (en todas las esquinas).

3. **When I arrived in New York I noticed long lines** (en los quioscos).

4. **Everyone was buying** (billetes de lotería).

5. **I thought about winning** (una parte del premio).

6. (Hablaría con) **as many people as possible.**

7. (Compraría a mi esposa y mis hijos) **whatever they wanted.**

8. **The gentleman** (me dio mi billete).

9. **My lucky number seven** (apareció dos veces).

10. **The next morning** (compré el periódico y busqué) **the winning numbers.**

11. **Finally,** (encontré el billete).

12. (No importa.)

PUNTOS GRAMATICALES

1. Deseos del presente/futuro: **to wish**

Se usa el verbo **wish** para expresar deseos. Para expresar un deseo de una situación actual, se usa *el pretérito del verbo.*

	DESEO	SITUACIÓN VERDADERA
a.	**I wish I could do those things.** (Ojalá pudiera hacer esas cosas.)	**I can't do those things.**
b.	**I wish I played.** (Me gustaría jugar.)	**I don't play.**
c.	**I wish I had more time.** (Ojalá tuviera más tiempo.)	**I don't have more time.**

2. El condicional: **would**

Se forma el tiempo condicional con **would** + la forma simple del verbo.

SINGULAR		PLURAL	
I would speak	Yo hablaría	**We would speak**	Nosotros/as hablaríamos
You would speak	Tú hablarías Ud. hablaría	**You would speak**	Vosotros/as hablaríais Uds. hablarían
He/she/it would speak	Él/ella hablaría	**They would speak**	Ellos/ellas hablarían

Ejercicio No. 203

Cambie las siguientes frases del futuro al condicional. Entonces, traduzca la frase condicional al español.

Ejemplo: 1. **We would go to the beach.**
                  Iríamos a la playa.

1. **We will go to the beach.**

2. **Mr. Martínez will buy a lottery ticket.**

3. **You will meet your friends.**

4. **I will leave my house at seven.**

5. **Will you and John go to the movies?**

6. **Will you take your family to New York?**

7. **They won't say anything.**

8. **Will you call me later?**

9. **Susan won't tell me the truth.**

10. **Paul won't come to see me.**

Ejercicio No. 204

Traduzca al inglés.

1. ¿Quién visitaría a María?

2. ¿Estudiarían ellos?

3. Ellos no querrían venir.

4. Pedro escribiría la carta.

5. Ella hablaría demasiado.

6. Yo haría el trabajo.

7. La profesora llegaría a tiempo.

8. ¿Saldría Ud. conmigo?

9. Yo no viajaría sola.

10. Comeríamos mucho.

He Was Not a Baseball Fan

No era aficionado al béisbol

Dear Miss Johnson:

On Tuesday I had my last appointment with Mr. Clark. It went very well. We were about to leave when he asked me, "Do you want to see a baseball game? I have tickets for tonight's game."

I have to say that I have never been much of a baseball fan, but I accepted, of course. How could I leave this country without seeing a baseball game?

At seven o'clock we arrived at the stadium. It was packed, and the crowd was in a very good mood.

Mr. Clark had two box seats. He explained to me that serious baseball fans do not have to have such good seats. They are happy sitting in the bleachers. We found our seats and we sat down.

At that moment everyone stood up, and the organ began to play the national anthem. Many people were singing along, including Mr. Clark. Then the game began.

The atmosphere in the stadium reminded me of the bullring in Mexico. I heard the shouts of the vendors selling refreshments, and the shouts and laughter of the spectators. I wish that I had known how fun baseball was. What an exciting atmosphere!

I am not a big sports fan. Occasionally I watch a soccer game on TV, but that's all. I had always thought that most sports were boring—especially baseball. I only wish that I had gone to a game sooner. I was really having fun! At times the game seems slow because the action is not constant; but there is so much happening around you that you can't be bored. And the hot dogs are even better than on the street! The game itself was entertaining. We even saw two home runs.

So, by the time we left the stadium I had an entirely different opinion of baseball. Mr. Clark was happy that I had enjoyed the evening so much and remarked, "I wish you had told me you liked baseball. I go almost every week." What he didn't know was that I was not a fan until that night!

Your friend,
Pablo Martínez

Vocabulario

anthem	el himno	**mood**	el humor
baseball	el béisbol	**organ**	el órgano
baseball game	el partido de béisbol	**refreshments**	los refrescos
bleachers	las gradas	**seat**	el asiento
boring	aburrido	**shouts**	los gritos
box seats	la tribuna	**soccer**	el fútbol
bullring	la plaza de toros	**spectator**	el espectador
entertaining	entretenido	**sport**	el deporte
fan	el aficionado	**stadium**	el estadio
home run	el jonrón	**stands**	la tribuna
laughter	las risas	**vendor**	el vendedor

Expresiones Importantes

a baseball fan	un aficionado al béisbol
at times	a veces
by the time we left	cuando nos fuimos
It was packed.	Estaba lleno.
to be in a good mood	estar de buen humor

Ejercicio No. 205—COMPRENSIÓN DE LA LECTURA

Conteste las preguntas en español.

1. ¿Qué le preguntó el Sr. Clark al Sr. Martínez cuando estaban para salir?

2. ¿Cuándo fue el partido?

3. ¿A qué hora llegaron al estadio?

4. ¿Había mucha gente en el estadio?

5. ¿Dónde se sientan los aficionados serios?

6. ¿Qué canción tocan antes de que comience el partido?

7. ¿Qué oyó el Sr. Martínez?

8. ¿Qué le recordó el ambiente?

9. ¿Le gustan mucho al Sr. Martínez los deportes?

10. ¿Cómo le ha parecido siempre el béisbol?

11. ¿Va muy a menudo el Sr. Clark a los partidos?

12. ¿Es el Sr. Martínez aficionado al béisbol?

Ejercicio No. 206—COMPLETAR EL TEXTO

1. (Estábamos para salir.)

2. **Do you want to see** (un partido de béisbol)?

3. **How could I** (salir de este país sin ver) **a baseball game?**

4. **At seven o'clock** (llegamos al estadio).

5. (Estaba lleno.)

6. **The crowd** (estaba de muy buen humor).

7. **We found our seats** (y nos sentamos).

8. **The organ began to play** (el himno nacional).

9. (Oí los gritos) **of the vendors.**

10. **Occasionally I watch** (un partido de fútbol en la televisión).

11. (Siempre había pensado) **that most sports were boring.**

12. **The game itself** (fue entretenido).

13. **I had** (una opinión completamente diferente) **of baseball.**

14. **I go** (casi todas las semanas).

15. **I was not a fan** (hasta esa noche).

PUNTOS GRAMATICALES

1. Deseos del pasado: **to wish**

Para expresar un deseo de una situación en el pasado se usa el pretérito pluscuamperfecto **(the past perfect)** después de **wish**. (La palabra **that** después de **wish** es opcional.)

DESEO DEL PASADO	SITUACIÓN VERDADERA
a. **I wish (that) you had told me that.** (Me gustaría que me hubiera dicho eso.)	**You didn't tell me that.**
b. **He wishes (that) he had stayed longer.** (Le gustaría haberse quedado más.)	**He didn't stay longer.**
c. **I wish (that) he had called me.** (Me gustaría que me hubiera llamado.)	**He didn't call me.**

Ejercicio No. 207

Forme frases con **wish** usando la información a la izquierda.

SITUACIÓN VERDADERA

1. **Mary didn't come to my party.**

   I wish (that) Mary had come to my party.

2. **Mr. Martínez didn't visit Boston.**

   Mr. Martínez wishes _____.

3. **Paul didn't eat breakfast.**

   Paul wishes _____.

4. **Miss Johnson worked until midnight.**

   Miss Johnson wishes _____.

5. **Mr. Clark wasn't at the meeting.**

   Mr. Clark wishes _____.

6. **I spent all my money yesterday.**

   I wish _____.

7. **Robert didn't tell me the truth.**

   I wish _____.

8. **We weren't prepared for the rain.**

   We wish _____.

9. **Mr. Martínez didn't buy souvenirs.**

   Mr. Martínez wishes _____.

10. **They didn't make a reservation.**

    They wish _____.

Mr. Martínez Leaves New York

El señor Martínez sale de Nueva York

Dear Miss Johnson:

When I left Mexico I had already learned a lot about the United States and New York in particular. I had read many interesting books about the culture and customs of the people, and I knew how to speak English fairly well.

During my stay here I have visited many places. We spoke about some of these places during our classes. In my previous letters I was able to describe to you a little bit of what I have seen and learned. The rest will have to wait until we see each other again.

As you can imagine, I enjoyed visiting the many historical monuments, admiring the skyscrapers, and seeing the collections of beautiful artwork in the many museums. I even enjoyed exploring all of the different types of shops and stores that are available here in New York. Everything was as impressive as I had imagined. But one thing that did surprise me somewhat was how friendly and accommodating the people of this country are. I thought that everyone would be too busy to help a tourist like me. Mr. Clark was especially helpful and generous. If he had not been so kind and hospitable, my experience would not have been as complete, and for this I owe him my thanks.

You know that I came to the United States for business as well as for a vacation. Fortunately, I was able to see many different places and meet many types of people. However, there is still so much more that I had wanted to do. If I had had more time, I would have gone to Boston. And if I had had more energy, I would have explored more of the charming neighborhoods of this city. I have had the chance to get to know some areas quite well, however, and I have also made some new friends.

I am sure that I will return to this country and to New York soon. I would like to return next year. But the next time, I will bring my family with me. I don't think they will have any objections!

This is the last letter that I will write to you, as I leave for Mexico very soon. I will be sure to call you as soon as possible so that you can come for dinner at our home. Without a doubt we will spend most of the evening talking about our beloved New York.

Your friend,
Pablo Martínez

Vocabulario

accommodating	servicial	**collection**	la colección
area	el área/la región	**energy**	la energía
artwork	las obras de arte	**generous**	generoso
available	disponible	**neighborhood**	el barrio
beloved	querido	**objection**	el inconveniente

Expresiones Importantes

as soon as possible	cuanto antes
as you can imagine	como puede imaginar
fairly well	bastante bien
in particular	en concreto, especialmente
the rest	lo demás
to make friends	hacerse amigos

Ejercicio No. 208—COMPRENSIÓN DE LA LECTURA

Conteste las preguntas en español.

1. ¿Cómo sabía el Sr. Martínez tanto de los Estados Unidos?

2. ¿Cómo hablaba inglés antes de su viaje?

3. ¿Qué describió en sus cartas a la Srta. Johnson?

4. ¿Cuándo le contará lo demás?

5. ¿Qué es lo que le sorprendió al Sr. Martínez?

6. ¿Cómo se portó el Sr. Clark con el Sr. Martínez?

7. ¿A quién conoció el Sr. Martínez?

8. ¿Qué habría hecho el Sr. Martínez si hubiera tenido más tiempo?

9. ¿Por qué no visitó más de los barrios encantadores de la ciudad?

10. ¿De qué está seguro?

11. ¿Cuándo quiere volver?

12. ¿Con quién volverá la próxima vez?

13. ¿Cuándo sale para México?

14. ¿Qué hará el Sr. Martínez cuanto antes?

15. ¿Cómo cree que la Srta. Johnson y él van a pasar la mayoría de la noche?

PUNTOS GRAMATICALES

1. Frases condicionales con **if**: situaciones irreales en el pasado

En las frases condicionales con **if** que hablan de situaciones irreales en el pasado, hay que usar las siguientes formas de los verbos:

SITUACIÓN	CLÁUSULA SI	CLÁUSULA RESULTADO
irreal en el pasado	pretérito pluscuamperfecto	**would have/could have** + participio pasado

a. *If I **had had** more time, I **would have gone** to Boston.*
   Si hubiera tenido más tiempo, habría ido a Boston.
   (situación verdadera: No tuve más tiempo.)

b. *If the weather **had been** nice, Mr. Martínez **would have stayed** in the park.*
   Si hubiera hecho buen tiempo, el Sr. Martínez se habría quedado en el parque.
   (situación verdadera: No hacía buen tiempo.)

c. *If we **had read** the guidebook, we **would have known** where to go.*
   Si hubiéramos leído la guía turística, habríamos sabido adónde ir.
   (situación verdadera: No leímos la guía turística.)

NOTA: En español se usa el subjuntivo de *haber* (en la cláusula si) + el participio pasado (en la cláusula resultado) para expresar este deseo del pasado.

Ejercicio No. 209

Complete las frases con las palabras entre paréntesis. Tenga cuidado al usar las formas correctas de los verbos.

1. situación verdadera: **I didn't have enough energy yesterday.**
   If I (have) _____ enough energy yesterday, I (go) _____ to the party.

2. situación verdadera: **It rained today.**
   If it (rain, not) _____ today, I (go) _____ to the park.

3. situación verdadera: **I was sick last night.**
   If I (be, not) _____ sick last night, I (have) _____ dinner with you.

4. situación verdadera: **He didn't have enough money.**
   If he (have) _____ enough money, he (buy) _____ more souvenirs.

5. situación verdadera: **Mrs. Martínez didn't go to Mexico.**
   If she (go) _____ to Mexico, she (enjoy) _____ herself.

Ejercicio No. 210

Practique las frases en inglés en voz alta. Entran en este ejercicio ejemplos de los tres tipos de frases condicionales que hemos estudiado. Para un repaso completo de las frases condicionales con **if,** véase los capítulos 35, 36 y 40.

1. **If I have time, I will accompany him to the station.**

1. Si tengo tiempo, le acompañaré a la estación.

2. **If you return to New York, I would like to see you again.**

2. Si vuelve a Nueva York, me gustaría verle de nuevo.

3. **If we can help you, we will.**

3. Si le podemos ayudar, lo haremos.

4. **If Mr. Martínez is not too busy, he will visit Boston.**

4. Si el Sr. Martínez no está demasiado ocupado, visitará Boston.

5. **If we were living in New York, we would speak English very well.**

5. Si estuviéramos viviendo en Nueva York, hablaríamos inglés muy bien.

6. **If you spoke more slowly, I would understand you better.**

6. Si Ud. hablara más despacio, le comprendería mejor.

7. **If I went to New York, I would visit Mr. Clark and his family.**

7. Si fuera a Nueva York, visitaría al Sr. Clark y su familia.

8. **If I had enough money, I would travel around the world.**

8. Si tuviera bastante dinero, viajaría alrededor del mundo.

9. **If they had studied more, they would have passed the test.**

10. **If she had looked for it longer, she would have found it.**

11. **If we had finished our homework, we would have gone to the movies.**

12. **If Mr. Martínez had not learned English, he would not have had such a good time in the United States.**

9. Si hubieran estudiado más, habrían pasado el examen.

10. Si ella lo hubiera buscado más, lo habría encontrado.

11. Si hubiéramos terminado nuestros deberes, habríamos ido al cine.

12. Si el Sr. Martínez no hubiera aprendido inglés, no lo habría pasado tan bien en los Estados Unidos.

PARTE 1

Repaso de Vocabulario

NOMBRES

1. **artwork**	1. las obras de arte	18. **perfume**	18. el perfume
2. **baseball**	2. el béisbol	19. **picnic**	19. la merienda
3. **concert**	3. el concierto	20. **purse**	20. el bolso
4. **crowd**	4. la muchedumbre	21. **scarf**	21. el pañuelo
5. **fan**	5. el aficionado	22. **selection**	22. la selección
6. **floor**	6. la planta	23. **shopper**	23. el comprador
7. **gambler**	7. el jugador	24. **shout**	24. el grito
8. **game**	8. el juego	25. **sidewalk**	25. la acera
9. **gift**	9. el regalo	26. **skyscraper**	26. el rascacielos
10. **jack**	10. el gato	27. **spectator**	27. el espectador
11. **kite**	11. la cometa	28. **sport**	28. el deporte
12. **laughter**	12. las risas	29. **stadium**	29. el estadio
13. **lottery**	13. la lotería	30. **tire**	30. la rueda (llanta)
14. **mistake**	14. el error	31. **truck driver**	31. el camionero
15. **newsstand**	15. el quiosco	32. **variety**	32. la variedad
16. **organ**	16. el órgano	33. **wallet**	33. la cartera
17. **paradise**	17. el paraíso	34. **watch**	34. el reloj

VERBOS

1. **to collapse**	1. caerse	8. **to reach**	8. llegar
2. **to dedicate**	2. dedicar	9. **to realize**	9. darse cuenta de
3. **to dream**	3. soñar	10. **to rent**	10. alquilar
4. **to drive**	4. conducir (manejar)	11. **to return (something)**	11. devolver (algo)
5. **to give someone a hand**	5. echar una mano a alguien	12. **to sing**	12. cantar
6. **to hear**	6. oír	13. **to stop**	13. parar
7. **to hurry**	7. darse prisa	14. **to surprise**	14. sorprender

ADJETIVOS

1. **beloved**	1. querido	6. **generous**	6. generoso
2. **boring**	2. aburrido	7. **lively**	7. animado
3. **eager**	3. deseoso	8. **packed**	8. lleno
4. **entertaining**	4. entretenido	9. **peaceful**	9. tranquilo
5. **exhausted**	5. agotado	10. **satisfied**	10. satisfecho

ADVERBIOS

1. **fairly**	1. bastante
2. **luckily**	2. afortunadamente
3. **unfortunately**	3. desafortunadamente

EXPRESIONES IMPORTANTES

1. **as soon as possible**	cuanto antes
2. **at times**	a veces
3. **to be in a good mood**	estar de buen humor
4. **every now and then**	de vez en cuando
5. **from that moment on**	a partir de ese momento

6. in particular	especialmente
7. It doesn't matter.	No importa.
8. to become friends	hacerse amigos
9. the rest	lo demás
10. What happened?	¿Qué pasó?

Ejercicio No. 211

Traduzca las siguientes frases. Todos los tiempos que ha aprendido en este texto aparecen abajo.

1. Who will help me with these exercises?

2. Paul had already eaten lunch when I saw him.

3. Would you like to take a trip to California?

4. I know the man who works in that store.

5. We were writing our letters when the teacher entered the classroom.

6. They used to go to the movies every week.

7. The children are playing in the yard.

8. I have read that book.

9. We were walking through the park when it began to rain.

10. He is going to buy gifts for his family.

11. I could not tell her everything that I had seen.

12. He liked the baseball game.

13. If the weather is nice, they will go to the beach.

14. I was talking on the phone when I heard the noise.

15. They won't come because they won't have time.

16. He asked the cashier (cajero) for change, and he gave it to him.

17. If I were rich, I would travel around the world.

18. He wished he had more time.

19. If I had slept well last night, I wouldn't be so tired.

20. She has traveled to New York many times.

Ejercicio No. 212

Complete las frases en inglés.

1. **Mr. Martínez** (es un comerciante de México).

2. **He took** (un viaje a los Estados Unidos para visitar) **his agent.**

3. **He wanted to** (conocerle mejor).

4. **Before leaving for New York,** (aprendió a hablar inglés).

5. (Había leído muchos libros) **about the United States.**

6. **From New York he wrote letters** (a su amiga y profesora, la Srta. Johnson).

7. **He liked** (los museos y los monumentos) **a lot.**

8. **He found the people to be** (muy amable y simpática).

9. **He remembered** (el taxi que le llevó al hotel).

10. **The driver had raced towards New York** (a toda velocidad).

11. **Fortunately,** (tenía mucho tiempo libre) **to sightsee.**

12. **He had read many interesting books** (sobre la cultura y las costumbres de la gente).

13. **Everything was** (tan impresionante como había imaginado).

14. **Nevertheless,** (no tenía tiempo para visitar Boston).

15. **There is still** (mucho más que quería hacer).

16. **But Mr. Martínez** (volverá a los Estados Unidos).

17. **The next time** (llevará a su familia) **with him.**

18. **This is the last letter** (el Sr. Martínez escribirá desde Nueva York).

19. **He will invite Miss Johnson** (a cenar con su familia) **after he returns home.**

20. (Sin duda) **they will spend most of the evening** (hablando de su querida Nueva York).

Ejercicio No. 213—LECTURA

The Skyscrapers of New York

If you have ever flown to New York, you may have been lucky enough to see the famous New York skyline. This famous skyline, made up of many skyscrapers of different heights, shapes, and colors, is most impressive at night. And from an airplane, the view is unequaled.

The view of lower Manhattan is dominated by two shiny stainless steel towers—the Twin Towers. They are 1,350 feet tall and are the tallest buildings in New York. They were once the tallest buildings in the world (the Sears Tower in Chicago now holds that honor). Completed in the early 1970s, these 110-story towers provide office space for hundreds of companies as well as spectacular views from the top.

The famous shape and design of the Empire State Building make it easily identifiable too. Located in midtown and completed in 1931, it, too, was once the tallest building in the world and in New York, at 1,250 feet tall. At the top there is an observation deck, which on a clear day offers panoramic views for miles in all directions. Nearby is the beautiful art deco Chrysler Building, completed in 1930. At night, the fluorescent crown of this 1,048-foot-high skyscraper decorates the skyline.

The city is full of other less famous skyscrapers. Whether they are commercial or residential, these tall buildings give New York its unique character. One feels very small walking along the streets of New York with these huge buildings towering above. In fact, in many places the sun never reaches the street because of the size of these buildings. Living among these giants produces a sensation like no other. One marvels at how the architects were able to build such incredible structures. And one can only wonder what these talented and imaginative architects will come up with next.

A

abierto(a)	open
abogado	lawyer
abrigo	coat, overcoat
abril	April
abrir	to open
abuela	grandmother
abuelo	grandfather
aburrido(a)	boring
aburrir	to bore
acabar	to finish; **acabar de +** **infin.** have just
aceptar	to accept
acera	sidewalk
acercarse	to approach
acompañar	to accompany
acuerdo	agreement; **estar de** **acuerdo** to agree
además	in addition, moreover; **además de** in addition to
adiós	goodbye
adivinar	to guess
aduana	customs
aeropuerto	airport
aficionado	fan; **ser aficionado a . . .** to be a fan of . . .
afortunadamente	luckily, fortunately
agente	agent
agobiante	overwhelming
agosto	August
agotado(a)	exhausted
agradable	pleasant
ahora	now
alegrarse	to be glad; **Me alegro de** **verle.** It's nice to see you.
alfombra	rug
algo	something; somewhat
alguien	someone, anyone
alguno(a)	some, any
allí	there
gran almacén	department store
almorzar	to have lunch
almuerzo	lunch
alquilar	to rent
alrededor de	around; **los alrededores** the surrounding area
alto(a)	tall
amable	kind
amarillo(a)	yellow
ambiente	atmosphere
amigo(a)	friend
andar	to walk
animado(a)	lively
antes	before
antipático(a)	unfriendly
año	year; **año pasado** last year; **año que viene** next year
aparcar	to park
aprender	to learn; **aprender a** to learn to
aprovechar	to take advantage of
aquí	here; **aquí lo tiene** here you go, here it is
árbol	tree
arroz	rice
artículo	article
ascensor	elevator
asiento	seat
asistir	to attend
aun	even; **aún** still
aunque	although

avión	airplane, plane
avisar	to inform
ayuda	help
ayudar	to help, aid
azúcar	sugar
azucarero	sugar bowl
azul	blue

B

bajo(a)	low, short
bandeja	tray
barato(a)	cheap, inexpensive
barbacoa	barbecue
barco	boat
barrio	neighborhood
bastante	enough, quite
beber	to drink
bebida	drink
béisbol	baseball
bien	well
billete	ticket; **billete de ida y vuelta** round-trip ticket
bistec	steak
blanco(a)	white
blusa	blouse
boca	mouth
bolígrafo	pen
bolsa	bag
bolso	purse, handbag
bonito(a)	pretty, nice
botas	boots
brazo	arm
bueno(a)	good
buscar	to look for

C

cabeza	head
cada	each, every
caer	to fall

café	coffee; coffee shop
caja	box
cajón	drawer
calcetines	socks
caliente	warm, hot
calle	street
camarero	waiter
cambiar	to change; to exchange
camionero	truck driver
camisa	shirt
camiseta	T-shirt
campo	country
cansado(a)	tired
cantar	to sing
capítulo	chapter
carne	meat
caro(a)	expensive
carretera	road, highway
carta	letter
cartel	poster
cartera	wallet
casa	house; **en casa** at home
casi	almost
catedral	cathedral
celebrar	to celebrate
cena	dinner
cenar	to have dinner
cenicero	ashtray
cerca de	near, close to
cereza	cherry
cerrado(a)	closed
cerrar	to close
cerveza	beer
charlar	to chat
cielo	sky
cine	movie theater; movies; **ir al cine** to go to the movies
cinturón	belt
cita	appointment
ciudad	city
claro(a)	clear; **¡Claro que sí!** Of course!

clase	class
cliente	client, customer
clima	climate
coche	car; **el coche de alquiler** rental car
cocina	kitchen
coger	to catch, to get, to take
cola	line; **hacer cola** to stand in line
colección	collection
colega *m, f*	colleague
color	color; **¿de qué color es . . .?** what color is . . . ?
comedor	dining room
comenzar	to begin
comer	to eat; to have lunch; **comer fuera** to eat out
comerciante	businessman
comida	food; lunch
como	like, as, how; **¿cómo?** how? **¿Cómo se dice?** How do you say?
cómodo(a)	comfortable
compañía	company
competencia	competition
comprador	shopper
comprender	to understand
común	common
con	with; **conmigo** with me
concierto	concert
conducir	to drive
confundido(a)	confused
conocer	to know; to meet; to get to know
conseguir	to obtain, get
contar	to count; to tell, relate
contento(a)	happy
contestar	to answer
conversar	to converse
corazón	heart
cordero	lamb
correr	to run
corto(a)	short
cosa	thing
costa	coast
costar	to cost
costumbre	custom
crecer	to grow
creer	to think, believe; **Creo que sí.** I think so.
criada	maid
criarse	to grow up
cuando	when; **¿cuándo?** when?
¿cuánto,-a?	how much? **¿cuántos,-as?** how many?
cuanto antes	as soon as possible
cuarto	room; quarter, fourth; **cuarto de baño** bathroom
cuchara	spoon; **cucharita** teaspoon
cuchillo	knife
cuenta	bill, check; account
cuerpo	body
cuidar	to look after, care for

D

dar	to give; **dar a** to face; **dar las gracias** to thank; **darse la mano** to shake hands
debajo de	under, underneath
delante de	in front of
de	of, from, about; **de nada** you're welcome
detrás de	behind
deber	to owe; to have to, must, should; **deber de** must; **deberes** homework
decidir	to decide, choose
decir	to tell, say; **es decir** that is to say; **dígame** tell me
dedo	finger
demasiado	too much

dentro, adentro   inside

deporte   sport

derecho(a)   right; **a la derecha** on the right

desayunar   to have breakfast

desayuno   breakfast

descansar   to rest

desconocido(a)   unknown

desde   since, from; **desde luego** of course

desear   to wish, want

desfile   parade

despedida   goodbye, farewell

despedirse   to say goodbye

despegar   to take off (**avión**)

después   after

día   day; **hoy en día** nowadays; **al día siguiente** the next day; **todo el día** all day

diálogo   dialogue

diciembre   December

difícil   difficult, hard

diligentemente   hard, diligently

dinero   money

disponible   available

divertido(a)   enjoyable, fun

dólar   dollar

domingo   Sunday

donde   where; **¿dónde?** where?

dormir   to sleep

dormitorio   bedroom

duda   doubt; **sin duda** without a doubt

durante   during

E

echar   to throw; **echarse** to stretch out; **echar de menos** to miss

edificio   building

educado(a)   educated; **mal educado(a)** rude

ejemplo   example; **por ejemplo** for example

embarcar   to board, embark

emocionado(a)   excited

empapado(a)   soaked, soaking wet

empezar   to begin

empujar   to push

en   in, on; at; **en seguida** immediately; **en absoluto** not at all

encantar   to love; to charm, delight; **Encantado de conocerle.** It's nice to meet you.

encima de   on top of

encontrar   to find

energía   energy

enero   January

enfermo(a)   sick

enseñar   to teach

enterarse   to find out

entero(a)   entire, whole

entonces   then

entrada   ticket; entrance

entrar   to enter

entre   between

entregar   to hand in; to deliver

entretenido(a)   entertaining

enviar   to send

equipaje   luggage; **facturar el equipaje** check the luggage

error   error, mistake

escaparate   store window

escuchar   to listen

esconder   to hide

escribir   to write

escritorio   desk

escuela   school

ese, -a   that

eso	that; **a eso de** at about (con la hora)
espalda	back
España	Spain
español	Spanish (**idioma**); Spaniard
esperar	to hope; to wait for
espinacas	spinach
esposa	wife
esposo	husband
esquina	corner
estación	season; station; **estación de ferrocarril** train station
estadio	stadium
estado	state; **Estados Unidos** the United States
estancia	stay
estante	bookcase; shelf
estar	to be; **estar en camino** to be on the way
este, -a	this
este	east
esto	this
estómago	stomach
estrella	star; **estrella del cine** movie star
estudiante *m, f*	student
estudiar	to study
estupendo(a)	marvelous, wonderful
examen	examination (exam), test
excursión	excursion, trip
explicar	to explain
expresión	expression
extranjero	foreigner

F

fácil	easy
factura	bill
familia	family
farmacia	drugstore, pharmacy
faros	headlights
febrero	February

fecha	date; **¿Cuál es la fecha?** What is the date?
feo(a)	ugly
fiesta	party
fila	row
fin	end; **por fin** at last; **al fin y al cabo** after all
folleto	brochure, pamphlet
frase	sentence
frenos	brakes
fresa	strawberry
fruta	fruit
fuera, afuera	outside

G

ganar	to win; **ganarse la vida** to earn a living
gasolinera	gas station
gastar	to spend (**dinero**)
gato	jack; cat
generoso(a)	generous
gente	people
gorra	cap
gracias	thank you
grande	big, large; great
gris	gray
gripe	flu
grito	shout
guante	glove
guardar	to put away
guía *m, f*	guide
gustar	to like; **me gusta** I like
gusto	pleasure; **con mucho gusto** certainly, with much pleasure

H

habitación	room
hablar	to speak, to talk

hacer   to do, to make; **hace dos días** two days ago; **hace calor/frío** it's hot/cold out; **hacer preguntas** to ask questions

hamburguesa   hamburger

hasta   until, to, as far as; **hasta luego** see you later; **hasta mañana** see you tomorrow

hay   there is, there are

hermana   sister

hermano   brother

hermoso(a)   beautiful

hija   daughter; child

hijo   son; child

hombre   man

hora   hour; time; **¿Qué hora es?** What time is it?

hormiga   ant

hotel   hotel

huevo   egg

humor   mood; **estar de buen humor** to be in a good mood

I

idioma   language

igualmente   likewise; equally

imaginar   to imagine

impermeable   raincoat

importador   importer

importante   important

importar   to matter, to be important; to import; **no importa** it doesn't matter

impresionante impressive

información   information

inglés   English (idioma); Englishman

inmediatamente right way, immediately

inteligente   intelligent

interesante   interesting

invierno   winter

invitación   invitation

invitar   to invite

ir   to go; **irse** to leave; **ir de compras** to go shopping

izquierdo(a)   left; **a la izquierda** on the left

J

jamón   ham

jardín   yard; garden

jarra   pitcher

jornada   working day

joven   young

joyería   jewelry store

juego   game

jueves   Thursday

jugador   gambler

jugar   to play

juguetería   toy store

julio   July

junio   June

K

kilo   kilogram

kilómetro   kilometer

L

lámpara   lamp

langosta   lobster

lápiz   pencil

largo(a)   long

leche   milk

leer   to read

lejos de   far from

lentamente	slowly
lento(a)	slow
levantarse	to get up
libertad	freedom; liberty
libre	free; vacant
libro	book
limón	lemon
listo(a)	ready; **estar listo(a)** to be ready
llamar	to call; **llamar por teléfono** to call up
llamarse	to be called; **Me llamo Pedro.** My name is Peter.
llave	key
llegada	arrival
llegar	to arrive
lleno(a)	full, packed
llevar	to carry; to wear
llover	to rain; **llover a cántaros** to pour
lluvia	rain
lluvioso	rainy
lotería	lottery
luchar	to fight
lugar	place; **en primer lugar** first of all
lunes	Monday

M

madre	mother
madrugador	early riser
maleta	suitcase; **hacer la maleta** to pack
maletero	trunk
malo(a)	bad, sick
malsano(a)	unhealthy
manera	way, manner
mano	hand; **de antemano** beforehand; **hecho a mano** handmade
mantel	tablecloth
mantequilla	butter
manzana	block; apple
mañana	morning; **por la mañana** in the morning
mañana	tomorrow; **hasta mañana** see you tomorrow
máquina	machine; **máquina de escribir** typewriter
maravilloso(a)	wonderful
marrón	brown
martes	Tuesday
marzo	March
más	more; **más or menos** more or less
matrícula	license plate
mayo	May
mayor	older
mayoría	majority
médico	doctor
mejor	better; **el/la mejor** the best
mejorar	to improve
melocotón	peach
memoria	memory; **de memoria** by heart
memorizar	to memorize
menor	younger
menos	less, minus, except; **por lo menos** at least
a menudo	often
mercado	market
mes	month
mesa	table
metro	subway
mexicano(a)	Mexican
México	Mexico
el miércoles	Wednesday
milla	mile
mirar	to look at
mismo(a)	same; **lo mismo** the same thing
moderno(a)	modern

mojado(a)	wet, soaked
muchacha	girl
muchacho	boy
mucho(a)	much, a lot; **muchos(as)** many
muebles	furniture
muelle	pier
mujer	woman; wife
mundo	world
museo	museum
música	music

N

nada	nothing; **de nada** you're welcome
nadar	to swim
nadie	no one, nobody
naranja	orange; **la naranja** orange (fruta)
nariz	nose
naturalmente	naturally
necesario	necessary; **es necesario** it is necessary
necesitar	to need
negocio	business
negro(a)	black
nervioso(a)	nervous
nevar	to snow
ninguno, -a	none, nobody
niño/niña	child
noche	night, evening; **por la noche** in the evening; **esta noche** tonight; **anoche** last night
nombre	name; noun
norte	north
noviembre	November
nube	cloud
nuevo(a)	new
número	number

O

objeto	object
octubre	October
ocupado(a)	occupied, taken; busy
oeste	west
oficina	office
ofrecer	to offer
oír	to hear
ojo	eye
olvidar	to forget
oportunidad	opportunity
orgulloso(a)	proud
otoño	autumn, fall
otro(a)	other, another

P

padre	father
pagar	to pay
país	country
palabra	word
pan	bread
panecillo	roll
pantalla	screen
pantalones	pants
pañuelo	scarf
papel	paper; role; **hacer el papel** to play the part
papelería	stationery store
para	for; in order to
paraguas	umbrella
paraíso	paradise
parar	to stop
parecer	to seem; **parece una buena idea** it seems like a good idea
parecido(a)	alike; like
pared	wall
parque	park
pasaporte	passport

pasearse	to stroll, go for a walk	**plato**	dish, plate
paseo	walk	**playa**	beach
paso	step	**pobre**	poor
pastel	pie	**poco(a)**	little; **pocos, -as** few
patata	potato	**poder**	can, to be able
pato	duck	**pollo**	chicken
pavo	turkey	**poner**	to put
pedir	to ask for; **pedir información** to ask for information	**por**	for; in exchange for; through; along; by; **por favor** please; **por eso** therefore; **por todas partes** everywhere; **por cierto** by the way; **por supuesto** of course
película	movie		
peligroso(a)	dangerous		
pensar	to think, to intend to; **pensar en** to think about		
peor	worse; **el/la peor** the worst	**¿por qué?**	why?
pequeño(a)	small	**porcentaje**	percentage
pera	pear	**porque**	because
perder	to miss	**posible**	possible
perdonar	to excuse, to pardon; **perdóneme** excuse me	**practicar**	to practice
		precio	price
perezoso(a)	lazy	**preferir**	to prefer
perfume	perfume	**pregunta**	question
periódico	newspaper	**premio**	prize
pero	but	**preocuparse**	to worry; **no se preocupe** don't worry
perrito caliente	hot dog		
perro	dog	**prestar**	to lend
persona	person	**primavera**	spring
pesado(a)	heavy	**primero(a)**	first
pesar	to weigh	**probar**	to try; to prove; to taste
pescado	fish	**problema**	problem
piano	piano	**profesor(a)**	teacher; professor
pico	peak	**progresar**	to progress
pie	foot; **ir a pie** to go by foot	**prohibir**	to forbid, prohibit
pierna	leg	**prometer**	to promise
piña	pineapple	**pronto**	soon
piso	floor, story **(de un edificio)**	**propina**	tip
		a propósito	by the way
placer	pleasure	**próximo(a)**	next
plano	map	**pueblo**	town
planta	floor **(de un edificio)**	**puerta**	door
plátano	banana	**en punto**	sharp
platillo	saucer		

Q

que	that, which, who; than
¿qué?	what? which? **¿Qué tal?** How is everything?
quedarse	to stay, remain
querer	to want; **querer a** to love
queso	cheese
quien,-es	who; **¿quién, -es** who?
quiosco	newsstand
quizás	perhaps, maybe

R

radio	radio
rápidamente	quickly, rapidly
rápido(a)	quick, fast
raro(a)	unusual, rare
rascacielos	skyscraper
rato	while
recibir	to receive, get
recoger	to pick up
recomendar	to recommend
reconocer	to recognize
recordar	to remember
recuerdo	souvenir
recuperarse	to recuperate, get over
refresco	refreshment
regalo	present
regla	rule; **por regla general** as a general rule
relajado(a)	relaxed
reloj	watch; clock
repasar	to review
reserva	reservation; **hacer una reserva** to make a reservation
resfriado	cold
respuesta	answer
restaurante	restaurant
retrato	portrait, picture
retroceder	to go back, return

reunión	meeting
revista	magazine
rico(a)	rich
río	river
risa	laugh; **risas** laughter
robar	to steal, rob
rojo(a)	red
romper	to break
ropa	clothing
rueda (llanta)	tire; **rueda de recambio** spare tire
ruido	noise

S

sábado	Saturday
saber	to know, to know how
sacar	to take out
sala	living room
salir	to leave; **salir para** to leave for
saludar	to greet
saludo	greeting
salvo	safe; *prep* except for; **sano y salvo** safe and sound
sano(a)	healthy
satisfecho(a)	satisfied
seco(a)	dry
seda	silk
segundo(a)	second
seguramente	surely
semana	week; **semana pasada** last week
sencillo(a)	simple
sentarse	to sit down; **sentado(a)** seated, sitting down
sentir	to be sorry; **Lo siento.** I am sorry.
señalar	to point out
señor	gentleman; Mister (Mr.)
señora	lady; Mrs.

señorita	young lady; Miss
septiembre	September
ser	to be
servir	to serve
si	if, whether
sí	yes
siempre	always
significar	to mean
silla	chair
simpático(a)	friendly, nice
sin	*prep* without; **sin que** *conj* without; **sin embargo** nevertheless
sobre	over, above; about
sofá	sofa
sol	sun; **hace sol** it's sunny
sólo	*adv* only
solo	alone, only
sonreír	to smile
soñar	to dream
sopa	soup
sorprender	to surprise
subir	to go up; to get into (**taxi, coche, etc.**)
suburbio	suburb
sueldo	salary
suerte	luck; **buena suerte** good luck
suéter	sweater
sur	south

T

tal	such, such a; **tal vez** maybe
también	also
tampoco	neither, either
tan	as, so; **tan . . . como** as . . . as
taquilla	ticket window
tarde *n*	afternoon; **por la tarde** in the afternoon
tarde *adj, adv*	late

taxista	taxi driver
taza	cup
té	tea
teatro	theater
televisión	television, TV
tema	subject, topic
temer	to fear, be afraid
temprano	early
tenedor	fork
tener	to have; **tener frío/calor** to be cold/hot; **tener cuidado** to be careful; **tener prisa** to be in a hurry; **tener hambre/sed** to be hungry/thirsty; **tener razón** to be right; **tener veinte años** to be twenty years old
tener que	to have to
terminar	to end, finish
ternera	veal
tía	aunt
tiempo	weather; time; **a tiempo** on time
tienda	store
timbre	bell; stamp
tío	uncle
típico(a)	typical
tocar	to play (**un instrumento**); to ring (**un timbre**)
todavía	still, yet; **todavía no** not yet
todo(a)	all, every, whole, everything; **todo el mundo** everybody
tomar	to take; to eat, drink
tomate	tomato
trabajador(a)	hardworking
trabajar	to work
trabajo	work, job
traer	to bring
tráfico	traffic

tranquilo(a)	calm, tranquil
tren	train; **en tren** by train
triste	sad

U

último(a)	last
usar	to use
el uso	use
útil	useful
uva	grape

V

vacaciones	vacation
valer	to be worth
vaso	glass
velocidad	speed; **a toda velocidad** at full speed
vender	to sell
venir	to come
ventana	window
ver	to see
verano	summer
verdad	truth; **es la verdad** it's the truth
verde	green
verdura	vegetable
vez	time; **a la vez** at the same time; **a veces** sometimes; **otra vez** again; **tal vez** perhaps; **en vez de** instead of; **de vez en cuando** from time to time
viajar	to travel
viaje	trip; **hacer un viaje** to take a trip
vida	life
viejo(a)	old
viento	wind; **hace viento** it's windy
viernes	Friday
vino	wine
visitar	to visit
vista	view
vivir	to live
volante	steering wheel
volar	to fly
volver	to return; **volver a casa** to return home
vuelo	flight

Y

y	and
ya	already, now

Z

zapatería	shoe store
zapato	shoe
zumo	juice

DICTIONARY · ENGLISH—SPANISH

A

a few	algunos, algunas
a lot	mucho(a)
able, be	poder
about	sobre, de
accept	aceptar
accompany	acompañar
according to	según
across from	enfrente de
actor	el actor; **actress** la actriz
admire	admirar
advice	el consejo
after	después de
afternoon	la tarde; **in the afternoon** por la tarde; P.M. de la tarde
again	otra vez
agent	el agente
ago	hace; **two years ago** hace dos años
agree	estar de acuerdo; **I agree.** Estoy de acuerdo.
agriculture	la agricultura
airplane	el avión
airport	el aeropuerto
aisle	la fila
all	todo(a)
almost	casi
alone	solo(a)
already	ya
also	también
although	aunque
among	entre
answer	la respuesta
answer, to	contestar, responder
ant	la hormiga
any	cualquier(a)

apple	la manzana
appointment	la cita
approach, to	acercarse
approximately	aproximadamente
arm	el brazo
around *prep*	alrededor de, a eso de, sobre
arrival	la llegada
arrive, to	llegar
article	el artículo
as . . . as	tan . . . como
ashtray	el cenicero
ask	preguntar
ask for	pedir
asparagus	los espárragos
aspecto	el aspecto
at	en, a
at last	por fin, finalmente
atmosphere	el ambiente
attend	asistir a
attentively	con atención
aunt	la tía
autumn	el otoño

B

back	la espalda
bacon	el tocino, el "bacon"
bad	malo(a)
bag	la bolsa
banana	el plátano, la banana
barbecue	la barbacoa
bargain	la ganga
baseball	el béisbol
bathroom	el cuarto de baño
be	ser, estar

beach	la playa	**breakfast**	el desayuno; **have**
beautiful	hermoso(a), bello(a)		**breakfast** desayunar
because	porque	**bright**	vivo; claro; brillante;
because of	por, a causa de		**bright and early** muy de
become	hacerse, ponerse		mañana
beer	la cerveza	**bring**	traer; llevar
before	antes de	**brochure**	el folleto
beforehand	de antemano	**brother**	el hermano
begin	empezar, comenzar	**building**	el edificio
behind	detrás de	**businessman**	el comerciante, el hombre
believe	creer		de negocios
bell	el timbre, la campana	**busy**	ocupado(a)
bellboy	el botones	**butter**	la mantequilla
beloved	querido(a), amado(a)	**buy**	comprar
belt	el cinturón		
besides	además de		
better	mejor		
between	entre		**C**
big	grande		
bill	la cuenta; el billete	**cabbage**	el col
birthday	el cumpleaños	**calculate**	calcular
black	negro(a)	**call**	llamar; **call off** cancelar
block	la manzana, la cuadra	**calm**	tranquilo(a)
blouse	la blusa	**cap**	la gorra
blue	azul	**car**	el coche, el carro; **rental**
board (a plane,	embarcar		**car** el coche de alquiler
boat)		**cathedral**	la catedral
boat	el barco	**celebrate**	celebrar
body	el cuerpo	**cereal**	los cereales
book	el libro	**chair**	la silla
bookcase	el estante	**chance**	la oportunidad
boots	las botas	**change**	el cambio
bore	aburrir	**change**	cambiar
bored, be	estar aburrido(a)	**charming**	encantador(a)
bottle	la botella	**chat**	charlar, platicar
box	la caja	**cheap**	barato(a)
boy	el muchacho	**check (luggage)**	facturar
bread	el pan	**cheese**	el queso
break *n*	el descanso, la pausa	**cherry**	la cereza
break *v*	romper, quebrar; **break a**	**chicken**	el pollo
	promise faltar a una	**child, children** *pl*	el niño, la niña
	promesa	**chit-chat**	la charla
		choose	decidir, elegir

city	la ciudad	culture	la cultura
class	la clase	cup	la taza
clean	limpio(a)	custom	la costumbre; **customs** la aduana
clear	claro(a)		
client	el (la) cliente	customer	el (la) cliente
climate	el clima		
close	cerrar		
clothing	la ropa		

D

clothing	la ropa
cloud	la nube
coast	la costa
coffee	el café; **coffee shop** el café
cold	*n* el resfriado, el catarro; el frío; *adj* frío(a); **Tengo frío.** I'm cold.
colleague	el (la) colega
collection	la colección
color	el color; **What color is. . . ?** ¿De qué color es. . . ?
come	venir
comfortable	cómodo(a)
commute	viajar al trabajo
company	la compañía; **keep someone company** hacer compañía a alguien
complain	quejarse
complicated	complicado(a)
concert	el concierto
confused	confuso(a), confundido(a)
congratulations	enhorabuena, felicidades
continue	continuar, seguir
cool	fresco(a)
copy	la copia
corn (ear of)	la mazorca, el elote
corner	la esquina
correctly	correctamente
cost	costar
count	contar
country	el país; el campo
courteous	cortés
crowd	la muchedumbre, la multitud
cucumber	el pepino

dance	bailar
dangerous	peligroso(a)
date	la fecha; **What is the date?** ¿Cuál es la fecha?
daughter	la hija
day	el día; **all day** todo el día
dear	querido(a)
decide	decidir
delicious	rico(a), delicioso(a)
department store	el gran almacén
departure	la salida
depend on	depender de
desk	el escritorio
despite	a pesar de
dessert	el postre
die	morirse, morir
differ	ser distinto
difference	la diferencia
difficult	difícil
diligently	diligentemente
dining room	el comedor
dinner	la cena
dinner, have	cenar
dirty	sucio(a)
dish	el plato
divide	dividir
do	hacer
doctor	el médico
dollar	el dólar
door	la puerta
doubt *n*	la duda
doubt *v*	dudar
dream	soñar

dressed, get	vestirse
drink *n*	la bebida
drink *v*	beber
drive	conducir, manejar
driver	el chófer
drop off	dejar algo o alguien
drugstore	la farmacia
dry	seco(a)
duck	el pato
during	durante

E

each	cada
eager	deseoso(a)
ear	la oreja; el oído
early	temprano(a)
earn	ganar
east	el este
easy	fácil
eat	comer
egg	el huevo
elevator	el ascensor
employee	el empleado, la empleada
employer	el (la) empleador(a)
empty	vacío, vacía
end	terminar
energy	la energía
engineer	el ingeniero
England	Inglaterra
English	el inglés (idioma)
enjoy	disfrutar de
enjoyable	divertido
enough	bastante, suficiente
enter	entrar en
entertaining	entretenido(a)
entire	entero(a)
especially	especialmente
evening	la noche; **in the evening** por la noche; P.M. de la noche

everyone	todo el mundo
everywhere	por todas partes
exactly	exactamente
exaggeration	la exageración
examination (exam)	el examen
example	el ejemplo; **for example** por ejemplo
excellent	excelente
excited	emocionado(a)
excuse	perdonar, dispensar; **Excuse me.** Perdóneme, dispénseme.
exhausted	agotado(a)
exist	existir
expect	esperar
expensive	caro(a)
explain	explicar
explore	explorar
expression	la expresión
extremely	sumamente
eye	el ojo

F

fable	la fábula
face	dar a
fall	caer, caerse
family	la familia
fan	el aficionado; el abanico
far	lejos
far from	lejos de
fast	rápido
father	el padre
feel	sentirse
fight	luchar; pelear
finally	finalmente
find	encontrar
find out	enterarse
finger	el dedo
finish	terminar, acabar
fireworks	los fuegos artificiales

first	primero(a)
firsthand	de primera mano
fish	el pescado; el pez
flag	la bandera
flight	el vuelo
floor	el suelo, el piso; la planta
flower	la flor
fly	volar
food	la comida, los alimentos
foot	el pie; **by foot** a pie
for	por; para
foreigner	el extranjero, la extranjera
forget	olvidar
fork	el tenedor
France	Francia
free	libre, desocupado(a)
freedom	la libertad
French	el francés (idioma)
friend	el amigo, la amiga; **become friends** hacerse amigos
friendly	simpático(a)
from	de, desde
fruit	la fruta
furniture	los muebles

G

gambler	el jugador, la jugadora
game	el juego
generally	generalmente
generous	generoso(a)
gentleman	el señor
Germany	Alemania
get back from (a place)	volver de
get up	levantarse
get ahead	salir adelante
get over	recuperarse de
gift	el regalo
girl	la muchacha

give	dar; **give someone a hand** echarle una mano a alguien
gladly	con mucho gusto
glass	el vaso; el vidrio
glove	el guante
go	ir; **go away** irse
go over	repasar
good	bueno(a)
goodbye	adiós; **say goodbye** despedirse
grandfather	el abuelo
grandmother	la abuela
grape	la uva
grapefruit	el pomelo, la toronja
gray	gris
green	verde
greet	saludar
greeting	el saludo
grow up	criarse
guess	adivinar
guide	el (la) guía
guidebook	la guía turística

H

hail (a cab)	llamar (un taxi)
half	*n* la mitad; *adj* medio(a)
ham	el jamón
hamburger	la hamburguesa
hand	la mano; **handmade** hecho a mano
hand in	entregar
handsome	guapo(a), hermoso(a)
happy	contento(a)
hard	difícil; duro(a)
hate	odiar
have	tener
have on	llevar (ropa)
head	la cabeza
headache	el dolor de cabeza
healthy	sano(a)

hear	oír
heart	el corazón
heavy	pesado(a)
help	ayudar
here	aquí
hide	esconder
high	alto(a)
highway	la carretera
holiday	la fiesta
home	en casa; **go home** ir a casa
homework	los deberes
hope	esperar
hospitality	la hospitalidad
hot	caliente
hot dog	el perrito caliente
hotel	el hotel
hour	la hora
house	la casa
how much	¿cuánto? ¿cuánta? **how many** ¿cuántos? ¿cuántas?
how	como, ¿cómo?
humid	húmedo
humidity	la humedad
hungry, be	tener hambre
hurry	darse prisa; **be in a hurry** tener prisa
husband	el esposo, el marido

I

if	si
ill	enfermo(a)
imagine, to	imaginar
important	importante
impressive	impresionante
improve	mejorar
in front of	delante de
in order to	para
in front of	delante de
in	en

incredible	increíble
inside	dentro, adentro
intelligent	inteligente
intend to	tener la intención de
introduce	presentar
invitation	la invitación
invite	invitar
Italy	Italia
itinerary	el itinerario

J

jack	el gato
jeans	los pantalones vaqueros
jewelry store	la joyería
job	el trabajo, el empleo
juice	el zumo, el jugo

K

kind	*adj* amable; *n* el tipo, la clase
kitchen	la cocina
kite	la cometa
knife	el cuchillo; la navaja
know	saber, conocer

L

lamb	el cordero
lamp	la lámpara
land (airplane)	aterrizar
language	el idioma, la lengua
large	grande
late	tarde
laugh	reírse
laughter	las risas
lawyer	el abogado
lazy	perezoso(a)
learn	aprender

leave	salir, irse
left	izquierdo(a); **on the left** a la izquierda
leg	la pierna
lemon	el limón
lend	prestar
less	menos
lesson	la lección
letter	la carta
life	la vida
lifestyle	el estilo de vida
light	*n* la luz; *adj* ligero(a)
like	gustar
likewise	igualmente
lime	la lima
line	la cola; **stand in line** hacer cola
lips	los labios
listen	escuchar
little	pequeño(a); **a little** un poco
live	vivir
lively	animado(a)
living room	la sala
lobster	la langosta
long	largo(a)
look at	mirar
look for	buscar
look after	cuidar de
loud	alto(a); fuerte
love	encantarle a uno; querer, amar
low	bajo(a)
luck	la suerte; **What luck!** ¡Qué suerte!
luckily	afortunadamente
luggage	el equipaje
lunch	la comida, el almuerzo; **have lunch** comer, almorzar

M

magazine	la revista
maid	la criada
mail	el correo; **by mail** por correo
main	principal
majority	la mayoría
make	hacer
make up	crear, inventar
man, men *pl*	el hombre
map	el mapa, el plano
market	el mercado
marmalade	la mermelada
matter	importar; **It doesn't matter.** No importa.
matter	el asunto
mean	querer decir
meanwhile	entretanto
measure	medir
meat	la carne
meatball	la albóndiga
meet	conocer; encontrarse con, reunirse con
meeting	la reunión, el mitin
memory	la memoria
mention, to	mencionar
milk	la leche
miss, to	perder; echar de menos; **You can't miss it.** No tiene pérdida.
mistake	el error
modern	moderno(a)
money	el dinero
month	el mes
more	más
morning	la mañana; **in the morning** por la mañana; A.M. de la mañana
mother	la madre
mountain	la montaña
mouth	la boca

movie	la película; **go to the movies** ir al cine
movie theater	el cine
museum	el museo

N

name	el nombre
naturally	naturalmente
near	cerca de
necessary	necesario
need	necesitar
neighborhood	el barrio
neither . . . nor	ni . . . ni
nervous	nervioso(a)
never	nunca, jamás
nevertheless	sin embargo
New Yorker	neoyorquino(a)
newspaper	el periódico, el diario
newsstand	el quiosco
next	próximo(a), siguiente
next to	al lado de
nice	agradable, simpático(a)
night	la noche
no one	nadie
nobody	nadie
noise	el ruido
none	ninguno(a)
nor	ni
north	el norte
nose	la nariz
nothing	nada
notice	darse cuenta de
now	ahora
nowadays	hoy en día, actualmente
number	el número
nurse	la/el enfermera(o)

O

object	el objeto
obtain	conseguir

occasion	la ocasión
occupied	ocupado(a)
ocean	el océano
of	de
offer *n*	la oferta
offer *v*	ofrecer; ofrecerse
office	la oficina
often	frecuentemente, a menudo
old	viejo(a), antiguo(a)
on	en
on top of	encima de, en
only	*adv* sólo *adj* solo
open	abrir
opportunity	la oportunidad
orange	la naranja
other	otro(a)
outside	fuera, afuera
over	sobre, encima de
overcoat (coat)	el abrigo
overtime	las horas extraordinarias
overwhelming	agobiante
owe	deber

P

pack	hacer la maleta
packed	lleno(a)
pants	los pantalones
paper	el papel
parade	el desfile
paradise	el paraíso
parents	los padres
park	el parque
park	aparcar, estacionar
part	la parte; el papel
passport	el pasaporte
pay	pagar
pea	el guisante, el chícharo
peach	el melocotón
peak	el pico, la cima
pear	la pera
pen	el bolígrafo; la pluma

pencil	el lápiz
people	la gente
perfecto	perfecto(a)
perhaps	quizás, tal vez
permit	permitir
personally	personalmente
pick up	recoger
picnic *n*	la merienda
picnic *v*	merendar, comer en el campo
picture	el cuadro
pie	el pastel, la tarta
pier	el muelle
pineapple	la piña
pitcher	la jarra
pity	la pena
place	el lugar, el sitio
play	jugar; **play an instrument** tocar
pleasant	agradable
pleasure	el placer
pocket	el bolsillo
point out	señalar, indicar
poor	pobre
popcorn	las palomitas
porch	el porche
pork	la carne de cerdo
portrait	el retrato
possibly	posiblemente
post office	el correo, la oficina de correos
poster	el cartel
potato	la patata, la papa; **sweet potato** la batata, el camote
pound	la libra
pour	llover a cántaros; derramar; servir
practice	practicar
prefer	preferir
pretty	bonito(a)
previous	anterior
prize	el premio

probably	probablemente
program	el programa
progress	progresar
promise	prometer
proud	orgulloso(a)
purse	el bolso
push	empujar
put	poner
put away	guardar
put up with	aguantar

Q

question	la pregunta
quick	rápido; **quickly** rápidamente
quiet	tranquilo(a); callado(a)
quit	dejar de
quite	bastante
quilt	el edredón

R

rain *n*	la lluvia
rain, *v*	llover
raincoat	el impermeable
rainy	lluvioso(a)
rarely	raras veces
reach	llegar; alcanzar
read	leer
ready	listo(a); **be ready** estar listo(a)
realize	darse cuenta de
really	realmente
receive	recibir
recognize	reconocer
recommend	recomendar
red	rojo(a)
refreshment	el refresco
region	la región
regret	arrepentirse de
remember	recordar, acordarse de

rent	alquilar
reservation	la reserva
response	la respuesta
rest	descansar
restaurant	el restaurante
return (something)	devolver
review	repasar
rice	el arroz
rich	rico(a)
right	derecho(a)
right, be	tener razón
ring	tocar
river	el río
role	el papel; **play a role** hacer un papel
roll	el panecillo, el bolillo
roof	el tejado
room	la habitación, el cuarto
row	la fila
rude	mal educado(a), descortés
rug	la alfombra
rule	la regla
run, to	correr
run out of	quedarse sin
run into	encontrarse con

S

safe	salvo(a)
salad	la ensalada
salary	el sueldo
sale	las rebajas, la liquidación; **on sale** de rebajas
salesclerk	el dependiente, la dependienta
same	mismo(a); **the same** el mismo, la misma
satisfied	satisfecho(a)
saucer	el platillo
say	decir
scale	la balanza

scarf	el pañuelo
school	la escuela; **high school** la escuela secundaria
season	la estación
seat	el asiento
seated	sentado(a)
second	segundo(a)
see	ver
seldom	muy pocas veces
sell	vender
seller	el vendedor, la vendedora
send	mandar, enviar
sentence	la frase
serve	servir
several	varios, varias
shake hands	darse la mano
sharp	en punto (con la hora)
shirt	la camisa
shoe	el zapato
shoe store	la zapatería
shop	la tienda
shopper	el comprador, la compradora
shopping	ir de compras
short	corto(a)
shout	el grito
show up	aparecer, venir
shower	la ducha
shower	ducharse
shrimp	la gamba, el camarón
sick	enfermo(a)
sidewalk	la acera
sights	los puntos de interés
signal	la señal
silk	la seda
since	desde
sing	cantar
sister	la hermana
sit	sentarse
sky	el cielo
skyscraper	el rascacielos
sleep	dormir

slow	lento(a); **slowly** despacio, lentamente
small	pequeño(a)
snow *n*	la nieve
snow *v*	nevar
so	*adv* así, tan; *conj* así que
sock	el calcetín
sofa	el sofá
something	algo
sometimes	de vez en cuando
somewhat	also
son	el hijo
sorry, be	sentir; **I am sorry.** Lo siento.
soup	la sopa
south	el sur
souvenir	el recuerdo
Spain	España
Spaniard	el español, la española
Spanish	el español (**language**)
speak	hablar
special	especial
spectator	el espectador, la espectadora
speed	la velocidad; **at full speed** a toda velocidad
spend	gastar; pasar
spinach	las espinacas
spoon	la cuchara
sport	el deporte
spring	la primavera
stadium	el estadio
stamp	el sello, la estampilla, el timbre
star	la estrella
state	el estado
stationery store	la papelería
stay *n*	la estancia
stay *v*	quedarse
steak	el bistec, el filete
steal	robar
step	el paso

still	todavía
stomach	el estómago
stop	parar
store	la tienda
strawberry	la fresa
stroll	pasearse
student	el (la) estudiante
study	estudiar
style	el estilo
suburb	el suburbio
subway	el metro
such	tal
suddenly	de repente
sugar	el azúcar
sugar bowl	el azucarero
suggest	sugerir
suitcase	la maleta
summer	el verano
sun	el sol
supermarket	el supermercado
suppose, to	suponer
sure, to be	estar seguro(a)
surely	seguramente
surprise	sorprender
sweater	el jersey, el suéter
sweet	dulce
swim	nadar

T

T-shirt	la camiseta
table	la mesa
tablecloth	el mantel
take	tomar, coger
take out	sacar
take off (airplane)	despegar
taken	ocupado
taxi driver	el taxista
taxicab	el taxi
tea	el té
teach	enseñar

teacher	el maestro, la maestra, el profesor, la profesora
teapot	la tetera
teaspoon	la cucharita
tell	decir; contar
temperature	la temperatura
test	el examen
thank	dar las gracias
thank you	gracias
that	*conj* que; *adj* ese(a), aquel, aquella
theater	el teatro
then	entonces, luego
there	allí, allá; **there is (are)** hay
therefore	por eso, por lo tanto
these	*adj* estos(as)
think	pensar; creer
third	tercero(a)
thirsty, be	tener sed
ticket window	la taquilla, la boletería
ticket seller	el vendedor (la vendedora) de billetes, el boletero, la boletera
ticket	la entrada, el boleto; el billete
time	el tiempo; la hora; **What time is it?** ¿Qué hora es? **on time** a tiempo; **one time** una vez
tip	la propina
tire	la rueda, la llanta; **flat tire** el pinchazo; **spare tire** la rueda de recambio
tired	cansado(a); **be tired** estar cansado(a)
today	hoy
toe	el dedo de pie
together	juntos, juntas
tomato	el tomate
tomorrow	mañana
topic	el tema
towards	hacia

town	el pueblo
toy store	la juguetería
traffic	el tráfico
train	el tren
travel	viajar
traveler	el viajero, la viajera
traveler's check	el cheque de viaje
tray	la bandeja, la charola
tree	el árbol
trip	el viaje; **take a trip** hacer un viaje
truck	el camión
truck driver	el camionero
trunk	el maletero, la cajuela
truth	la verdad
try	intentar, tratar; probar
turkey	el pavo, el guajolote
typewriter	la máquina de escribir
typical	típico(a)

U

umbrella	el paraguas
uncle	el tío
under	debajo de
understand	comprender, entender
unfortunately	desafortunadamente
unfriendly	antipático(a)
United States	los Estados Unidos (E.E.U.U.)
unless	a no ser que
until	hasta
unusual	raro(a)
use *n*	el uso
use *v*	usar
usually	normalmente

V

vacation *n*	las vacaciones
vacation *v*	tomar vacaciones

veal	la ternera
vegetable	la verdura, el legumbre
very	muy
view	la vista; la perspectiva
visit *n*	la visita
visit *v*	visitar
voice	la voz

W

wait (for)	esperar
waiter	el camarero, la camarera, el mesero, la mesera
walk *n*	el paseo
walk *v*	andar, caminar; **take a walk** dar un paseo, pasearse
wall	la pared
wallet	la cartera
want	querer, desear
warm	caliente
watch	mirar
watch	el reloj
water	el agua; **body of water** la masa de agua
wave *n*	la ola; **heat wave** la ola de calor
wave *v*	saludar con la mano
wave goodbye	decir adiós con la mano
way	la manera; el camino; **by the way** a propósito
weather	el tiempo
week	la semana
weekend	el fin de semana
weigh	pesar
well	bien
west	el oeste
wet	mojado(a)
what	que, ¿qué?
when	cuando, ¿cuándo?
where	donde, ¿dónde?
which one (ones)	¿cuál?, ¿cuáles?

which	que, ¿qué?
while	mientras
white	blanco(a)
who	que, quien, ¿quién?
whole	entero(a)
whom	que, ¿a quién?
whose	cuyo(a), ¿de quién?
why	¿por qué?, ¿para qué?
wife	la esposa, la mujer
win	ganar
wind	el viento
window	la ventana
wine	el vino
winner	el ganador
winter	el invierno
wish	desear
with	con
without	sin
woman, women *pl*	la mujer
wonderful	estupendo(a); **wonderfully** estupendamente
wood	la madera
word	la palabra
work	trabajar
world	el mundo
worry	preocuparse; **Don't worry.** No se preocupe.
worse	peor
worth	valer
write	escribir
writer	el escritor, la escritora
wrong, be	no tener razón

Y

year	el año
yellow	amarillo(a)
yesterday	ayer
young	joven
you're welcome	de nada

RESPUESTAS

EJERCICIO NO. 1

1. businessman
2. with
3. father
4. mother
5. There are
6. son
7. private house
8. rooms
9. bathroom
10. office
11. skyscraper
12. It is; floor
13. goes by train
14. all day

EJERCICIO NO. 2

1. a
2. daughters
3. son
4. some
5. lives
6. there are
7. is
8. Some
9. works
10. are

EJERCICIO NO. 3

1. the streets
2. the houses
3. the lives
4. the classes
5. the cities
6. the men
7. the trains
8. the families
9. the girls
10. the watches

EJERCICIO NO. 4

1. Mr. Martínez is Mexican.
2. He lives in Mexico City.
3. There are five people in the family.
4. The house has seven rooms.
5. It is a private house.
6. Mrs. Martínez is the mother.
7. Mr. Martínez is the father.
8. The office is on Central Avenue.
9. He goes by train to the city.
10. He works in his office all day.

EJERCICIO NO. 6

1. who
2. an importer
3. furniture
4. In the spring
5. He wants
6. English with him
7. He hopes
8. But
9. the language
10. his teacher
11. Tuesdays and Thursdays
12. They speak
13. quickly
14. very intelligent
15. a good teacher

EJERCICIO NO. 7

1. is
2. He wants
3. does not speak
4. he is studying
5. is
6. He learns
7. He does not write
8. He reads
9. hopes
10. He goes

EJERCICIO NO. 8

(2d)
(3a)
(4h)
(5j)
(6c)
(7b)
(8g)
(9e)
(10i)

EJERCICIO NO. 9

1. and
2. with
3. also
4. to
5. perhaps
6. but
7. there
8. here
9. always
10. How are you?
11. fine, thank you

12. big
13. small
14. good
15. bad
16. slowly
17. quickly
18. the language
19. by heart
20. see you later

EJERCICIO NO. 11

1. is seated
2. many things
3. It is necessary to know
4. what is this?
5. My wife
6. over the piano
7. next to the window
8. some books
9. under the small table
10. See you Thursday

EJERCICIO NO. 12

2. near
3. next to
4. opposite
5. between
6. behind
7. on top of
8. around
9. with
10. under

EJERCICIO NO. 13 A

1. Where
2. When
3. How many
4. Why
5. How

EJERCICIO NO. 13 B

2. They are the children's books.
3. They are the students' pencils.
4. It is Mary's bookcase.
5. My sister's name is Patricia.

EJERCICIO NO. 14

1. Mr. Martínez is seated in the living room.
2. Miss Johnson is seated near him.
3. Yes, there are many things in the house.
4. Mr. Martínez's wife plays the piano well.
5. The music book is on the piano.
6. The picture of Mrs. Martínez is on the wall over the piano.
7. There is a bookcase next to the window.
8. The desk is near the door.
9. Yes, there are many things on the desk.
10. There is a pencil, two pens, some papers, and some letters on the desk.
11. The books are on a small table.
12. There is a rug under the small table.

EJERCICIO NO. 15

(1d)
(2f)
(3a)
(4j)
(5h)
(6i)
(7e)
(8b)
(9g)
(10c)

EJERCICIO NO. 16

1. all day
2. please
3. Perhaps
4. Good morning
5. He learns
6. It is necessary
7. How
8. What
9. under
10. Where

EJERCICIO NO. 17

(2h)
(3f)
(4b)
(5j)
(6i)
(7c)
(8a)
(9e)
(10g)

EJERCICIO NO. 18

1. in front of the house
2. next to the door
3. on top of the table
4. near the city
5. Mr. Martínez's son
6. Mr. Martínez's teacher
7. He goes to the office
8. does not learn quickly
9. How many books
10. He wants to speak

EJERCICIO NO. 19

1. Who is Mr. Martínez?
2. He is a businessman from Mexico.
3. Where does he live?
4. He lives in a suburb of the city.

5. Why is he studying English?
6. He wants to take a trip to the United States.
7. Who is his teacher?
8. His teacher is Miss Johnson.
9. Why does he learn quickly?
10. He learns quickly because he is intelligent.

11. How many children does Mr. Martínez have?
12. He has three children.
13. How many rooms are there in the house?
14. There are seven rooms in the house.

EJERCICIO NO. 20

El señor Martínez aprende inglés

El señor Martínez es un comerciante mexicano que importa muebles de los Estados Unidos. Por eso, quiere hacer un viaje a los Estados Unidos. Quiere hablar con su agente y visitar unos lugares de interés en los Estados Unidos. Pero no sabe hablar inglés.

El señor Martínez tiene una profesora buena. Es una norteamericana que vive en México, y se llama la Srta. Johnson. Los martes y jueves la profesora va en tren a la casa del estudiante. Allí hablan un poco en inglés. El señor Martínez es muy inteligente y aprende rápidamente. Por ejemplo, en la primera clase aprende de memoria los saludos y las despedidas. Ya sabe decir "Buenos días," "¿Cómo está Ud?" y "Hasta luego." Ya sabe decir los nombres de muchas cosas que están en su sala, y sabe contestar las preguntas "¿Qué es esto?" y "¿Dónde está. . . ?"

La Srta. Johnson está muy satisfecha con el progreso de su estudiante y dice,—Excelente. Por hoy ya es suficiente. Hasta luego.

EJERCICIO NO. 21

1. are important
2. some common verbs
3. Why are you studying
4. Because
5. I want to speak
6. other cities
7. by train or by plane
8. the flight
9. You are learning
10. That's enough for today.

EJERCICIO NO. 22

2. Yes, I do.
3. No, she doesn't.
4. No, he doesn't.

5. Yes, she does.
6. Yes, I do.

EJERCICIO NO. 23 A

1. is studying
2. are reading
3. I am learning
4. You are working
5. are speaking

EJERCICIO NO. 23 B

2. Mr. Martínez is not (isn't) learning German.
3. Miss Johnson is not (isn't) reading too quickly.
4. Mr. Martínez is not (isn't) traveling to Chicago.

5. The children are not (aren't) talking to Miss Johnson.

EJERCICIO NO. 23 C

2. Yes, they are.
   No, they're not.
3. Yes, we are.
   No, we're not.
4. Yes, I am.
   No, I'm not.
5. Yes, you are.
   No, you're not.

EJERCICIO NO. 23 D

1. I am reading a book.
2. He is going to New York to visit his agent.

3. We are sitting in the living room.
4. I am listening to the radio.
5. She is traveling to Boston to practice her English.

EJERCICIO NO. 24

1. They are seated in Mr. Martínez's living room.
2. Miss Johnson begins to speak.
3. Mr. Martínez is listening attentively.
4. Miss Johnson is asking questions.
5. Mr. Martínez is answering.
6. Yes, verbs are important.
7. Yes, Mr. Martínez is a businessman.
8. Mr. Martínez hopes to visit Washington, D.C., and perhaps Boston.
9. He is traveling by plane.
10. He learns quickly.

EJERCICIO NO. 25

1. rings the bell
2. opens
3. is sick
4. a cold
5. Do you have
6. I have
7. How old are you?
8. is ten years old
9. the youngest
10. the oldest
11. attend
12. (for) a while

EJERCICIO NO. 26

1. They have
2. I have
3. Mr. Martínez has
4. I don't have
5. doesn't have
6. The girl has

EJERCICIO NO. 27

1. is going to study
2. I am going to chat
3. is going to travel
4. Are you going to visit
5. are going to learn
6. I am going to accept
7. Are you going to listen
8. are going to buy
9. is going to attend
10. is going to speak

EJERCICIO NO. 28

1. How are you?
2. Fine, thank you.
3. My daughter is sick.
4. She has a cold.
5. I'm sorry.
6. Do you have other children?
7. Do you speak English?
8. No, I don't speak English.
9. I invite Peter to visit my house.
10. We are going to chat a while.
11. She is going to accept the invitation.
12. I want to study English.

EJERCICIO NO. 29

1. Miss Johnson rings the bell.
2. The maid opens the door.
3. Mr. Martínez is waiting for Miss Johnson in the living room.
4. Mary is sick.
5. Yes, she has a cold.
6. He has three children.
7. Their names are Mary, Susan, and Peter.
8. Mary is eight.
9. Susan is the youngest.
10. Peter is the oldest.
11. Mr. Martínez invites Miss Johnson to visit his office.
12. Yes, she accepts the invitation with pleasure.

EJERCICIO NO. 30

1. face the street
2. There are newspapers and magazines
3. behind his desk
4. It's nice to see you.
5. I like
6. By the way
7. I see
8. What color
9. blue
10. I'm hungry.
11. not very far from here
12. Let's go!

EJERCICIO NO. 31

1. very tall
2. comfortable
3. simple
4. pretty
5. red
6. blue; white
7. big
8. long
9. good
10. gray, red, and black

EJERCICIO NO. 32

1. a lot of
2. some
3. much
4. much
5. much
6. some
7. many
8. a little
9. some
10. a lot of

EJERCICIO NO. 33

1. too
2. very
3. too
4. too
5. enough
6. very
7. enough
8. very
9. enough
10. too

EJERCICIO NO. 34

1. It is on the tenth floor of a very tall building.
2. No, it is not too big.
3. Yes, it is comfortable.
4. The posters are on the white walls.
5. Near the door there is a small table.
6. There is a typewriter on the small table.
7. There is a long table between the two windows.
8. Mr. Martínez is seated.
9. The sky in the poster is blue with white clouds.
10. The river is blue.
11. The skyscrapers are gray, red, and black.
12. The smaller buildings are red.
13. Yes, he is hungry.
14. Yes, there is a good restaurant near the office.

EJERCICIO NO. 35

1. His mother
2. His friend
3. How is everything?
4. By the way; right
5. I am learning
6. hard
7. I like
8. I understand Miss Johnson.
9. very kind
10. Not at all.
11. good luck

EJERCICIO NO. 37

2. knows how to
3. hard; quickly
4. can
5. Nevertheless, they cannot
6. Their parents
7. He likes
8. His classes
9. Therefore
10. know how to
11. They know
12. as soon as possible

EJERCICIO NO. 38

1. Mr. López lives in Mexico City.
2. Yes, he speaks English well.
3. She is from New York.
4. He knows that his friend is learning English.
5. He goes to Mr. Martínez's office one day.
6. He greets Mr. Martínez in English.
7. Mr. Martínez is learning to speak, read, and write English.
8. Miss Johnson is his English teacher.
9. Yes, she is a very good teacher.
10. Yes, he understands when she speaks English.
11. He learns words and expressions of daily life.
12. Mr. Martínez is taking a trip to the United States.
13. He hopes to go soon.
14. He says, "Have a good trip and good luck!"

EJERCICIO NO. 39

2. rapidly
3. reservation
4. solution
5. possibly
6. invitation
7. probably
8. surely
9. direction
10. observation

EJERCICIO NO. 40

(1g)
(2f)
(3h)
(4b)

(5j)

(6a)

(7i)

(8c)

(9d)

(10e)

EJERCICIO NO. 41 A

1. is learning
2. are studying
3. We are eating
4. is not listening
5. I am reading
6. Are you working

EJERCICIO NO. 41 B

1. I am going to speak
2. are going to study
3. is going to attend
4. is going to open
5. is going to play
6. Are they going to accept
7. I am going to buy
8. is going to take

9. is going to play
10. You are going to learn

EJERCICIO NO. 42

1. Yes, she can read.
   No, she can't read.
2. Yes, I understand the teacher.
   No, I don't understand the teacher.
3. Yes, he can speak with his agent in English.
   No, he can't speak with his agent in English.
4. Yes, I am reading the newspaper.
   No, I'm not reading the newspaper.
5. Yes, I know how to do this exercise.
   No, I don't know how to do this exercise.
6. Yes, I am working hard.
   No, I'm not working hard.

7. Yes, he has a ticket to New York.
   No, he doesn't have a ticket to New York.
8. Yes, he wants to leave as soon as possible.
   No, he doesn't want to leave as soon as possible.
9. Yes, the ticket is expensive.
   No, the ticket isn't expensive.
10. Yes, he likes the language.
    No, He doesn't like the language.

EJERCICIO NO. 43

1. very
2. too
3. very
4. a lot of
5. enough
6. some
7. some
8. a little

EJERCICIO NO. 44

Los dos amigos del señor Martínez

El señor Martínez ya sabe los nombres de todos los objetos en su casa. Ahora comienza a estudiar los verbos porque quiere aprender a leer, escribir y hablar en inglés. También quiere saber los números en inglés. Es un comerciante que quiere visitar a su agente en Nueva York, y necesita la práctica de charlar con gente que hable inglés. Afortunadamente tiene dos amigos de Nueva York que trabajan cerca de su oficina en la Avenida Central.

Un día el Sr. Martínez va a visitar a estos amigos. Los dos señores escuchan con atención al Sr. Martínez mientras habla con ellos en inglés. Después de diez minutos de conversación, los dos neoyorquinos hacen muchas preguntas a su amigo, y están muy contentos con sus respuestas.

EJERCICIO NO. 45

El señor Martínez se pone enfermo

El jueves, el once de abril, a las nueve de la noche, llega la Srta. Johnson a la casa de su estudiante, el Sr. Martínez. El hijo mayor, un muchacho de diez años, abre la puerta y saluda a la profesora. Entran en la sala donde el Sr. Martínez generalmente espera a su profesora.

Pero esta noche no está en la sala. Tampoco está la Sra. Martínez. La Srta. Johnson está muy sorprendida y pregunta al muchacho:—¿Dónde está su padre? El hijo responde:—Mi padre está enfermo y no puede salir de su dormitorio. Está en la cama porque tiene un fuerte resfriado. También tiene un dolor de cabeza.

La profesora se pone muy triste y dice:—¡Qué lástima! Hoy no podemos tener nuestra lección, pero la próxima semana podemos estudiar dos horas. Hasta el martes.

EJERCICIO NO. 46

1. They are having
2. very pretty
3. These things
4. those cups
5. everywhere
6. That pitcher and those glasses
7. this style
8. That's right!
9. where they come from
10. I would like to find
11. I am in a hurry
12. stay longer
13. Don't worry!
14. anyway

EJERCICIO NO. 47

1. These
2. these
3. This
4. That
5. These
6. this
7. This
8. those
9. That
10. these

EJERCICIO NO. 49

1. These gentlemen are seated in the dining room.
2. They are having coffee.
3. That pitcher is very pretty.
4. I love these cups.
5. Those saucers are from Mexico.
6. Are you hungry?
7. No, I am not hungry.
8. Do you have to teach another class?
9. Yes, I have to teach another class.
10. The teacher is in a hurry.

EJERCICIO NO. 50

1. They are seated in Mr. Martínez's dining room.
2. They are having coffee.
3. Miss Johnson loves the cups and saucers.
4. They remind her of the Indian ceramics in New Mexico.
5. Yes, the cups are made in Mexico.

6. They come from Vermont.
7. His brother gave him the pitcher and glasses.
8. No, he doesn't know where the pitcher comes from.
9. No, she doesn't want more coffee.
10. Yes, she is in a hurry.
11. She is in a hurry because she has to teach another class.
12. Yes, she would like to stay longer.

EJERCICIO NO. 51

1. Do you know
2. as important as
3. Can you guess
4. our civilization
5. are not worth much
6. Don't you agree?
7. We need
8. everything I can
9. In the meantime
10. You're right.

EJERCICIO NO. 52

2. ten difficult lessons
3. twelve big books

4. eight pretty posters
5. sixteen different colors
6. eighty-four rich men
7. forty-nine yellow pages
8. twenty-seven expensive cars
9. fifty-three intelligent children
10. sixty-one small cities
11. eleven blue pens
12. seventy-five ceramic cups
13. ninety-six long tables
14. one hundred easy words

EJERCICIO NO. 53

2. ten minus seven equals three
3. four plus eight equals twelve
4. fifteen minus seven equals eight
5. seven times six equals forty-two
6. fifty divided by ten equals five
7. forty times two equals eighty
8. one hundred divided by four equals twenty-five
9. nineteen minus eight equals eleven
10. sixty-three divided by three equals twenty-one

EJERCICIO NO. 54

2. There are twelve months in a year.
3. There are thirty days in September.
4. There are twenty-four hours in a day.
5. There are sixty minutes in an hour.
6. There are sixty seconds in a minute.
7. There are eleven students in the class.
8. I am twenty-nine (years old).
9. The teacher is thirty-eight (years old).
10. There are seventy-five books on the shelf.

EJERCICIO NO. 55

1. Yes, numbers are important.
2. Yes, numbers are as important as verbs.
3. Yes, numbers are worth a lot without money.
4. Yes, we need numbers to make telephone calls.
5. No, it is not possible to buy and sell things without money.
6. Mr. Martínez is progressing a lot each day.
7. No, he cannot use numbers correctly yet.
8. Yes, we need to know how to use numbers correctly in daily life.
9. He will do everything he can to learn the numbers.
10. Ten, twenty, thirty, forty, fifty, one hundred.

EJERCICIO NO. 56

1. It's hard to imagine
2. How many times
3. tickets and food
4. weigh luggage
5. monetary system
6. is worth
7. cents
8. in change
9. two tickets
10. next conversation

EJERCICIO NO. 57

1. four hundred
2. seven hundred sixty-two
3. eighty-six
4. one thousand one hundred
5. three hundred twelve
6. two thousand five hundred
7. six hundred fifty-one
8. one thousand eight hundred nineteen
9. one hundred nine
10. ninety-three

EJERCICIO NO. 58

1. The man receives the change.
2. How much does the luggage weigh?
3. We need math in order to buy tickets.
4. The dollar is worth approximately five pesos.
5. You want to buy food.
6. In order to go shopping, it is necessary to have money.
7. We can buy things in markets, stores, and department stores.
8. How much do you receive in change?
9. Mathematics is a very important subject.
10. I am going to practice the numbers a lot.

EJERCICIO NO. 59

2. Three tickets cost fifteen dollars.
3. Four magazines cost ten dollars.
4. I will receive four dollars and fifty cents in change.
5. I have two hundred twenty-five dollars in my pocket.
6. Yes, he is a millionaire.
7. I will receive thirty dollars in change.
8. Yes, I know how much money is in my bank account.
9. Yes, I understand the monetary system of the United States.
10. No, I don't know all the numbers by heart yet.

EJERCICIO NO. 60

1. Twenty-two pounds equals ten kilos.
2. Forty-four pounds equals twenty kilos.
3. Sixty-six pounds equals thirty kilos.
4. Eighty-eight pounds equals forty kilos.
5. One hundred ten pounds equals fifty kilos.
6. Ten miles equals sixteen kilometers.
7. Twenty miles equals thirty-two kilometers.
8. Thirty miles equals forty-eight kilometers.
9. Forty miles equals sixty-four kilometers.
10. Fifty miles equals eighty kilometers.

EJERCICIO NO. 61

1. must
2. should
3. should
4. must
5. must
6. should
7. must
8. should
9. should not
10. must not

EJERCICIO NO. 62

1. We have dinner.
2. I have to leave.
3. I put the suitcase on the scale.
4. They take a trip.
5. How much is it worth?
6. We should leave a tip.
7. Well said.
8. We have to study more.
9. I want to talk about math.
10. It's not difficult.
11. How much do you receive in change?
12. We should talk about the time of day.
13. It's another important subject.
14. Better late than never.

EJERCICIO NO. 63

1. We have dinner in a restaurant.
2. We should give the waiter a 15 percent tip.
3. The tip is $3.75.
4. I put the heavy suitcase on the scale.
5. The suitcase weighs 66 pounds or 30 kilos.
6. Miles are used to measure distances in the United States.
7. Yes, he can convert miles into kilometers.
8. He buys T-shirts, a cap, belts, and a pair of shoes.
9. She wants to talk about the time of day.
10. Better late than never.

EJERCICIO NO. 64

1. What time
2. other questions?
3. plays the role
4. the ticket agent
5. the train station?
6. ask for information
7. I would like
8. a one-way ticket?
9. He should come early
10. at 9:00 P.M. (in the evening)

EJERCICIO NO. 65

2. The train arrives in New York at eight-forty P.M. (in the evening).
3. The bus to Albany leaves at noon (twelve P.M.).
4. That program ends at midnight (twelve A.M.).
5. The movie begins at two forty-five P.M. (in the afternoon).
6. The news begins at seven-ten P.M. (in the evening).

7. The meeting is on Monday at ten-thirty A.M. (in the morning).
8. We have dinner at eight P.M. sharp.
9. He normally has breakfast at eight-fifteen A.M. (in the morning).
10. The bus will arrive on time at six-fifty P.M. (in the evening).

EJERCICIO NO. 66

1. at
2. on
3. on
4. in
5. at
6. in
7. in
8. on
9. at
10. in

EJERCICIO NO. 67

1. I would like a round-trip ticket.
2. The man asks for information.
3. When does the train leave for Boston?
4. What times does the train arrive from Washington, D.C.?
5. It arrives at 2:30 in the afternoon (P.M.).
6. When does the movie begin?
7. It begins at 8:00 in the evening (P.M.).
8. I have class at 9:00 in the morning.

9. I go to the market in the morning.
10. The girl has English class on Tuesdays and Thursdays.

EJERCICIO NO. 68

1. Everybody wants to know what time it is and a thousand other questions.
2. Mr. Martínez plays the role of a traveler.
3. Miss Johnson plays the role of a ticket agent.
4. He buys a round-trip ticket.
5. The ticket costs $100.
6. Miss Johnson plays the part of a ticket seller at the movies.
7. Mr. Martínez asks for information.
8. There are three showings.
9. He wants to see the movie at 9:45 p.m.
10. He pays twelve dollars for the two tickets.

EJERCICIO NO. 69 A

1. Yes, I would.
2. Yes, those are my books.
3. Yes, she is in a hurry.
4. Yes, I should call my mother.
5. Yes, it weighs a lot.

EJERCICIO NO. 69 B

1. No, this is not (isn't) my coat.
2. No, I am (I'm) not always right.

3. No, I do not (don't) have dinner in the morning.
4. No, he does not (doesn't) always answer correctly.
5. No, she does not (doesn't) have to work on weekends.

EJERCICIO NO. 70

1. on
2. this
3. at
4. in
5. at
6. on
7. that
8. this
9. at
10. on

EJERCICIO NO. 71

(1d)
(2g)
(3j)
(4a)
(5i)
(6c)
(7f)
(8b)
(9h)
(10e)

EJERCICIO NO. 72

2. I'm in a hurry
3. what I'm thinking
4. in change
5. You're right
6. give a tip
7. do you mean
8. when I am hungry
9. Don't worry
10. to go shopping

EJERCICIO NO. 73

(1i)

(2e)

(3g)

(4b)

(5a)

(6h)

(7j)

(8d)

(9f)

(10c)

EJERCICIO NO. 74

La familia del señor Martínez visita su oficina

Es la primera vez que la familia Martínez visita la oficina del señor Martínez. La señora Martínez y sus tres hijos entran en el edificio grande y suben al décimo piso en el ascensor. Susana, que tiene solamente siete años, está muy curiosa, y hace muchas preguntas a su madre sobre la oficina.

Cuando llegan a la oficina, el padre se levanta y dice:—Me gusta mucho verlos a todos aquí. ¡Qué agradable sorpresa!

Los niños admiran los objetos que ven en la oficina: la máquina de escribir, los muebles importados de los Estados Unidos, los carteles de muchos colores y las revistas. Todos están muy contentos.

Pedro, el hijo mayor, mira por las ventanas altas y ve el cielo azul y el sol brillante. En la calle abajo ve los coches (carros) que pasan. Desde el décimo piso parecen muy pequeños.

Después de la visita, toda la familia va a un restaurante que no está muy lejos de la oficina. Comen con mucho gusto, sobre todo Pedro, que tiene mucha hambre.

EJERCICIO NO. 75

Una fábula moderna

A Susana, la menor de los hijos del Sr. Martínez, le gustan mucho las fábulas antiguas de Esopo. También le gusta esta fábula que la Srta. Johnson escribió para ella. Sigue "La fábula del automóvil y del burro."

Un automóvil pasa por el camino y ve un burro. El pobre burro lleva una carga grande y pesada de madera.

El automóvil para y dice al burro:—Buenos dias. Ud. anda muy despacio. ¿No quiere correr rápidamente como yo?

—¡Sí, sí, señor! Pero dígame, ¿cómo es posible?

—No es difícil—dice el automóvil—.En mi depósito (tanque) hay mucha gasolina. Tiene que beber un popo.

Entonces el burro bebe la gasolina. Ahora no anda despacio. No corre rápidamente. No va al mercado. Se echa en el camino. Tiene un dolor de estómago.

¡Pobre burro! No es muy inteligente, ¿verdad? No sabe que la gasolina es buena para un automóvil, pero no vale nada para un burro.

EJERCICIO NO. 76

1. movie fan
2. do not interest me
3. bore us to tears
4. the movie stars
5. There is a movie theater
6. in the first rows
7. are taken
8. Therefore; early

EJERCICIO NO. 77

1. them
2. it
3. it
4. her
5. them
6. him
7. them
8. us
9. it
10. me
11. you
12. them
13. them
14. them
15. it

EJERCICIO NO. 78

1. I see you, Peter.
2. Do you see me?
3. Who sees us?
4. The teacher sees you, boys.
5. We see the house. We see it.
6. I take the book. I take it.
7. She writes the exercises. She writes them.
8. I am waiting for you, girls.
9. I am waiting for you, gentlemen.
10. The teacher gives us an exam.

EJERCICIO NO. 79

1. Mr. Martínez knows how to ask for information
2. They prefer the theater.
3. The children prefer detective movies.
4. Yes, they know all the movie stars.
5. They live in the suburbs.
6. Yes, there is a movie theater not far away.
7. It is fifteen minutes from their house.
8. They prefer rows fourteen and fifteen.
9. If most seats are taken, they have to sit wherever they can.
10. They almost always come early.

EJERCICIO NO. 80

1. You know how to use
2. I am going to mention; important holidays
3. I'm ready.
4. celebrates its independence
5. fireworks
6. for giving thanks
7. The typical dish
8. a parade
9. You see American flags
10. That seems like
11. important dates to remember
12. you know your lesson

EJERCICIO NO. 81

2. the first class
3. the fifth week
4. the tenth floor
5. the second exam
6. the third year
7. the fiftieth page
8. the eleventh day

EJERCICIO NO. 82

1. December twenty-fifth, nineteen ninety-five
2. August twenty-sixth, nineteen thirty-one
3. February fourteenth, eighteen twelve
4. July fourth, seventeen seventy-six
5. October tenth, fifteen sixty-two
6. December fifteenth, nineteen fifty-eight

EJERCICIO NO. 83

1. 12/25/95
2. 2/3/50
3. 11/29/82
4. 10/17/85
5. 3/15/23
6. 5/23/62

EJERCICIO NO. 84

1. Because he likes tests.
2. She is going to mention the names and dates of important U.S. holidays.
3. July 4th is Independence Day.

4. Yes, he knows it is celebrated in November.
5. The typical Thanksgiving dish is roast turkey.
6. It is celebrated on the last Monday of May.
7. Miss Johnson's town used to have a parade.
8. Yes, again he knows his lesson well.

EJERCICIO NO. 85

1. Let us see; as well as
2. some questions
3. Am I going to win
4. the two oceans
5. the longest river
6. It has to be
7. as well as the bodies of water
8. I'm not sure.
9. Which is the highest peak
10. I believe it is
11. much higher
12. What else
13. the largest state
14. the smallest state
15. Congratulations!

EJERCICIO NO. 86

2. best
3. faster than
4. more difficult than
5. taller than
6. easiest
7. richest
8. prettier than
9. worse
10. as intelligent as
11. nicer than
12. oldest

13. younger than
14. most interesting
15. highest

EJERCICIO NO. 87

1. The Mississippi is the longest river in the United States.
2. Mt. McKinley is the highest peak in the United States.
3. Yes, Mt. McKinley is higher than Mt. Orizaba.
4. No, New York is not as old as Mexico City.
5. No, the Mississippi River is not as long as the Amazon River.
6. Rhode Island is the smallest state.
7. Alaska is the largest state.
8. No, Rhode Island is smaller than New York.
9. The World Trade Towers are the tallest buildings in New York.
10. a. Miss Parker is the youngest.
    b. Mr. Jones is the oldest.
    c. Yes, Mr. Jones is older than Mr. Smith.
    d. Mr. Smith is the richest.
    e. No, Miss Parker is not as rich as Mr. Jones.
    f. Yes, Mr. Smith is richer than Mr. Jones.

EJERCICIO NO. 88

1. a typical day
2. I get up
3. early riser
4. What do you have

5. orange juice, coffee, and rolls
6. catch the train
7. at eight-fifteen sharp
8. anything
9. almost always
10. Often
11. around six o'clock
12. I rest a little
13. You must be tired
14. a little tired

EJERCICIO NO. 89

1. always
2. usually
3. often
4. sometimes
5. seldom
6. never
7. rarely
8. sometimes
9. almost always
10. seldom

EJERCICIO NO. 90

1. Mary always arrives on time.
2. Peter never calls me.
3. Sometimes I go to the movies.
4. Usually I have dinner at home.
5. Mr. Martínez almost never speaks Spanish with his teacher.

EJERCICIO NO. 91

1. something
2. anything
3. someone
4. nothing
5. anything

6. no one
7. something
8. someone
9. anyone
10. no one

EJERCICIO NO. 92

1. Yes, he is an early riser.
2. He gets up at six-thirty.
3. He takes a shower and gets dressed.
4. He has breakfast with his wife.
5. They talk about their children and other things.
6. He usually has orange juice, coffee, and rolls.
7. He sometimes has eggs.
8. After breakfast he leaves to catch the train.
9. The train leaves at eight-fifteen sharp.
10. The train is almost always on time.
11. He has lunch at one.
12. Yes, clients often come to see him in the afternoon.
13. He almost always leaves around six.
14. He rests a little and talks with his children.
15. They have dinner at eight.

EJERCICIO NO. 93

(1d)
(2h)
(3j)
(4b)
(5g)
(6i)
(7a)
(8f)
(9e)
(10c)

EJERCICIO NO. 94

1. the longest river in
2. the largest state in
3. taller than
4. the best
5. as big as
6. usually gets up
7. rarely
8. doesn't see anything
9. There isn't anyone/There is no one
10. bores us

EJERCICIO NO. 95

1. Sometimes
2. has to do with
3. spends the day
4. around
5. gets up
6. gets dressed
7. She used to eat
8. I'm ready
9. catches the train
10. rings a bell

EJERCICIO NO. 96

2. Yes, we are waiting for him.
3. No, I don't see anything on the floor.
4. No, there is no one home.
5. No, they almost never arrive late.
6. She puts them on the table.
7. He lives on the tenth floor.
8. Yes, they are more difficult than the others.
9. I get up at seven o'clock sharp.
10. They prefer the fourteen or fifteenth row.

EJERCICIO NO. 97

Es sábado. El Sr. Martínez se levanta a las ocho y mira por la ventana. El cielo es azul. El sol brilla. Dice a su esposa—Por qué no vamos al parque hoy. Hace mucho desde nuestra última visita y hace tan buen tiempo.

—Es una buena idea—dice la Sra. Martínez.

A las nueve suben al coche y una hora más tarde llegan al parque. Bajan del coche y entran en el parque. Mientras caminan por el parque, el Sr. Martínez ve a un grupo de jóvenes sentados debajo de un árbol, y están hablando rápidamente en inglés.

El Sr. Martínez se acerca al grupo y comienza a hablar con uno de los muchachos en inglés.

—Hola. ¿Es Ud. de los Estados Unidos?

—Sí, señor. Somos de California. Somos estudiantes y estamos pasando el verano aquí. Estamos estudiando español. ¿Es Ud. de los Estados Unidos también?

El Sr. Martínez se ríe—¡No, no! Soy mexicano, pero estudio inglés. Me gusta mucho la lengua, pero me temo que mi acento no sea muy bueno.

—En absoluto—dice el muchacho—. Ud. habla muy claramente. Pues, buena suerte con su inglés. Entonces el muchacho vuelve a sus amigos y siguen hablando.

—What a nice boy!—dice el Sr. Martínez a su esposa. Y entonces traduce la frase para ella como no entiende el inglés: "¡Qué muchacho tan simpático!"

EJERCICIO NO. 98

1. What rainy weather!
2. Come in, come in.
3. soaking wet
4. your raincoat
5. I feel
6. It's pouring
7. He's waiting for you
8. warm yourself up a bit
9. Let me
10. go into the dining room
11. about the weather
12. it continues raining

EJERCICIO NO. 99

2. I buy him the book.
   I buy the book for him.
3. John writes me a letter.
   John writes a letter to me.
4. The maid brings them the tea.
   The maid brings the tea to them.
5. Mr. Martínez opens the door for her.
6. I translate the letter for him.
7. The teacher answers the question for me.
8. Can you give me the keys, Mr. Martínez?
   Can you give the keys to me, Mr. Martínez?

EJERCICIO NO. 100

1. drops by
2. shows up
3. calls on
4. getting over
5. look after
6. go over
7. drop by
8. look after

EJERCICIO NO. 101

1. No, it's not nice out.
2. The maid opens the door.
3. Miss Johnson is soaking wet.
4. She puts it in the umbrella stand.
5. No, he didn't think she would show up.
6. She is getting over a cold.
7. They sit down in the dining room.
8. She brings them cups, saucers, and hot tea.
9. Mr. Martínez serves her the tea.
10. They are talking about the weather.

EJERCICIO NO. 102

1. It's raining
2. You are going to find

3. It depends on
4. it's cold
5. spring
6. Which season
7. sometimes it's humid
8. the warmest season
9. I am confused
10. complicated
11. The four seasons
12. already

EJERCICIO NO. 103

2. She counted the money.
3. They were on time.
4. It rained a lot.
5. My teacher helped me.
6. I studied too much.
7. The maid opened the door.
8. I preferred winter.
9. The woman dropped her bag.
10. I smiled at the child.

EJERCICIO NO. 104

1. played
2. explained
3. waited
4. listened
5. visited
6. answered
7. learned
8. was

9. stayed
10. lived

EJERCICIO NO. 105

1. was
2. was
3. was
4. were
5. were
6. was
7. was
8. were

EJERCICIO NO. 106

1. They are talking about the climates of the United States and Mexico.
2. No, they are different.
3. There are four seasons in the United States.
4. Yes, it was cold in New York in January.
5. She preferred winter.
6. Now she prefers spring.
7. She prefers spring because it is neither too cold nor too hot.
8. In the summer it is very hot and sometimes humid.
9. No, it is not the same all around the country.
10. Summer is the warmest season.
11. Winter is the coldest season.
12. Yes, he was confused by the explanation.

EJERCICIO NO. 107

1. This evening
2. Last week

3. somewhat
4. a few days ago
5. It often snows
6. The winter is mild
7. You understood
8. it is very humid
9. are the hottest
10. I did not intend
11. That sounds like
12. after all

EJERCICIO NO. 108

2. He was confused an hour ago.
3. They didn't talk about the weather last Tuesday.
4. It was very hot in New York last summer.
5. The teacher explained the subject carefully yesterday afternoon.
6. Mr. Martínez didn't go to the party yesterday.
7. The students didn't listen in class last week.
8. We were tired last weekend.
9. The girls visited California two years ago.
10. I didn't believe you last night.

EJERCICIO NO. 109

2. Yes, it did.
3. Yes, it was.
4. No, he didn't.
5. Yes, they did.
6. No, he wasn't.
7. No, she didn't.
8. Yes, I did.

9. No, he didn't.
10. Yes, I was.

EJERCICIO NO. 110

1. Mr. Martínez and his teacher talked about the climate.
2. Mr. Martínez did not study his lesson last week.
3. Last spring we learned a lot.
4. My mother called me ten minutes ago.
5. The girl finished the book two days ago.
6. Yesterday we celebrated my birthday.
7. The maid did not open the door.
8. Last night it didn't rain.

EJERCICIO NO. 111

1. The four seasons are winter, spring, summer, and autumn.
2. They are somewhat different from region to region.
3. No, he did not completely understand the explanation.
4. The northern states are the coldest.
5. No, it often snows in the northern states in the winter.
6. It doesn't usually snow in the southern states.
7. Winter is mild in Florida.
8. It can be very hot and sometimes it is very humid.
9. No, he did not intend to go to New York in the spring.
10. No, he doesn't like the heat and humidity.

EJERCICIO NO. 112

1. what food to expect
2. Someone told me
3. have barbecues
4. hamburgers and hot dogs
5. Nowadays
6. the beer and other drinks
7. How many people
8. cereal with milk
9. the main meal
10. Eating out
11. take-out food
12. Apple pie

EJERCICIO NO. 113

1. told you
2. Yesterday we ate
3. it cost too much
4. Mary understood
5. The train left
6. The teacher taught us
7. The boy did
8. My friend gave me
9. All my friends came
10. The meeting began

EJERCICIO NO. 114

1. How many dogs does the Martínez family have?
2. How many people went to the barbecue?
3. The books were on the table.
4. Last night we drank too much wine.
5. How much traffic is there on the highway today?
6. The girls ate apple pie.
7. Susan only slept three hours last night.

8. The barbeque began at two in the afternoon.

EJERCICIO NO. 115

1. Everyone knows the importance of food.
2. Someone told him that there are no typical foods in the United States.
3. They love to have barbecues.
4. At a traditional barbecue there are hamburgers and hot dogs.
5. Nowadays there is steak, chicken, and fish.
6. Cereal with milk is popular for breakfast.
7. Dinner is the main meal.
8. It is common because everyone is always in a hurry.
9. Many restaurants offer take-out food.
10. Apple pie is the most traditional and typical dessert.

EJERCICIO NO. 116

(1f)
(2e)
(3l)
(4i)
(5j)
(6b)
(7d)
(8a)
(9k)
(10h)
(11g)
(12c)

EJERCICIO NO. 117

1. I am cold
2. I am hot
3. it's nice out
4. it's cold
5. it snows a lot
6. it pours
7. I need my umbrella
8. a coat
9. boots and gloves
10. all the seasons

EJERCICIO NO. 118

(1g)
(2f)
(3h)
(4j)
(5i)
(6b)
(7d)
(8c)
(9a)
(10e)

EJERCICIO NO. 119

1. studied
2. came
3. opened
4. went
5. ate
6. was
7. taught
8. did
9. understood
10. were

EJERCICIO NO. 120

2. I lived in New York last year.
3. The Martínez family didn't eat out last night.

4. I gave the dog a bone this morning.
5. They didn't understand the lesson last week.
6. The class was interesting last night.
7. Did it rain a lot last week?
8. The children were home last weekend.
9. Mr. Martínez traveled by train this morning.
10. You wanted to have lunch with a client yesterday.

EJERCICIO NO. 121

A Pedro no le gusta estudiar aritmética

Un día al volver de la escuela, Pedro dice a su madre—No me gusta estudiar la aritmética. Es tan difícil. ¿Por qué necesitamos tantos ejercicios y problemas hoy en día? Tenemos calculadoras que hacen todo para nosotros.

La señora Martínez mira a su hijo y dice—No tienes razón, Pedro. Utilizamos los números cada día para muchas cosas. Por ejemplo, necesitamos los números para comprar cosas, para cambiar dinero, para calcular distancias y . . . y . . .

Cuando la Sra. Martínez ve que Pedro no le está prestando atención, deja de hablar.

—A propósito—continúa la Sra. Martínez con una sonrisa—, ¿el fútbol no te gusta tampoco?

—Claro que sí, mamá.

—Pues, si tu equipo ha ganado quince partidos y ha perdido cinco, ¿sabes qué porcentaje de los partidos ha ganado?

Al oír esto, Pedro abre la boca y exclama—Tienes razón mamá. Los números, la aritmética y las matemáticas son muy importantes. ¡Creo que voy a estudiar mucho más!

EJERCICIO NO. 122

1. some
2. another
3. Can you tell me
4. according to
5. There are very big differences
6. Could you tell me
7. earning a living
8. very nice
9. southerners
10. Have you lived
11. are always in a hurry
12. rude and unfriendly
13. Many movie stars
14. relaxed
15. Despite many differences

EJERCICIO NO. 123

1. Hoy he comido demasiado.
2. El Sr. Martínez ha oído mucho hablar de los neoyorquinos.
3. La Srta. Johnson no ha vivido nunca en el sur.
4. Ella ha viajado muchas veces a México.
5. ¿Ha escrito María la carta ya?
6. Ellos siempre han venido a mis fiestas.
7. ¿Ha estado enferma su hija?
8. El Sr. Martínez ha aprendido mucho de la Srta. Johnson.
9. Juan ha trabajado allí desde hace cinco años.
10. ¿Qué ha hecho con el dinero?

EJERCICIO NO. 124

1. I have been
2. have gone
3. have traveled
4. have you heard
5. has begun already
6. I have learned
7. We have decided
8. has given me

EJERCICIO NO. 125

2. We ate already.
   We have eaten already.
3. The man spoke very slowly.
   The man has spoken very slowly.
4. I heard a loud noise.
   I have heard a loud noise.
5. I drank wine with dinner.
   I have drunk wine with dinner.
6. They arrived on time.
   They have arrived on time.
7. The girl wrote a letter.
   The girl has written a letter.
8. Mrs. Martínez was sad.
   Mrs. Martínez has been sad.
9. Did you understand?
   Have you understood?
10. My mother made dinner.
    My mother has made dinner.

EJERCICIO NO. 126

1. Mr. Martínez is going to ask a few questions.
2. No, she doesn't want another coffee.
3. He wants to know what the people are like.
4. No, she thinks there are big differences among the people.
5. They are generally friendly and not in a hurry.
6. They speak with a drawl.
7. No, she has only lived in the North.
8. In New York people are always in a hurry.
9. No, there are many friendly people too.
10. Many movie stars live in California.
11. It is very relaxed.
12. They tend to be friendly.

EJERCICIO NO. 127

1. different aspects
2. Can you tell me; in the suburbs
3. calmer and more relaxing
4. everyone is in a hurry
5. free time
6. We stayed home
7. use your car
8. five minutes away
9. drugstore items
10. convenient
11. There are many types of
12. Did you like
13. I got along very well
14. like ours

EJERCICIO NO. 128

1. looks over
2. get back from
3. ran into
4. get into
5. get along well with
6. grew up
7. show up
8. look after
9. ran out of
10. getting over

EJERCICIO NO. 129

1. mine
2. ours
3. yours
4. Hers
5. Theirs
6. ours
7. yours
8. Theirs
9. mine
10. his

EJERCICIO NO. 130

1. He wants to know about life in the suburbs.
2. It is calmer and more relaxing than in the city.
3. There is too much noise in the city.
4. You don't have to put up with the people, the cars, and the noise.
5. She grew up in the suburbs.
6. They stayed home and watched TV.
7. They did their grocery shopping at a supermarket.
8. They bought everything there: fruit, meat, cakes, drugstore items, and kitchen utensils.
9. There are many types of department stores.
10. You can take your time because no one is in a hurry.
11. She got along well with her brothers and sisters.
12. They played in the yard and walked to school together.
13. Growing up in the suburbs is nice for a family like hers.
14. He wants to know where people who live in the suburbs work.

EJERCICIO NO. 131

1. You have explained
2. the reputation
3. Americans live to work
4. I read an article
5. I thought that
6. commuting to work
7. work overtime
8. The cost of living
9. I took
10. a healthy way
11. get ahead
12. a wonderful idea

EJERCICIO NO. 132

1. Yesterday I read
2. John thought that
3. The boy knew
4. I heard
5. Mr. Martínez did not take
6. I received
7. The students had
8. My wife bought
9. The boy spent the afternoon
10. paid too much

EJERCICIO NO. 133

1. I thought that it was an exaggeration.
2. The girl heard a loud noise.
3. The man didn't buy the shoes.
4. The man had enough money to buy a shirt.
5. Mr. Martínez read an article in the newspaper.
6. Robert paid the check in the restaurant.
7. When did the train leave for Boston?
8. The train left at three o'clock.
9. The teacher already knew the expression.
10. I think it's a wonderful idea.

EJERCICIO NO. 134

1. She had not mentioned anything about working life.
2. They have the reputation of working very hard.
3. He read an article in the paper.
4. It mentioned the long working day in the United States.
5. He thought that it was probably an exaggeration.
6. It's not unusual to spend up to three hours a day traveling between home and work.
7. Yes, some people take the bus or the train.
8. Many prefer the freedom of driving their own car.
9. It is normally taken between 11:30 A.M. and 1:30 P.M.
10. It is very high.
11. They feel compelled to work harder because the competition is so great.
12. They have two weeks of vacation time.
13. He thinks that it's not a very healthy way to live.
14. No, she agrees.
15. Everyone wants to get ahead.

EJERCICIO NO. 135

1. You are going to leave
2. Have you decided
3. I will travel
4. I will see
5. You will need
6. I won't have
7. from midtown
8. I'll go uptown
9. better than I do
10. In the surrounding area
11. I would love
12. Thank you for your confidence

EJERCICIO NO. 136

1. Visitaremos Nueva York.
2. Hablaré con mi agente.
3. No tendré mucho tiempo.
4. Iré al distrito financiero.
5. Aprenderán mucho inglés.
6. El muchacho no irá al parque.
7. La familia Martínez va a caminar al parque.
8. ¿Cuándo saldrá Ud.?
9. ¿Qué van a hacer los muchachos esta tarde?
10. ¿Cuándo llegarán ellos?

EJERCICIO NO. 137

2. It will cost twenty dollars.
3. I will go to the beach this summer.
4. He is going to study his English lesson tonight.

5. The plane will arrive at one o'clock.
6. Peter will return from the movies at nine o'clock.
7. He will see all the sights in New York.
8. She will call me tomorrow afternoon.
9. Mary is going to have dinner with me.
10. They will buy a house next year.

EJERCICIO NO. 138

1. I won't travel.
2. Will you work?
3. Will the children study?
4. Will you go?
5. She won't speak.
6. I'll have time.
7. They won't write.
8. You won't understand.
9. The girl won't listen.
10. They will be here.
11. He will come.
12. We will leave tomorrow.
13. Will you see John?
14. She won't eat.

EJERCICIO NO. 139

1. Mr. Martínez is going to leave soon for New York.
2. He has thought a lot about his trip.
3. He will meet his agent.
4. He will see the sights.
5. First he will visit the Empire State Building and St. Patrick's Cathedral.
6. Yes, he'll go downtown.

7. If there is still time, he'll go uptown.
8. He knows about New York from movies and guidebooks.
9. He will visit the beaches of Long Island and some suburbs.
10. He would love to visit the White House and the other monuments.
11. He won't travel to the West Coast because he won't have time.
12. She might mistake him for an American because his English will improve so much.

EJERCICIO NO. 140

2. The students have understood the lesson.
3. Mr. Martínez has forgotten his meeting.
4. His friend has written him a letter.
5. She has eaten too much.
6. The girl has been sad.
7. The children have done their homework.
8. The salesclerk has given me the change.
9. What has he said?
10. Have you traveled a lot?

EJERCICIO NO. 141

2. yours
3. his
4. yours
5. theirs

6. hers
7. mine
8. ours

EJERCICIO NO. 142

(2h)
(3a)
(4j)
(5b)
(6c)
(7i)
(8e)
(9g)
(10d)

EJERCICIO NO. 143

2. The gentleman paid the bill.
3. Mr. Martínez took English classes.
4. The children spent a lot of time in the park.
5. He had the flu.
6. Lisa bought interesting books.
7. The children left on time.
8. Paul wrote to his grandfather.
9. They ate dinner at 8:00 in the evening.
10. What did you want?

EJERCICIO NO. 144

1. He will bring a bottle of wine to the party.
2. The class will end in twenty minutes.
3. I will go to Boston by train.
4. We will help you tomorrow evening.

5. I will go with Peter.

6. Yes, Mary and John will come to the meeting.

7. No, Tom won't come to the meeting.

8. My mother won't listen.

9. They will have pizza for dinner.

10. Mr. Martínez will go to New York soon.

EJERCICIO NO. 145

El cumpleaños de la Sra. Martínez

El 22 de marzo es el cumpleaños de la Sra. Martínez. Este año cumplió 35 años. Para celebrar este día, la familia Martínez salió a cenar. Fueron a un restaurante elegante en la ciudad.

Cuando entraron en el restaurante, vieron una hermosa cesta llena de rosas rojas en el centro de la mesa reservada para ellos. Naturalmente la Sra. Martínez estaba muy sorprendida, y le dio a su esposo muchos abrazos y besos.

Después de una cena deliciosa, Susana, la hija menor, dijo en voz baja a sus hermanos—¡Ya!—y cada uno de los hijos sacó de debajo de la mesa una caja bonita. Eran regalos para su madre. Susana le dio un pañuelo de seda; Pedro, una camisa; y María, una pulsera (brazalete).

La semana siguiente el Sr. Martínez calculó la cuenta de aquel día, que fue como sigue:

Cena	$750
Propina	$ 75
Flores	$150
Regalos	$375
	$1350

—¡Qué casualidad!—dice el Sr. Martínez—. Mil trescientos cincuenta pesos y ¡treinta y cinco años!

EJERCICIO NO. 146

1. in his hand
2. I am going to read you
3. I would like
4. I will be in New York
5. I will leave
6. at the airport
7. during my stay
8. take advantage of the opportunity
9. beforehand
10. very busy
11. let me know
12. has taught me
13. She brought me
14. You are very kind.
15. Certainly.

EJERCICIO NO. 147

1. brought me
2. met
3. The child stole
4. Who lent you
5. I swam
6. sold me
7. The girl chose
8. because I ran
9. We sang a lot
10. flew over

EJERCICIO NO. 148

1. El Sr. Martínez conoció a la Srta. Johnson hace seis meses.

2. Sabía hablar un poco de inglés.

3. Empezó a estudiar inglés con la Srta. Johnson.
4. Ella vino a su casa los martes y jueves por la noche.
5. El siempre hizo sus deberes.
6. La Srta. Johnson le trajo muchos artículos interesantes.
7. El Sr. Martínez pasó seis meses estudiando inglés con la Srta. Johnson.
8. Aprendió mucho de ella.
9. Después de seis meses con la Srta. Johnson habló mucho mejor.
10. Ahora está listo para salir para Nueva York.

EJERCICIO NO. 149

1. They are seated in the living room.
2. He has two letters in his hand.
3. He is going to read her the letter to his agent.
4. He wrote the letter to his agent, Mr. Clark.
5. The date of the letter is March 2, 1996.
6. He uses *Dear Sir*.
7. He will arrive at 2:00 P.M.
8. He will stay in the United States for one month.
9. He hopes to go to Washington, D.C., and to Boston.
10. He wants to meet Mr. Clark personally.
11. No, he doesn't have an appointment with Mr. Clark yet.

12. Yes, he has learned a lot from her.
13. She brought him many maps and brochures of New York City.
14. She lent him a restaurant guide.

EJERCICIO NO. 150

1. has just received
2. in his hand
3. I am pleased to
4. I look forward to meeting you
5. Without a doubt
6. Do not hesitate to call me
7. since last year
8. It's a pleasure
9. get to know him
10. You have nothing to worry about.
11. some final advice
12. Gladly.

EJERCICIO NO. 151

1. for one month
2. for six months
3. since last October
4. since then
5. for many years
6. since last week
7. for seven days
8. since 1990
9. for six years
10. for one hour

EJERCICIO NO. 152

1. for
2. since
3. since

4. for
5. since
6. since
7. for
8. for
9. since
10. since

EJERCICIO NO. 153

1. He has just received an answer from his agent.
2. He will be in New York the entire month of April.
3. He will pick him up at the airport.
4. He will speak with him in English.
5. He is looking forward to meeting Mr. Martínez.
6. They have known each other since last year.
7. No, they know each other from letters and faxes.
8. No, he has nothing to worry about.
9. Their last class is next Tuesday.
10. She will give him some final advice.

EJERCICIO NO. 154

1. I am happy that
2. What a pity
3. at least
4. different customs
5. from one place to another
6. idle chit-chat
7. he gets right to the point
8. get to know one another
9. take it personally
10. a reliable man

11. say goodbye to you
12. Thank you for everything.

EJERCICIO NO. 155

2. Can I use the phone?
3. May/Could I come to work a little late tomorrow?
4. May/Could I leave early today?
5. Could you bring me the check please?
6. May I help you?
7. Can I use your computer?
8. Can I go to the movies with Bob tonight?

EJERCICIO NO. 156

1. I have read that book.
2. The mother has made a delicious dessert.
3. The teacher has lent him the map.
4. The boy has broken the chair.
5. She has taught Mr. Martínez many things.
6. I have given you many opportunities.
7. Mr. Martínez has received many letters this week.
8. I have known you since last year.

EJERCICIO NO. 157

2. Susan understood the lesson.
   Susan has understood the lesson.
3. I lent my books to Peter.

I have lent my books to Peter.
4. I ran to school every day.
   I have run to school every day.
5. The maid made the beds.
   The maid has made the beds.
6. The teacher gave us the instructions.
   The teacher has given us the instructions.
7. Our office got a lot of mail.
   Our office has gotten a lot of mail.
8. He read the newspaper.
   He has read the newspaper.
9. The children broke their toys.
   The children have broken their toys.
10. My friend taught history.
    My friend has taught history.

EJERCICIO NO. 158

1. They are in Mr. Martínez's office.
2. They can hear the noises of the street below.
3. Mr. Martínez is happy to be going to New York.
4. She would like to see her family and friends.
5. No, it is very different.
6. No, they are not always courteous.
7. They have less time to chit-chat because they are always rushing from one place to another.
8. No, he does not seem to

have time to talk about other matters.
9. Yes, he thinks he can get used to this.
10. Yes, he is nervous.
11. No, he has never broken a promise.
12. She says that she is sure he is a reliable man.
13. He wants to take the books and maps with him.
14. He will miss his English classes.
15. Mr. Martínez will write to Miss Johnson.

EJERCICIO NO. 159

1. He has spent
2. the necessary grammar
3. He has written
4. he has flown
5. Finally
6. is not going with him
7. stay home
8. is ready
9. his suitcases
10. Everything is in order.
11. says goodbye to
12. he waves goodbye
13. the plane takes off
14. is on his way

EJERCICIO NO. 160

2. Mr. Martínez arrived early in order to check in.
3. ———
4. I have to go to the bank in order to get money.
5. He studied hard in order to be well prepared.
6. ———

7. ———
8. I must leave now in order to arrive on time.
9. ———
10. He wrote to me in order to tell me his arrival time.

EJERCICIO NO. 161

1. hidden
2. put
3. become
4. felt
5. flown
6. left
7. forbidden
8. grown
9. fallen
10. sent

EJERCICIO NO. 162

1. He has been studying English for six months.
2. He has spent many hours conversing with Miss Johnson.
3. He has learned the necessary grammar.
4. He now speaks quite well.
5. He has obtained his ticket, his passport, and his visa.
6. He has written to his agent, Mr. Clark.

7. He has promised to meet Mr. Martínez at the airport.
8. His plane leaves at eight in the morning.
9. He must be there one hour earlier in order to check in.
10. No, they are not going with him.
11. She has to take care of the children.
12. He has hidden his money and his traveler's checks in a safe place.
13. No, everything is in order.
14. Mr. Martínez waves goodbye to his family.
15. It takes off at eight sharp.

EJERCICIO NO. 163

(1h)
(2f)
(3j)
(4g)
(5a)
(6d)
(7b)
(8i)
(9e)
(10c)

EJERCICIO NO. 164

1. c) she lent
2. d) I am pleased to

3. f) I will miss
4. a) will stay home
5. i) at least
6. j) said goodbye to
7. h) quite well
8. b) in order to
9. e) since
10. g) for

EJERCICIO NO. 165

1. chose
2. lent me
3. left
4. he put
5. brought
6. made
7. sold us
8. felt
9. I understood
10. I met my husband

EJERCICIO NO. 166

1. grown
2. hidden
3. flown
4. become
5. taught
6. known
7. sent
8. read
9. gotten
10. fallen

EJERCICIO NO. 167

El Sr. Martínez va al cine

La semana pasada el Sr. Martínez fue al cine. Prefiere ir al teatro porque la mayoría de las películas no le interesan. Pero la semana pasada el cine cerca de su casa ponía (exhibía) la película "Un viaje a los Estados Unidos." Es una película sobre la historia y la geografía de los

E.E.U.U., y había recibido muy buenas críticas. Naturalmente el Sr. Martínez quería ver esta película.

El Sr. Martínez fue a la sesión de las ocho. Casi todos los asientos estaban ocupados, así que tuvo que sentarse en la tercera fila. Esto no le gustó al Sr. Martínez porque los movimientos en la pantalla le hacían daño a los ojos. Afortunadamente pudo cambiar de asientos después de quince minutos, y se movió a la fila trece.

Le gustó mucho la película, y también aprendió mucho sobre las costumbres de los Estados Unidos.

Cuando llegó a casa esa noche, dijo a su esposa—Me alegro mucho de haber visto la película. Comprendí casi todo. Ahora me siento bien preparado para mi viaje.

EJERCICIO NO. 168

1. look for
2. Suddenly
3. Excuse me
4. It's nice to finally meet you
5. Likewise
6. hailed a cab
7. at full speed
8. Mr. Clark pointed out to me
9. I took out
10. At last
11. dropped us off
12. faces the back
13. right away
14. Are you on vacation
15. I found my room

EJERCICIO NO. 169

2. the rain stopped
3. we left
4. I took the book
5. she didn't say
6. she said
7. the class began
8. the child slept
9. you were happy
10. I heard the noise
11. they asked
12. you found it
13. he came

14. he gave me
15. we forgot
16. Did she drink?

EJERCICIO NO. 170

1. have on
2. called; up
3. makes up
4. dropped; off
5. points out
6. picked; up
7. handed; in
8. called; off
9. put; away
10. take; out

EJERCICIO NO. 171

1. A tall man approached him suddenly.
2. He said, "Excuse me, are you Mr. Martínez?"
3. He responded, "Yes, I am."
4. He hailed a cab.
5. Yes, there was a lot of traffic.
6. He was driving at full speed.
7. He pointed out the famous buildings.
8. They arrived safe and sound.

9. The taxi dropped them off at the door.
10. It faces the back.
11. He promised to call Mr. Martínez the next day.
12. He took it to the tenth floor.

EJERCICIO NO. 172

1. called me up
2. to invite me to his house
3. I agreed to come
4. I decided to take
5. and invited me in
6. It reminds me of houses
7. I finished admiring
8. introduced me
9. to become
10. After a while
11. I would rather have
12. it's worth the trouble
13. I was considering visiting
14. I thanked the Clarks
15. that is to say

EJERCICIO NO. 173

1. to learn
2. to go
3. using
4. to do
5. seeing

6. living
7. to help
8. visiting
9. writing
10. to return

EJERCICIO NO. 174

1. Mr. Clark agreed to call me tomorrow.
2. Mary finished studying at eight o'clock.
3. I need to study more in order to be able to pass the test.
4. I would rather visit New York than Boston.
5. The girl learned to play the piano.
6. Mrs. Clark stopped smoking last year.
7. Would you prefer to travel by plane or by train?
8. The other day we discussed having dinner together.
9. The student promised to arrive to class on time.
10. Yesterday the teacher mentioned having an exam next week.

EJERCICIO NO. 175

1. Mr. Clark called him up.
2. He wanted to invite Mr. Martínez to his home.
3. He promised to be on time.
4. He arrived at four o'clock sharp.
5. Mr. Clark opened the door.
6. He said Mr. Clark's house is charming.
7. He especially enjoyed looking at the beautiful yard.
8. He has two sons.
9. The younger son wants to be a lawyer.
10. They went to do their homework.
11. He would rather have coffee.
12. They chatted about life in the United States.
13. He told him that it's worth the trouble to visit other cities.
14. He was considering visiting Washington, D.C., and Boston.
15. He thanked them for their hospitality.

EJERCICIO NO. 176

1. so exciting
2. to go by foot
3. to ask for directions
4. The people that work here
5. I set out
6. I didn't have any trouble
7. You can't miss it.
8. I went up to the observatory
9. I liked watching
10. it started to rain
11. an umbrella
12. I got to Central Park
13. I would have preferred to walk
14. wet and tired
15. waved to me

EJERCICIO NO. 177

1. eating; to eat
2. to listen
3. helping; to help
4. snowing; to snow
5. accepting
6. playing; to play
7. going; to go
8. to give
9. studying; to study
10. crying; to cry

EJERCICIO NO. 178

1. who, that
2. whom, that
3. that, which
4. whose
5. that, which
6. who, that
7. whose
8. whom, that
9. whose
10. who, that

EJERCICIO NO. 179

1. He says it is so exciting.
2. No, he doesn't have any appointments today.
3. He decides to explore the city.
4. He decides to go by foot.
5. He wants to visit midtown.
6. A nice young man at the reception desk shows him the route.
7. He sets out at ten o'clock.
8. No, he doesn't have any trouble.
9. He loved sitting in St. Patrick's Cathedral.
10. He continued on to Central Park.
11. No, it continued to rain.
12. He left the park.

13. He returned by subway.
14. He would have preferred to walk.
15. He arrived wet and tired.

EJERCICIO NO. 180

1. Guess
2. I was about to go to bed
3. What luck!
4. to see other cities
5. was very good company
6. I set out
7. a long line
8. to stand in line
9. While I was waiting
10. a spectacular view
11. I strolled through
12. How different it was
13. I spent the next day
14. stay one more day
15. If only

EJERCICIO NO. 181

1. she was saying
2. they read
3. the class began
4. we were
5. she was staying
6. he slept
7. the children were playing
8. I was hoping
9. John was waiting
10. you visited

EJERCICIO NO. 182

1. I was eating
2. we were studying
3. he was sick
4. they were walking

5. were sleeping
6. We were living
7. I was going
8. You were reading
9. She was working
10. Mary was talking

EJERCICIO NO. 183

1. He was planning the next day's itinerary.
2. He was about to go to bed.
3. A friend of Mr. Clark's was driving to Washington.
4. He knew it was important to see other cities.
5. He would have two days to see the city.
6. He was telling him about Washington.
7. He visited the White House the next day.
8. He was shocked to see that there was already a long line.
9. He was hoping to see the President.
10. He was studying the city map.
11. He spent the next day visiting the museums.
12. He was happy to see that there were no people waiting in line.
13. It was leaving in less than two hours.
14. He remembered he had an appointment the next morning.
15. He wished he had seen the President.

EJERCICIO NO. 184

1. home away from home
2. Anyway
3. miss anything
4. When I arrived at the pier
5. it is worth it
6. I knew that
7. The views of the city
8. If I have time
9. how long
10. to buy souvenirs

EJERCICIO NO. 185

1. has; will write
2. is; will read
3. will buy; have
4. will call; isn't
5. study; will pass
6. will see; arrive
7. will answer; rings
8. eats, won't sleep
9. need; will lend
10. don't see; can call

EJERCICIO NO. 186

2. It took me two hours to finish the paper.
3. It took Mr. Martínez forty-five minutes to write his letter.
4. It takes Miss Johnson five minutes to read the letter.
5. My trip took two weeks.
6. It takes the children one hour to finish their homework.
7. It took Mary ten days to get over the flu.
8. It takes him forty minutes to get to work.

9. It took Mr. Martínez two hours to pack his suitcase.
10. It took me one year to learn English.

EJERCICIO NO. 187

1. He felt like he was at home.
2. He had unexpected free time because his appointment ended early.
3. It will take a long time because it's so big.
4. He didn't want to miss anything.
5. He recommended that he take a boat tour.
6. He spoke to the woman at the ticket window.
7. The tour will take three and a half hours.
8. The tour was enjoyable.
9. The views of the city were incredible.
10. He will take the boat tour again if he still has time.
11. He hasn't done his shopping.
12. He will buy souvenirs for his wife and children.

EJERCICIO NO. 188

(1g)
(2f)
(3j)
(4a)
(5c)
(6i)
(7b)
(8e)
(9d)
(10h)

EJERCICIO NO. 189

1. visiting
2. shopping; to shop
3. speaking
4. snowing; to snow
5. to help
6. to call
7. to go
8. working; to work
9. smoking
10. to attend

EJERCICIO NO. 190

1. I was planning
2. While he was driving
3. Mary was reading
4. was waiting for

5. interrupted me
6. was leaving
7. it started to rain
8. were complaining
9. were playing
10. was going to have dinner

EJERCICIO NO. 191

1. I received (Ayer recibí un paquete.)
2. I will stay (Mañana me quedaré en casa.)
3. had (Anoche cenamos a las siete.)
4. listened (La profesora habló y los estudiantes escucharon.)
5. were studying (Los niños estaban estudiando cuando llegué a casa.)
6. Will you leave (¿Saldrá para Nueva York mañana?)
7. was listening (María escuchaba música cuando le llamé.)
8. will travel (El próximo año viajarán a Europa.)
9. arrived (Llegué la semana pasada.)
10. can't (¿Qué está diciendo? No le podemos oír.)

EJERCICIO NO. 192

Una excursión a South Street Seaport

Un día el Sr. Martínez invitó a los hijos del Sr. Clark a acompañarle en una excursión a South Street Seaport. El puerto marítimo está situado en la parte baja de Manhattan, muy cerca de las Torres Gemelas. Cuando el Sr. Martínez hizo la excursión en barco alrededor de Manhattan, vio el puerto marítimo. Parecía un lugar interesante y divertido para visitar. Los dos muchachos estaban entusiasmados con el viaje, ya que no iban muy a menudo a la ciudad.

El Sr. Martínez encontró al Sr. Clark y sus hijos cuando bajaron del tren. Aunque era sábado, el Sr. Clark tenía que ir al trabajo. El Sr. Martínez prometió cuidar mucho de los muchachos, y quedaron en encontrarse más tarde por la tarde.

Poco después, llegaron a South Street Seaport. Era un lugar concurrido, con muchas tiendas, restaurantes y vendedores. Entraron en muchas tiendas, se pasearon por el puerto, y miraron los barcos. Era un día maravilloso para estar al aire libre.

Después de entrar en docenas de tiendas, el muchacho mayor dijo—Tengo hambre. ¿Por qué no comemos?

—Esa es una buena idea—respondió el Sr. Martínez—. Hay tantos restaurantes aquí. ¿Qué les apetece comer?

—¿Restaurantes? Está en Nueva York. ¡Tiene que comer un perrito caliente en la calle!

Todos compraron perritos calientes con mostaza y sauerkraut.

—¿Y qué quieren beber?—preguntó el Sr. Martínez.

—Coca-cola, por supuesto—respondieron los muchachos al unísono.

Era una comida estupenda, y el Sr. Martínez estaba tan satisfecho como los muchachos. Recordarán su experiencia neoyorquina y sus perritos calientes por much tiempo.

EJERCICIO NO. 193

La Quinta Avenida

Caminamos por la Quinta Avenida. Es una hermosa avenida larga que pasa al lado del Parque Central y lleva hasta la parte baja de Manhattan.

Hay mucha gente en la avenida. Todos los turistas vienen aquí. Las aceras están bordeadas de tiendas de lujo donde se puede comprar toda clase de artículos maravillosos si tiene dinero: joyas, porcelana, artículos de cuero, ropa de marca y libros. También hay muchos famosos hoteles de lujo a lo largo de esta avenida.

Caminamos por la avenida hasta llegar al famoso Hotel Plaza. En el vestíbulo hay un patio encantador. Decidimos tomar un descanso.

—Tomemos algo de beber aquí.

—Es una idea estupenda.

EJERCICIO NO. 194

1. Hablaron de la variedad de tiendas y grandes almacenes.
2. Sin duda Nueva York es un paraíso para el comprador.
3. Fue de compras el sábado.
4. El ambiente era emocionante.
5. Había zapaterías, jugueterías, papelerías y joyerías.
6. Están llenos de tentaciones.
7. Decidió hacer sus compras en uno de los grandes almacenes.
8. Se dio cuenta de su error.
9. Vio una gran selección de perfumes, bolsos, carteras, pañuelos y ropa.
10. Había siete plantas más.
11. Se sentía agotado y a punto de caerse.
12. Le compró a su esposa un jersey (suéter) precioso y perfume. Les compró a sus hijos camisetas, vaqueros (jeans) y relojes.
13. Se dio cuenta de que no solamente estaba cansado sino que tenía hambre también.
14. Se sentó en un café cerca de la ventana.
15. Se sentía contento y satisfecho.

EJERCICIO NO. 195

1. we spoke about many things
2. without a doubt
3. The sidewalks and the stores
4. as lively as
5. I loved watching the people
6. all kinds of stores
7. I realized my mistake
8. perfumes, purses, wallets, scarves, and clothing
9. I was exhausted
10. I would have to buy
11. as quickly as I could
12. and (to) rest
13. one of the many coffee shops
14. near the window
15. While I was eating, I was watching the people

EJERCICIO NO. 196

1. bought; would drive
2. had; would visit
3. studied; would receive
4. ate; would have
5. didn't cook; would have
6. needed; would lend
7. wanted; would go
8. didn't have; would stay
9. weren't; would go
10. understood; would know

EJERCICIO NO. 197

1. Quería ir a la playa.
2. Les invitó a los hijos del Sr. Clark.
3. Quería volver temprano para ir a un concierto.
4. Recogió el coche en la agencia donde lo había alquilado.
5. Había traído comida para la merienda.
6. Estaban comiendo y riéndose.
7. No, había pocos coches en la carretera.
8. Oyó un ruido
9. Vio que tenía un pinchazo.
10. No podían cambiar la rueda porque no tenían un gato.
11. Un camionero paró para ayudarles.
12. Quería darle veinte dólares.
13. No merendaron porque los niños habían comido ya la comida.
14. Habían traído juegos y una cometa.
15. Se sentían cansados y contentos.

EJERCICIO NO. 198

1. at the beach with me
2. in order to go to a concert
3. I picked up the car
4. were eating and laughing
5. We passed through
6. there were very few cars
7. I suddenly heard
8. What happened
9. I stopped the car
10. a flat tire
11. I opened the trunk
12. nobody stopped
13. lent us his jack
14. a spare tire
15. we shook hands

EJERCICIO NO. 199

2. read; ¿Había leído el artículo ya?
3. slept; Los niños no habían dormido bien hasta anoche.
4. gone; Ellos habían ido al cine.
5. said; Ella no había dicho nada.
6. seen; Yo ya había visto esa película.
7. spent; Después de sólo una semana, había gastado todo su dinero.
8. mentioned; ¿Le había mencionado la fiesta?
9. finished; Los niños habían terminado todos sus deberes.
10. lent; Su profesor le había prestado muchos folletos.

EJERCICIO NO. 200

2. Mr. Martínez had learned the necessary grammar.
   El Sr. Martínez había aprendido la gramática necesaria.
3. Had he written a letter to his friend?
   ¿Había escrito él una carta a su amigo?
4. He had read many guidebooks.
   Él había leído muchas guías turísticas.
5. Mr. Martínez had forgotten his umbrella.
   El Sr. Martínez había olvidado su paraguas.

6. Mr. Clark had called him in the morning.
   El Sr. Clark le había llamado por la mañana.
7. The students hadn't studied enough for the exam.
   Los estudiantes no habían estudiado bastante para el examen.
8. They had reserved a room for Mr. Martínez.
   Le habían reservado una habitación para el Sr. Martínez.
9. I had remembered to buy souvenirs.
   Me había acordado de comprar recuerdos.
10. We had gone to the beach.
    Habíamos ido a la playa.

EJERCICIO NO. 201

1. Nunca había sido jugador.
2. Los venden en todas las esquinas.
3. Notó las colas largas en los quioscos.
4. Se enteró de que el premio era veinte millones de dólares.
5. Viajaría por los Estados Unidos.
6. Aprenderían a hablar inglés con soltura.
7. Les compraría lo que quisieran.
8. Notó que el billete tenía dos sietes.
9. Compró el periódico y buscó los números que ganaron.

10. Creía que había ganado.
11. Soñaba con todos los viajes que iba a hacer con su familia.
12. No, no ganó el premio.
13. "It doesn't matter." No importa.
14. A partir de ese momento fue jugador.

EJERCICIO NO. 202

1. I had never been a gambler
2. on every street corner
3. at the newsstands
4. lottery tickets
5. a portion of the prize
6. I would speak with
7. I would buy my wife and my children
8. gave me my ticket
9. appeared twice
10. I bought the newspaper and looked for
11. I found the ticket
12. It doesn't matter.

EJERCICIO NO. 203

2. Mr. Martínez would buy a lottery ticket.
   El Sr. Martínez compraría un billete de lotería.
3. You would meet your friends.
   Ud. encontraría a sus amigos.
4. I would leave my house at seven.
   Yo saldría de mi casa a las siete.
5. Would you and John go to

the movies?
   ¿Irían Juan y Ud. al cine?
6. Would you take your family to New York?
   ¿Llevaría Ud. a su familia a Nueva York?
7. They wouldn't say anything.
   Ellos no dirían nada.
8. Would you call me later?
   ¿Me llamaría más tarde?
9. Susan wouldn't tell me the truth.
   Susana no me diría la verdad.
10. Paul wouldn't come to see me.
    Pablo no vendría a verme.

EJERCICIO NO. 204

1. Who would visit Mary?
2. Would they study?
3. They wouldn't want to come.
4. Peter would write the letter.
5. She would talk too much.
6. I would do the work.
7. The teacher would arrive on time.
8. Would you go out with me?
9. I wouldn't travel alone.
10. We would eat a lot.

EJERCICIO NO. 205

1. Le preguntó si quería ver un partido de béisbol.
2. El partido fue esa noche.
3. Llegaron a las siete.
4. Sí, estaba lleno.
5. Se sientan en las gradas.
6. Tocan el himno nacional.

7. Oyó los gritos de los vendedores.
8. Le recordó la plaza de toros en México.
9. No, no es aficionado a los deportes.
10. El béisbol siempre le ha parecido aburrido.
11. Sí, va casi todas las semanas.
12. Sí, ahora es aficionado al béisbol.

EJERCICIO NO. 206

1. We were about to leave.
2. a baseball game
3. leave this country without seeing
4. we arrived at the stadium
5. It was packed.
6. was in a good mood
7. and we sat down
8. the national anthem
9. I heard the shouts
10. a soccer game on TV
11. I had always thought
12. was entertaining
13. a completely different opinion
14. almost every week
15. until that night

EJERCICIO NO. 207

2. Mr. Martínez wishes he had visited Boston.
3. Paul wishes he had eaten breakfast.
4. Miss Johnson wishes she hadn't worked until midnight.
5. Mr. Clark wishes he had been at the meeting.

6. I wish I hadn't spent all my money yesterday.
7. I wish Robert had told me the truth.
8. We wish we had been prepared for the rain.
9. Mr. Martínez wishes he had bought souvenirs.
10. They wish they had made a reservation.

EJERCICIO NO. 208

1. Sabía tanto porque había leído muchos libros.
2. Hablaba bastante bien.
3. Describió un poco de lo que ha visto y aprendido.
4. Le contará lo demás cuando se vean de nuevo.
5. Le sorprendió que la gente fuera tan amable y servicial.
6. Era amable y generoso.
7. Conoció todo tipo de gente.
8. Habría ido a Boston si hubiera tenido más tiempo.
9. No visitó más barrios porque no tenía más energía.
10. Está seguro de que volverá pronto a los Estados Unidos y Nueva York.
11. Quiere volver el año que viene.
12. Volverá con su familia.
13. Sale muy pronto para México.
14. Llamará a la Srta. Johnson cuanto antes para invitarla a cenar en su casa.
15. Cree que pasarán la mayor parte de la noche hablando de Nueva York.

EJERCICIO NO. 209

1. had had; would have gone
2. had not rained; would have gone
3. had not been; would have had
4. had had; would have bought
5. had gone; would have enjoyed

EJERCICIO NO. 211

1. ¿Quién me ayudará con estos ejercicios?
2. Pablo ya había comido (almorzado) cuando le vi.
3. ¿Querría Ud. hacer un viaje a California?
4. Conozco al hombre que trabaja en esa tienda.
5. Estábamos escribiendo nuestras cartas cuando el profesor entró en la sala.
6. Ellos iban al cine todas las semanas.
7. Los niños están jugando en el jardín.
8. He leído ese libro.
9. Caminábamos por el parque cuando comenzó a llover.
10. Él va a comprar regalos para su familia.
11. No le podía contar todo lo que había visto.
12. Le gustó el partido de béisbol.
13. Si hace buen tiempo, irán a la playa.
14. Yo estaba hablando por teléfono cuando oí el ruido.
15. Ellos no vendrán porque no tendrán tiempo.

16. Le pidió cambio al cajero, y se lo dio.
17. Si fuera rico, viajaría alrededor del mundo.
18. Le gustaría tener más tiempo.
19. Si yo hubiera dormido bien anoche, no estaría tan cansado.
20. Ella ha viajado muchas veces a Nueva York.

EJERCICIO NO. 212

1. is a businessman from Mexico

EJERCICIO NO. 213

2. a trip to the United States in order to visit
3. to know him better
4. he learned to speak English
5. He had read many books
6. to his friend and teacher, Miss Johnson
7. the museums and the monuments
8. very nice and friendly
9. the taxi that took him to the hotel
10. at full speed
11. he had a lot of free time
12. about the culture and customs of the people
13. as impressive as he had imagined
14. he didn't have time to visit Boston
15. much more than he wanted to do
16. will return to the United States
17. he will take his family
18. Mr. Martínez will write from New York
19. to have dinner with his family
20. Without a doubt; talking about their beloved New York.

Los rascacielos de Nueva York

Si Ud. ha viajado alguna vez en avión a Nueva York, puede que haya tenido la suerte de ver el famoso perfil de Nueva York. Este perfil famoso, compuesto de muchos rascacielos de diferentes alturas, formas y colores, es más impresionante de noche. Y desde un avión, la vista es sin par.

La vista de la parte baja de Manhattan es dominada por dos brillantes torres de acero inoxidable—las Torres Gemelas. Tienen 1,350 pies de altura y son los edificios más altos de Nueva York. Antes eran los edificios más altos del mundo (la Torre Sears in Chicago tiene actualmente ese honor). Terminadas al principio de los años setenta, estas torres de 110 pisos proveen espacio para oficinas de cientos de compañías así como vistas espectaculares desde arriba.

El famoso diseño y forma del edificio del Empire State hace que también sea muy fácil de identificar. Situado en el centro y terminado en 1931, este edificio también era el edificio más alto de Nueva York y del mundo, a 1,250 pies de altura. Arriba de todo hay un observatorio, que, con un cielo despejado, ofrece vistas panorámicas por millas en todas direcciones. Cerca está el magnífico edificio Chrysler de estilo art deco, terminado en 1930. De noche, la corona fluorescente de este rascacielos que tiene 1,048 pies de altura adorna el perfil.

La ciudad está llena de otros rascacielos menos famosos. Sean comerciales o residenciales, estos edificios altos dan a Nueva York su carácter único. Uno se siente muy pequeño caminando por las calles de Nueva York que estos edificios enormes dominan. De hecho, en muchos lugares el sol no llega a las calles debido al tamaño de estos edificios. Viviendo entre estos gigantes produce una sensación como ninguna otra. Uno se maravilla de cómo los arquitectos pudieron construir semejantes estructuras increíbles. Y sólo se puede preguntar qué van a proponer en el futuro estos talentosos e imaginativos arquitectos.

RESUMEN DE VERBOS COMUNES IRREGULARES

FORMA SIMPLE	PRETÉRITO	PARTICIPIO PASADO	FORMA SIMPLE	PRETÉRITO	PARTICIPIO PASADO
be	was, were	been	read	read	read
become	became	become	run	ran	run
begin	began	begun	say	said	said
break	broke	broken	see	saw	seen
bring	brought	brought	sell	sold	sold
buy	bought	bought	send	sent	sent
choose	chose	chosen	sing	sang	sung
come	came	come	sit	sat	sat
cost	cost	cost	sleep	slept	slept
do	did	done	spend	spent	spent
drink	drank	drunk	steal	stole	stolen
eat	ate	eaten	swim	swam	swum
fall	fell	fallen	take	took	taken
feel	felt	felt	teach	taught	taught
fight	fought	fought	tell	told	told
find	found	found	think	thought	thought
fly	flew	flown	understand	understood	understood
forbid	forbade	forbidden	write	wrote	written
forget	forgot	forgotten			
get	got	gotten, got			
give	gave	given			
go	went	gone			
grow	grew	grown			
have	had	had			
hear	heard	heard			
hide	hid	hidden			
know	knew	known			
leave	left	left			
lend	lent	lent			
make	made	made			
meet	met	met			
pay	paid	paid			
put	put	put			